受"北京市与中央高校共建项目——劳动关系与实践教学团队建设项目"与中国劳动关系学院教育部教改专项专业主干、特色课程"薪酬管理"项目（项目编号：ZT201713）资助

复旦卓越·21世纪管理学系列

薪酬管理：基本原理与实务

张艳华　主　编　　王淑娟　杨　琛　副主编

复旦大学出版社

内 容 提 要

本书凝聚作者多年学习与教学心得，广泛吸收了薪酬管理领域教学与学术研究成果，从薪酬管理的基本原理到薪酬战略决策及薪酬管理实践做了多维视角的阐述，系统地讲解了薪酬设计的基本思路，介绍了薪酬水平、薪酬体系、员工福利、薪酬预算的技术，力求从理论层面到实践层面阐述清楚薪酬管理制度设计的要领。

本书适合人力资源管理、劳动关系、劳动与社会保障、经济管理专业本科生学习，也适合 MBA、MPA 学生以及实务界人士阅读与参考。

目 录

- 第一章 **薪酬管理总论** ·· 001
  - 本章学习目标 ·· 001
  - 第一节 薪酬的相关概念 ······································ 002
  - 第二节 薪酬模型 ·· 010
  - 第三节 薪酬管理概述 ·· 014
  - 本章小结 ·· 019
  - 复习思考题 ·· 019
  - 案例分析 ·· 020

- 第二章 **薪酬战略** ·· 021
  - 本章学习目标 ·· 021
  - 第一节 组织战略 ·· 023
  - 第二节 薪酬战略概述 ·· 028
  - 第三节 薪酬战略与组织战略的匹配 ···························· 036
  - 本章小结 ·· 041
  - 复习思考题 ·· 041
  - 案例分析 ·· 041

- 第三章 **薪酬体系** ·· 047
  - 本章学习目标 ·· 047
  - 第一节 职位薪酬体系 ·· 048
  - 第二节 技能薪酬体系 ·· 070
  - 第三节 能力薪酬体系 ·· 076

本章小结 ·········· 083
复习思考题 ·········· 084
案例分析 ·········· 084

第四章 薪酬水平 ·········· 086

本章学习目标 ·········· 086
第一节 薪酬水平决策 ·········· 087
第二节 薪酬外部竞争性的决定因素 ·········· 096
第三节 市场薪酬调查 ·········· 103
本章小结 ·········· 113
复习思考题 ·········· 114
案例分析 ·········· 114

第五章 绩效薪酬 ·········· 115

本章学习目标 ·········· 115
第一节 绩效及绩效薪酬的概念 ·········· 115
第二节 绩效激励的基本理论 ·········· 118
第三节 分层次的绩效薪酬类型 ·········· 128
第四节 长期绩效薪酬 ·········· 138
本章小结 ·········· 143
复习思考题 ·········· 143
案例分析 ·········· 143

第六章 薪酬预算与沟通 ·········· 145

本章学习目标 ·········· 145
第一节 薪酬预算概述 ·········· 145
第二节 薪酬预算的方法 ·········· 152
第三节 薪酬控制 ·········· 156
第四节 薪酬沟通 ·········· 161
本章小结 ·········· 171
复习思考题 ·········· 171

案例分析 ······ 172

第七章　员工福利 ······ 175
本章学习目标 ······ 175
第一节　员工福利概述 ······ 176
第二节　员工福利规划 ······ 192
第三节　福利的规划与管理 ······ 195
本章小结 ······ 199
复习思考题 ······ 199
案例分析 ······ 199

第八章　典型的员工福利计划 ······ 201
本章学习目标 ······ 201
第一节　企业年金计划 ······ 202
第二节　企业健康保险计划 ······ 208
第三节　住房福利计划 ······ 217
本章小结 ······ 223
复习思考题 ······ 224
案例分析 ······ 224

第九章　国际化薪酬管理 ······ 230
本章学习目标 ······ 230
第一节　国际化背景下工作环境的变化 ······ 231
第二节　发达国家的薪酬理念 ······ 233
第三节　跨国公司的薪酬管理 ······ 245
本章小结 ······ 249
复习思考题 ······ 250
案例分析 ······ 250

第一章　薪酬管理总论

本章学习目标
- 掌握薪酬与报酬的区别
- 理解报酬模型的内涵
- 掌握薪酬模型的主要内容框架
- 熟悉薪酬管理的具体内容
- 把握现代薪酬管理的发展趋势

【导入案例】

　　H公司是国内一家大型民营企业，业绩也还不错。但由于该公司忙于开拓市场，一直未能重视人力资源管理体系的规范化建设，因此缺乏有效的薪酬管理和激励机制，严重影响了其对员工的吸引、保留和激励能力，并给公司的成长与发展带来了不少问题，其具体表现如下：

　　(1) 该公司中下层员工的工资主要以其在公司中的管理层级和工作年限为标准，但这一标准没能准确地反映员工的能力和对企业的贡献。那些能力强、对企业贡献大的员工因没有得到合理的回报而产生抱怨，工作积极性受挫。

　　(2) 该公司中高层经理的工资主要由公司的董事长(或总裁)与其进行协商来决定，但在协商的过程中缺乏统一的标准和依据。由于公司的业绩和规模不断增长，在创业之初进入公司的经理，其工资水平大多低于后来进入公司的"空降部队"。如果不对这部分"空降部队"给予高薪，企业就无法有力地吸引人才；但如果给予高薪，就在公司的创业者和"空降部队"之间形成较大的工资差距，进一步加深了二者之间的隔阂。

　　(3) 该公司人力资源部最近组织了一次管理诊断。通过问卷调查发现，薪酬分配在企业的所有管理要素中被员工评分最低。这在公司中引起了极大的震动，员工对薪酬分配的抱怨进一步加剧，他们强烈要求对薪酬分配体系进行改革。

　　(4) 该公司一直主要依靠员工的工作自主性来推动工作的开展，而未将员工的报酬与其绩效考核的结果挂钩。随着公司规模越做越大，那些业绩好的员工越来越不满，他们强烈要求建立根据业绩来支付报酬的薪酬体系，并在不同业绩的员工之间充分拉开差距。

　　该公司面临的薪酬管理问题严重制约了公司的进一步发展，因此迫切需要进行薪酬分配制度方面的改革，但人力资源部对这些纷繁复杂、相互纠缠的薪酬问题一筹莫展。那么该公司到底应该如何进行薪酬变革呢？这是本章所要解决的主要问题。

　　资料来源：彭剑锋，《人力资源管理概论》，复旦大学出版社2007年版，第372页。

　　薪酬对于员工、企业和社会均具有非常重要的意义。对企业来说，薪酬不仅是一种成本支出，更是带来更多回报的激励手段；对员工而言，薪酬是一种劳动所得，也是员工的基本生活保障；对社会来说，薪酬是最主要的收入分配形式，薪酬水平决定着全社会的消费水平。薪酬的支付方式与支付数量直接影响员工对企业的满意度和忠诚度，进而影响企业绩效与企业竞争力。从媒体报道的劳资纠纷案件来看，十之八九与薪酬支付及薪酬水平有关。因此，薪酬制度的设计从微观上影响员工个人的生活、企业的效益与竞争力，从宏观上影响整个社会的收入分配、内需状况以及社会的和谐与稳定，对劳动力市场的健康运行具有重要的作用。

第一节　薪酬的相关概念

一、薪酬

　　国内的薪酬概念主要来自西方，在英文中，对薪酬有许多不同的界定方式，大致经历了从工资(wage)到薪水(salary)再到薪酬(compensation)的演变过程。按照文跃然(2007)的梳理，三个词的含义及应用比较如表1-1所示。

表1-1　工资、薪水与薪酬的比较[①]

概　　念	时　　期	对　　象
wage(工资)	1920年以前	蓝领
salary(薪水)	1920年至1980年	白领、蓝领
compensation(薪酬)	1980年以后	白领、蓝领

　　工资(wage)一词广泛应用于1920年以前，其含义是根据工作量(如工作时间长短)而

---

① 文跃然：《薪酬管理原理》，复旦大学出版社2007年版，第3页。

支付报酬。当时，Wage 的主要支付对象是从事体力劳动的蓝领工人，他们根据每天工作的小时数来获得报酬，在这一报酬中，基本工资占了绝大部分，福利只是很小的一部分。

1920 年以后，出现了薪水(salary)的概念，指支付给脑力劳动者的收入，在美国，是指付给那些不包括在《公平劳动法案》内、没有加班工资、处于"豁免职位"的雇员的报酬，白领阶层即属于这类雇员。他们的报酬不是根据每天工作的小时数发放，而且企业在每个阶段单位时间后，一次性支付给员工一个相对固定的报酬数额(如月薪)，这是薪水与工资最大的不同。

20 世纪 80 年代以后，学界广为接受的薪酬概念是薪酬(compensation)。从字面意思理解，compensation 有补偿、回报的意思，是指员工因为雇佣关系的存在而从雇主那里获得的各种形式的经济收入以及有形服务和价值，这里的薪酬概念主要强调补偿或赔偿的物或款，侧重于对员工劳动贡献的一种补偿，包括货币形式与实物形式。

在经济发展的不同时期，不同国家以及同一国家的不同利益群体对薪酬的概念界定具有较大差异，赋予薪酬不同的内涵与外延，然而过于丰富的含义必然造成人们认识上的迷茫。美国著名的薪酬管理专家乔治·米尔科维奇(George T. Milkovich)等在综合多重角度（社会、股东、管理人员、雇员甚至全球化的视角）与多重意义（回报、奖赏、权利）的基础上，将薪酬定义为雇员作为雇佣关系的一方所得到的各种形式的财务回报、有形服务与福利[①]。

在实践应用中，当前对于薪酬的界定通常包括两种口径。第一种为宽口径的界定，即米尔科维奇等学者的定义，这一定义既包括薪酬（直接经济报酬），也包括企业提供给员工的各项福利（间接经济报酬）。很多人力资源管理和薪酬管理方面的教材都采用这种定义。第二种为窄口径的界定，即薪酬仅仅指货币性报酬，不包括福利。在实务领域对这一定义应用得较为普遍，主要原因是在工业化早期，福利在员工所获得的总回报中所占比重极小，几乎可以忽略，没有引起人们的重视。近几十年，福利项目不断增加，福利开支所占的比重不断增大，在员工激励中发挥了举足轻重的作用，所以有必要将薪酬与福利分开来研究。

本书采用薪酬的第二种定义，即薪酬仅指可以用货币衡量的报酬，包括基本薪酬、绩效加薪、可变薪酬、津贴与补贴、长期激励等。

二、报酬

(一) 报酬的概念及类型

报酬是一个比薪酬的内涵与外延更加丰富的概念，国内对于报酬进行专门界定的文献比较少。中国人民大学刘昕教授认为，一位员工因为为某个组织工作而获得的所有他认为有价值的东西都可称为报酬(reward)[②]。通常所说的报酬包括内在报酬与外在报酬两部分（如图 1-1 所示）。

[①] 乔治·米尔科维奇等著，成得礼译：《薪酬管理》（第 11 版），中国人民大学出版社 2014 年版，第 11 页。
[②] 刘昕：《薪酬管理》，中国人民大学出版社 2014 年版，第 3 页。

图 1-1 报酬的构成

内在报酬是由于员工内心受到激励而获得的非经济报酬,主要是指员工从完成工作本身、工作环境以及组织特征中所感受到的心理回报。工作本身所产生的心理回报包括工作的乐趣、工作的挑战性、工作中所获得的赏识认可、工作的成就感、晋升的机会、培训与学习的机会等,工作环境带来的心理收益包括友好和睦的同事关系、团结合作的氛围、领导人性化的管理风格、宽敞舒适的办公条件等,组织特征带来的心理满足感包括组织在业界的声誉与形象、组织在行业中的领先地位、组织高速发展带来的个人成长机会、组织文化与组织的管理水平等。当员工在技术多样性、工作特征、工作意义、工作自主权以及工作所得到的反馈五个方面的程度都较高时,员工的心理满足感(内在报酬)会得到提升。

 案例 1-1

雷尼尔效应

美国西雅图华盛顿大学准备修建一座体育馆,消息传出,立刻引起了教授们的反对。校方于是顺从了教授们的意愿,取消了这项计划。教授们为什么会反对呢?原因是校方选定的位置是在校园的华盛顿湖畔,体育馆一旦建成,就会挡住从教职工餐厅窗户本可以欣赏到的美丽湖光。为什么校方又会如此尊重教授们的意见呢?原来,与美国教授平均工资水平相比,华盛顿大学教授的工资要低20%左右。教授们之所以愿意接受较低的工资,而不到其他大学去寻找更高报酬的教职,完全是出于留恋西雅图的湖光山色:西雅图位于太平洋沿岸,华盛顿湖等大大小小的水域星罗棋布,天气晴朗时可以看到美洲最高的雪山之一——雷尼尔山峰,开车出去还可以到一息尚存的火山——海伦火山。

他们为了美好的景色而牺牲更高的收入机会,被华盛顿大学经济系的教授们戏称为"雷尼尔效应"。

这表明,华盛顿大学教授的工资,80%是以货币形式支付的,20%是由良好的自然环境补偿的。如果因为修建体育馆而破坏了这种景观,就意味着工资降低了20%,教授们就会流向其他大学。可以预见,学校就不能以原来的货币工资水平聘到同样水平的教授了。由此可见,美丽的景色也是一种无形财富,它起到了吸引和留住人才的作用。

外在报酬是组织供给员工的经济性报酬,包括直接报酬与间接报酬。直接报酬即我们上面所说的薪酬,主要包括以下组成部分:

(1) 基本工资。基本工资亦称固定工资,主要取决于员工所承担的职位价值、员工的技能等级或能力价值,基于决定因素的不同,分别对应的是以职位为基础的工资、以技能为基础的工资和以能力为基础的工资。根据工资发放周期的不同,基本工资有小时工资、月薪和年薪等不同形式。

(2) 绩效加薪。绩效加薪是根据员工过去一个考核周期的绩效表现而确定的对基础工资的增加部分,它是对员工优秀表现的一种认可。但它与奖金有所不同,一方面奖金是一种一次性奖励,不会累加到基本工资中,而绩效加薪会永久地增加到基本工资中;另一方面奖金是上下级之间事先约定好的,而绩效加薪是一种事后行为,即考核周期结束后根据员工的绩效表现与组织或部门的经营状况确定加薪幅度。

(3) 奖金。奖金亦称浮动薪酬,是薪酬中与员工绩效直接挂钩的部分。奖金数额可以与员工个人的工作绩效挂钩,也可与其所在的团队绩效挂钩,还可以与整个组织的整体绩效挂钩。

(4) 津贴。津贴的支付依据是经济学中的补偿工资差别理论,它是对员工工作中的不利因素给予的一种补偿。比如,企业对经常出差的人员给予的出差补贴,对于在高空、井下、高温、噪声等环境中工作的人员给予的工作津贴。

(5) 长期激励。长期激励主要与股票所有权计划相联系,主要包括股票期权计划(stock option)与员工持股计划(ESOP)。股票期权计划主要针对企业的中高层管理人员和技术骨干,而员工持股计划普遍适用于企业中的中基层人员。这两类计划将员工的个人利益与组织的整体利益相联系,增强了员工与中高层管理人员的主人翁意识,是现代企业激励制度的重要方面。

外在报酬中的间接报酬是指员工所享受到的各种福利,如社会保险、带薪休假、企业年金、住房补助以及各种服务等。福利在我国历史上一度不受重视,形式单一、缺乏个性化的设计、支付数额有限、与企业战略及企业文化不匹配,但在当前已经成为企业吸引、保留和激励人才的重要手段,特别是基于不同员工偏好而设计的自助餐式的福利计划,得到了员工的广泛认可,在企业总报酬中发挥了越来越重要的作用。

(二) 总报酬模型

1. 第一代报酬模型

20世纪90年代以后,随着经济全球化、企业组织内部流程再造等变革,企业越来越意识到薪酬管理体系对于帮助处于快速变化环境中的企业赢得竞争优势具有重要意义。传统的货币和实物报酬组合模式的局限性逐步显现,企业必须用更为广阔的视角来看待人才的吸引、保留和激励。

1990年,特罗普曼较早地提出了包括内涵多样性内容的总体报酬计划。他认为应该把基本工资、附加工资、福利、工作用品补贴、额外津贴、晋升机会、发展机会、心理收入、生活质量和个人因素等统一起来,作为一个整体来考虑。[①] 这是一种全新的对总报酬的界定,也是一种新的看待付酬的思维方式,引起了当时社会的广泛关注。世界知名的人力资源咨询公司如韬睿(Towers Perrin)公司、合益(Hay Group)公司纷纷在调研的基础上提出了各自的报酬模型。韬睿公司的总报酬模型包括薪酬、福利、学习与发展、工作环境四个大的要素。合益公司则提出了包括可视化报酬、员工价值、工作与生活的平衡、工作质量、愉悦的工作环境以及成长机会六个维度的报酬体系模型。[②] 最具有代表性的是世界薪酬协会(WAW)[③]于2000年提出的总报酬模型,在关注传统薪酬和福利的同时,将工作体验列为模型的第三部分。具体说来,工作体验包括肯定与赏识、工作与生活的平衡、组织文化、职业生涯发展,以及工作环境五大要素。其中,薪酬和福利是吸引、保留和激励员工的基础,而在实践工作中所获得的工作体验则发挥着重要的杠杆作用。[④]

2. 第二代报酬模型

自总报酬模型提出以来,总报酬的概念越来越深入人心,逐渐为企业所接受,在实践中得到了广泛的应用。WAW于2005年9月对其成员做了一次大规模调查,表明多数被调查者在描述吸引、保留和激励员工所使用的薪酬组合时,运用了总报酬(total rewards)、总薪酬(total compensation)的概念。2006年,在总结理论与实践发展经验的基础上,WAW提出了第二个视野更宽泛的总报酬体系模型(见图1-2)。这一模型突出了三个方面的特征。

---

① 参见何燕珍:《企业薪酬管理发展脉络考察》,《外国经济与管理》2002年第11期。
② "How to Stand Out From The Crowd", http://www.cipd.co.uk/subjects/pay/general/toward.htm.
③ 美国薪酬协会(American Compensation Association, ACA)成立于1955年,2000年更名为世界薪酬协会(Worldatwork, WAW),是一个主要致力于薪酬、福利和总报酬领域研究和教育培训的非营利性专业组织,该协会的网址是 www.worldatwork.org。
④ Jean Christoffreson, Bob King, The "It" Factor: A New Total Rewards Model Leads the Way, Wordspan 04/06, pp.19-20.

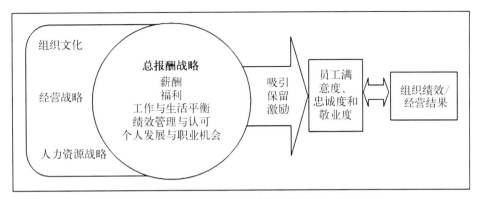

图1-2 WAW的总报酬体系模型(2006)

第一，明确界定了总报酬的概念，即总报酬是指雇主用来吸引、保留和激励员工的各种可能的手段，包括任何员工从雇佣关系中得到的他认为具有价值的东西。它是雇主为了换取员工的工作时间、努力、聪明才智以及员工满意度、忠诚度与敬业度等而向员工提供的各种经济性与非经济性的回报。

第二，强调了总报酬体系的战略地位及其与组织战略的关系。报酬体系的设计作为组织总体战略的一部分，一方面取决于组织经营战略、组织文化与核心价值观以及人力资源战略，另一方面又会对组织人才的吸引、保留和激励产生直接的、重要的影响，从根本上决定员工满意度、忠诚度与敬业度乃至企业最终的经营绩效。

第三，与第一个报酬模型相比，重新设定了模型的构成要素，除了传统的薪酬、福利之外，用更为具体的工作-生活平衡、绩效管理与认可、个人发展与职业机会替代了原来的工作体验类要素。

(1) 薪酬(compensation)。薪酬是指雇主向每位员工支付的用来换取其提供的服务(时间、努力、技能)的货币性报酬，包括固定薪酬(fixed pay)和可变薪酬(variable pay)两部分。固定薪酬即通常人们所说的基本工资，主要取决于组织的薪酬理念与薪酬结构，不随绩效水平与工作结果的变化而变化。可变薪酬是带有一定风险性的薪酬，它取决于绩效水平及工作结果，只有通过员工不断的努力才能获得。可变薪酬是一次性支付的，在每个绩效周期重新沟通和约定。可变薪酬包括短期激励工资(short-term incentive pay)和长期激励工资(long-term incentive pay)两种形式。

短期激励工资是对员工在较短时期(一年或一年以内)所取得的成绩进行的一次性奖励。长期激励工资是对员工在较长期限(一年以上)所取得绩效的一种一次性奖励，包括现金奖励、股票期权、利润分享等。

(2) 福利(benefits)。福利是雇主为补充员工现金报酬而提供的一些计划。这些计划通常用来保护员工及其家庭免受各种财务风险影响，大致可以分为社会保险、集体保险和非工作时间付薪三大类。

社会保险(social insurance)通常包括失业保险、工伤赔偿保险、社会保障和失能保险

(disability)等。

集体保险(group insurance)通常包括牙齿和视力保险、处方药、心理健康、人寿保险、意外死亡(伤残)保险、退休金保险和储蓄保险。

非工作时间付薪(pay for time not worked)通常包括两部分：一是为员工在工作期间的休息、打扫卫生及换装时间支付薪资，二是为员工正常的休假、公司假日、事假等非工作时间付薪。

(3) 工作-生活平衡(word-life balance)。工作-生活平衡是组织为帮助员工在工作与家庭生活中都取得成功而设计的一系列政策、计划或价值理念。平衡工作与生活围绕着薪酬、福利以及其他人力资源管理方面的制度展开，主要包括弹性工作时间安排、宽松的工作环境、重视员工的身心健康、关注儿童看护和老人的照顾、提供财务支持以提高员工的生活质量，鼓励员工参与组织变革与组织管理等。

根据劳动经济学中的个人劳动供给理论，随着人们生活水平的提高，很多人的关注重点从经济性报酬逐渐转变为家庭生活质量，特别是经济收入较高并对组织发展具有举足轻重作用的高技能、高层次骨干人才。因此，再像过去那样，通过提供高经济报酬来换取员工的加班加点，以补偿员工对家庭生活的损失，将会变得越来越不可行。那些不能使员工工作与生活保持平衡的组织将会在人才竞争中失去优势。

(4) 绩效管理与认可。绩效管理发挥着引导员工行为与组织保持一致的作用，对组织成功至关重要。绩效管理主要包括绩效计划、绩效表现和绩效反馈三个环节。绩效计划是设定目标和期望的过程，在这个过程中需同时考虑组织目标、团队目标与个人目标的一致性，要让员工清晰地看到个人努力与各层次绩效目标实现之间的直接联系；绩效表现是员工工作技能与能力的体现，能否对绩效结果做出准确的评价，将会对总报酬战略目标的实现产生根本性的影响；绩效反馈是对照既定的绩效目标，上下级之间围绕员工绩效实现情况进行充分沟通，以激励员工并促进绩效改善。

认可(recognition)是指对员工符合组织期望的行为、努力和贡献给予肯定，它满足了人们追求成就感的心理需要。无论这种赏识认可的形式是正式的还是非正式的，是口头的还是书面的，是现金的方式还是非现金的方式，如口头表扬、颁发证书或奖品、与领导共进晚餐、音乐会门票等，在员工做出积极的行为表现时，及时、真诚、具体的表扬和赞赏能起到良好的激励员工和促进持续的绩效改善的效果。这就要求管理者善于发现灵活多样的赏识认可方式，并将之有效应用于员工激励中。

(5) 个人发展与职业机会。个人发展是指组织根据员工的绩效表现，结合工作岗位需要，为员工提供的培训与学习机会，以提高他们的工作能力和绩效水平。职业机会是组织考虑员工职业发展的需要，在组织内部为员工提供的职位晋升空间、工作轮换与成长培训的机会，确保有能力的员工在组织中能够充分发挥作用。职业机会通常包括以下三种形式：

一是各种学习机会，包括学费资助、公司内部培训机构提供的系统培训、新产品或新技术培训、外部培训会与研讨会、在职学习、工作轮换以及获取特定知识和技能的脱产学习;二是获得指导的机会,包括指定内部或外部专家对员工提供工作中面临各种问题的辅导,对员工进行领导力培训,设计正式或非正式的导师计划;三是发展机会,主要包括实习制度、海外工作机会、内部岗位轮换与职位晋升、职业上升阶梯与发展通道。

3. 第三代报酬模型

当前国际社会处在一个不断变革的时代,越来越多的外部力量,如经济、劳动力市场、文化规范和监管变化正在重塑我们的工作场所和总回报策略。按照WAW主席兼CEO安妮·拉迪(Anne Ruddy)的话说,人才争夺战中,高效的、战略性的薪酬和福利计划设计变得越来越重要,到了重新审视总报酬模型的时候了。2015年,恰逢WAW成立60周年之际,第三代报酬模型被提出来,对一些在组织结构中发挥重要作用的要素做了更新。第三代模型与第二代模型相比,核心内容是相同的,但更加强调外部环境对总报酬战略内容的影响,概括起来主要有两个方面的变化:一是第四个动词"参与"已添加到描述总回报对组织的贡献中,总报酬成了组织吸引、激励、保留员工的组织战略的一部分;二是将赏识认可与绩效管理分别列为模型中的两大要素,更加突出了赏识认可与绩效管理对员工行为的引导和对实现组织战略目标的贡献。第三代总报酬模型的六个要素包括薪酬、福利、工作与生活平衡、认可、绩效管理和潜能开发。具体如图1-3所示。

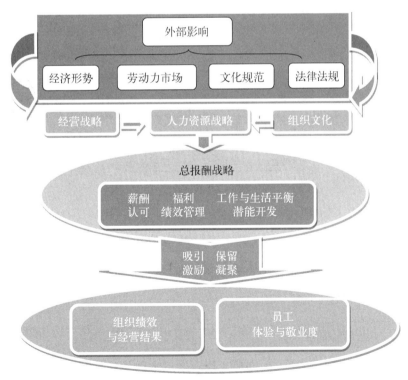

图1-3 第三代总报酬模型(2015)

第二节 薪酬模型

薪酬模型既是企业薪酬制度设计的理论框架,又是贯穿本书大部分内容的主线。按照米尔科维奇教授等(2014)的理论(如图1-4所示),薪酬模型主要包括三个模块的内容:薪酬目标、构成薪酬制度的基本政策、薪酬制度的基本技术。下面就三个模块的内容分别进行讨论。

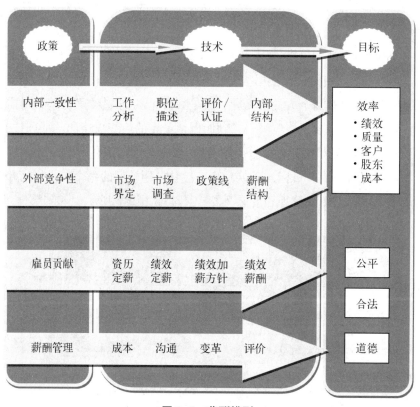

图1-4 薪酬模型

一、薪酬目标

企业薪酬制度的设计从根本上就是要为企业战略目标服务的,具体来说又有一些特定的目标。米尔科维奇等教授将这些目标概括为效率、公平、合法与道德。

(一)效率目标

效率目标主要包括两个方面:(1)从产出的角度分析,即薪酬能为组织绩效带来最大价值和利益;(2)从投入角度分析,即要实现薪酬成本的优化控制,用最合适的花费为组织谋取最大的利益。效率目标可以进一步细化为提高企业绩效、改进产品质量、取悦客户和股东、控制劳动成本。效率是企业的生命,没有持续的绩效改进,没有产品品质的提升,没有客户的信赖,没有股东的认可,没有成本的有效性,便没有企业的未来。因此,薪酬的效率目标对于企业可谓举足轻重。

(二) 公平目标

公平目标是薪酬制度设计的基本目标,可以划分为三个层次:分配公平、过程公平、机会公平。

分配公平是指组织在进行人事决策、决定各种奖励措施时,应符合公平的要求。如果员工认为受到不公平对待,将会产生不满。

员工对于分配公平的认知来自其对于工作的投入与所得进行的主观比较,以及与过去的工作经验、同事、同行、朋友等进行的对比。分配公平分为自我公平、内部公平、外部公平三个方面。自我公平,即员工获得的薪酬应与其付出成正比;内部公平,即同一企业中,不同职务的员工获得的薪酬应与其对企业做出的贡献成正比;外部公平,即同一行业、同一地区或同等规模的不同企业中类似职务的薪酬应基本相同。

过程公平是指在决定任何奖惩决策时,组织所依据的决策标准或方法符合公正性原则,程序公平一致,标准明确,过程公开等。

机会公平指组织赋予所有员工同样的发展机会,包括组织在决策前与员工沟通、组织决策考虑员工的意见、主管考虑员工的立场、建立员工申诉机制等。

(三) 合法目标

合法目标是企业薪酬管理的最基本前提,要求企业实施的薪酬制度符合国家和地方的法律法规、政策的规定,如不能违反最低工资制度、劳动合同法、社会保险法、同工同酬等法律制度的规定。

(四) 道德目标

道德目标是软约束,因其缺乏客观的标准,往往容易被人忽视。但实际中,道德问题很重要,道德目标实现状况会影响效率目标、公平目标与合法目标的实现效果。实践中经常会出现一些道德滑坡的做法,如操作绩效考核结果以提高管理层奖金收入,鼓励员工用自己的工资、奖金购买公司股票而管理层却选择抛售,通过股票期权回溯来提升股票价值,通过高薪招聘新员工迫使老员工离职等。

一些薪酬管理者面对道德失范问题保持沉默,甚至采取纵容的态度,这不仅不利于公平目标的实现,而且由于对员工的不信任会反映在企业的效率上面,最终将影响效率目标的实现,再严重一点会触犯法律的底线。

> **想一想**
> 薪酬的四个目标容易实现吗?能够同时实现吗?有无冲突和矛盾?

二、政策关注

(一) 薪酬的内部一致性

薪酬的内部一致性也称薪酬的内部公平性,是指员工将自己的投入产出比与其他员工比较,来判断在薪酬待遇方面是否受到了公平对待。薪酬的内部公平是员工的一种主观感受,因此具有明显的个性特色。个体的差异决定了员工公平感的不一致。员工是通过投入产出比来判断企业的薪酬是否具有内部公平性的,但个人的产出和投入具体应该包括哪些内容、如何衡量等这些问题往往并没有统一的标准,主要取决于员工的自我认识和判断。在通常情况下,员工往往存在高估和夸大自己投入、低估他人付出的倾向。

为防止员工主观个人倾向引起的内部不公平感,企业应通过培训、沟通等企业文化建设途径来确立企业员工的公平观,以规章制度明确薪酬标准,强化和统一组织内部的薪酬公平观。

(二) 薪酬的外部竞争性

薪酬的外部竞争性也叫外部公平性,是员工将自己的薪酬与本单位以外的人进行比较而获得的一种公平感。各企事业单位员工不但会和本组织的人比较付出与收入,而且会和同行业、同地区、不同行业、不同地区的企业或事业单位员工的收入进行比较。这种比较的结果可以影响员工做出是继续留在本企业还是跳槽到其他企业另谋高就的决策。外部竞争性主要影响员工的流动性决策,它关系到一个企业能否吸引高素质员工,能否继续留住优秀人才。解决薪酬外部公平的主要措施是进行薪酬调查。通过了解外部组织的薪酬制度、薪酬水平、薪酬结构来设计或调整本组织的薪酬政策,使本组织薪酬制度对外具有竞争力。

(三) 合理认可员工贡献

合理认可员工贡献是一项重要的薪酬决策。员工提出合理化建议是否应该给予奖赏?给予何种奖赏?绩效表现突出的员工应在多大程度上给予认可和奖励?应该给予利润分享还是授予股票期权?这些都是薪酬管理工作者必须解决的问题,在实践中不同的企业有不同的做法。如星巴克公司偏爱股票期权及与员工分享公司成绩的计划,美敦力则在员工工作与生活的平衡计划方面倾注了大量心力,福特公司首创了收益分享计划并取得了巨大成功。不管实践有多么大的差异,但有一点是相同的,即这些问题的解决有赖于企业建立合理的绩效评价体系,对员工的业绩进行评判。绩效评价是一把双刃剑,不公平便会挫伤员工积极性,不利于激励员工的高绩效行为;评价合理、公正则能激励员工,消除抵触情绪,提升员工及团队的绩效水平,有利于企业做出正确的人力资源决策。

(四) 薪酬管理过程的公平性

薪酬管理过程的公平性是薪酬政策制度实施的又一重要关注点。薪酬决策程序、薪酬的实施方式会直接影响员工对企业薪酬制度公平性的看法,进而影响员工的行为表现。

自上而下的薪酬决策以及薪酬保密的政策往往导致员工对企业薪酬制度的不信任,而公开、透明和通过与员工的沟通所做出的薪酬决策以及由此而制定的薪酬制度,则往往容易形成员工对企业薪酬公平性的认同,提升员工满意度与忠诚度,增进企业与员工之间的互信。

案例 1-2

薪酬公平性与员工离职

离职或即将离职的一些员工普遍说过以下几句话。

甲类员工:"我干三份活,可还和以前干一份活的时候挣得一样多,我觉得自己的劳动和所得不成正比,所以我才离开了那家公司。"

乙类员工:"我在这家公司做的是财务经理,才挣3 500元,可外面别的公司的财务经理普遍是5 000元以上,人往高处走,所以我才想离开这家公司。"

丙类员工:"我和他的工作内容都差不多,凭什么他比我拿得多,公司没有一视同仁,我当然要走。"

通过上面的这些话我们不难看出,员工们要的是一种平衡,自己与自己平衡,自己与别人平衡,这也就是我们通常所说的"公平"。我们都希望自己拿得比别人多,至少不比别人少。在我们的经济还没有达到一定程度之前,我们当然不可能"感性"到认为越多越好才算是满意的薪酬,因此从最"理性"的角度来讲,我们所期望的薪酬便是"公平"的薪酬。

在这里,甲类员工要求自己的工作所得与付出相匹配,反映的是个人公平;乙类员工要求自己在本公司的薪酬与社会上相同岗位的平均薪酬水平相当,反映的是外部公平;丙类员工要求自己所得到的物质报酬与公司内部做出同等贡献的人相当,反映的是"内部公平"。

资料来源:http://www.doc88.com/p-043804196708.html。

三、薪酬技术

薪酬技术是联结薪酬基本政策与薪酬目标的纽带,是实现特定薪酬目标的具体手段。图1-4薪酬模型的中间部分展示了设计薪酬制度的各项技术,这些技术种类多且内容丰富,本书余下部分的内容主要是围绕着这些技术展开的,在此不再赘述。更多有关薪酬技术的信息可以通过WAW公布的与薪酬有关的出版物和专门针对专业人员的培训课程,以及美国人力资源管理协会(www.shrm.org)、国际劳工组织的官网(www.ilo.org)、雇员福利研究院(www.ebri.org)的网站等渠道获得。

第三节 薪酬管理概述

于员工,薪酬具有保障员工基本生活、激励员工提高绩效等功能;于企业,薪酬具有促进企业绩效改善、支持企业变革、塑造企业文化的重要作用。

一、薪酬管理的含义

薪酬管理是指一个组织基于自身的发展战略及经营状况,根据员工提供的劳动价值来确定他们应当获得的薪酬数量、薪酬结构、薪酬组合的过程。在这个过程中,组织必须就员工的薪酬水平、薪酬等级结构、薪酬形式与组合等做出决策。作为组织管理的一个环节,薪酬管理活动是一个动态的过程,需根据企业战略、组织文化、发展阶段、经营状况等实际情况灵活调整,做好薪酬规划,设定薪酬预算,就利害性问题与员工保持持续沟通,并对薪酬制度设计的有效性做出评价,在实践中不断修正完善。

薪酬管理是一项技术性很强的工作,制度设计有效有利于组织人力资源的充分利用,有利于绩效改进,有利于实现组织的战略目标;反之,制度设计不好,极易使公司陷入人员频繁跳槽、频繁招聘、频繁培训的不良循环。

薪酬管理是一项非常复杂的工作,如上所述,薪酬管理制度要同时实现效率、公平、合法、道德四个目标,然而这四个目标之间常常会存在一定的冲突。效率与公平作为分配社会资源的两大准则,是一种对立统一的关系。长期来看,二者必然是统一的,没有国家、企业的经济发展、效率提高,公平便没有物质基础;没有公平的分配制度,效率的提升也便失去了稳定的发展环境,难以持续,二者是相辅相成的关系。短期内,在一个企业内部,效率与公平又很难兼顾。比如,企业利润是更多地用于扩大再投资,还是用于员工薪酬福利的改善。若用于扩大投资必然有利于提升企业业绩,用于薪酬福利分配则有利于提高员工对企业薪酬制度的公平感。效率与合法目标之间也有一定的冲突,显然企业遵守劳动合同法、最低工资规定、同工同酬的有关法规会提高用工成本,不利于企业成本有效性目标的实现。效率与道德目标在短期内也可能存在类似的冲突。比如,曾经位列世界500强第16位的美国最大的天然气采购商与出售商安然公司,以财务造假手段实现财富的迅速膨胀。当然,"安然事件"也证明违背社会伦理道德的做法是不长久的,长期看,效率目标与道德目标是统一的。

除了各目标之间经常存在矛盾与对立之外,仅仅就薪酬管理的公平性而言,也是一个非常复杂的问题。因为薪酬的公平性是一个非常主观的概念,在实际操作中难以把握理想的尺度。员工常常通过与其他同事比较投入产出比来评价自己获得的薪酬,薪酬水平较高的员工满意度未必高。即使管理者认为某位员工得到的薪酬已经非常高了,但当事人员工未必觉得高,因为员工掌握的信息、选取的比较对象与管理层是不同的。

二、薪酬管理的主要内容

围绕着薪酬管理的概念,薪酬管理的主要内容包括确定薪酬体系、薪酬水平、薪酬结构、薪酬构成与组合方式。

(一)确定薪酬体系

当前,国际上通行的薪酬体系包括职位薪酬体系、技能薪酬体系和能力薪酬体系。划分薪酬体系的主要依据是组织确定基本薪酬的基础是什么。若这一依据是员工所从事职位本身的价值,则为职位薪酬体系;若确定基本薪酬的依据为员工本人所具备的技术技能等级,则为技能薪酬体系;若基本薪酬的确定主要取决于员工为实现特定绩效目标所拥有的能力(即胜任能力),则为能力薪酬体系。在三大薪酬体系中,职位薪酬体系诞生最早,运用也最为广泛,技能薪酬体系与能力薪酬体系是随着经济全球化、组织结构变革,企业为了应对市场激烈的竞争而逐渐运用到实践中的。

(二)确定薪酬水平

确定薪酬水平是薪酬管理中最核心的决策,是指企业中各职位、各职级、各个部门员工应获得薪酬数量的决策,而不仅是企业整体薪酬总额与平均薪酬水平的决策。薪酬水平决策对内关系到企业内部不同员工薪酬的公平性,对外关系到企业各类职位员工薪酬在外部劳动力市场的竞争性,直接影响着企业薪酬的吸引力,以及企业薪酬能否发挥激励员工、留住员工的作用。

市场经济条件下影响企业薪酬水平决策的因素众多。企业内部因素主要包括企业的薪酬战略、企业经营状况与支付实力、企业文化与工会参与集体谈判的力量等。外部因素主要有经济发展的景气程度、同行业或同地区中竞争对手支付的薪酬水平、社会物价水平等。

(三)确定薪酬结构

薪酬结构主要是针对基本薪酬而言的,在学术领域中,薪酬结构是指在一个组织中,一共设有多少个基本薪酬等级以及相邻薪酬等级之间的薪酬差距状况。在实践中,人们经常将薪酬结构理解为基本工资、工龄工资、岗位工资、奖金、津贴、福利等项目,而实际上这些项目是薪酬的构成。在一个企业基本薪酬总额既定的条件下,薪酬等级数量与相邻等级差距之间是一种负相关的此消彼长的关系,即薪酬等级数量多则各相邻薪酬等级之间的薪酬差距必然小,反之,薪酬等级数量少必然会使各相邻薪酬等级之间的差距扩大。一个企业既可以设计薪酬等级数量较多的传统薪酬结构,也可以设计薪酬等级数量较少的现代宽带薪酬结构,还可以在不同部门设计不同的薪酬结构类型,这主要取决于企业规模、所处行业、企业文化、发展阶段、企业管理水平等。

在薪酬结构设计中,如何合理地确定各薪酬等级之间的差距是一个非常值得关注的问题。若薪酬等级差距过小,则可能出现一个企业或部门中贡献大的员工与没什么突出贡献的员工以及工作任务复杂的员工与任务相对简单的员工薪水相近,拉不开差距,造成逆向选择问题,即优秀员工留不住而能力差的员工不想走。若一个企业各薪酬等级差距过大,则可能增加员工的不公平感,不利于鼓励团队合作的文化。

在当今时代,宽带薪酬结构的应用范围在不断扩大。宽带薪酬结构又叫薪酬宽带,其应用始于20世纪80年代末,是一种与组织结构扁平化、流程再造、团队导向、能力导向等管理战略相配合而生的新型薪酬结构。按照WAW的定义,宽带薪酬结构是指对多个薪酬等级以及薪酬变动范围进行重新整合,使之变成只有少数薪酬等级以及相应较宽的薪酬变动范围的一种薪酬结构。典型的宽带薪酬结构可能只有三四个薪酬等级(见图1-5),每个薪酬等级的最高值与最低值之间的区间变动比率(最高值减最低值之差除以最低值,再乘以100%)可能达到200%～300%,而一般薪酬结构中的薪酬区间变动比率仅仅为40%～50%。

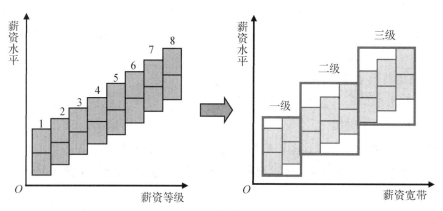

图1-5 从一般薪酬结构到宽带薪酬结构

延伸阅读

宽带薪酬的特征和作用

第一,支持扁平型组织结构。
第二,能引导员工重视个人技能的增长和能力的提高。
第三,有利于职位的轮换。
第四,能密切配合劳动力市场上的供求变化。
第五,有利于管理人员以及人力资源专业人员的角色转变。
第六,宽带薪酬结构有利于推动良好的工作绩效。

(四)确定薪酬构成与组合方式

一个企业的薪酬构成包括哪些项目内容及这些项目如何搭配组合,是薪酬管理的又一重要内容。薪酬项目的构成以及其不同的组合方式受诸多因素的影响,有企业层面的因素,也有员工层面的因素。企业层面的因素包括企业战略、企业文化、企业发展阶段、企业所处行业、企业的经营状况等;员工层面的因素包括员工的职位、岗位性质、年龄结构等。比如,企业文化特别强调团队合作,则薪酬组合中必然会多运用利润分享计划、收益分享计划等群体激励计划。若员工所从事的工作条件比较差,如经常在高温、高空、井下作业,则津贴补贴在薪酬组合中应占较大比重。另外,对于高层管理人员,企业会运用较多的股票期权等激励手段,而对于中基层员工则倾向于运用短期激励计划。

IBM 的薪酬构成

IBM 作为世界一流的高科技企业,一直致力于其薪酬管理体系的完善,以增强企业吸纳、保留和激励优秀人才的能力。IBM 的薪酬主要由以下部分构成。

- 基本月薪——对员工基本价值、工作表现及贡献的认同;
- 综合补贴——对员工生活方面基本需要的现金支持;
- 春节奖金——农历新年之前发放,使员工过一个富足的新年;
- 休假津贴——为员工报销休假期间的费用;
- 浮动奖金——当公司完成既定的效益目标时发放,以鼓励员工的贡献;
- 销售奖金——销售人员及技术支持人员在完成销售任务后的奖励;
- 奖励计划——员工由于努力工作或有突出贡献时的奖励;
- 住房资助计划——公司拨一定数额存入员工账户,以资助员工购房,使员工能在尽可能短的时间内用自己的能力解决住房问题;
- 医疗保险计划——员工医疗及年度体检的费用由公司解决;
- 退休金计划——积极参加社会养老统筹计划,为员工提供晚年生活保障;
- 其他保险——包括人寿保险、人身意外保险、出差意外保险等多种项目,关心员工每时每刻的安全;
- 休假制度——鼓励员工在工作之余充分休息,在法定假日之外还有带薪休假、探亲假、婚假、丧假等;
- 员工俱乐部——公司为员工组织各种集体活动,以加强团队精神、提高士气、营造大家庭气氛,包括各种文娱、体育活动、大型晚会、集体旅游等。

资料来源:李立新,"IBM 公司的薪资管理",《薪水:薪酬设计与薪酬激励手册》,21 世纪人才报社主编,2002 年。

三、薪酬管理的发展趋势

随着世界经济的发展和全球化竞争的加剧,薪酬管理的理念、技术、制度、内容等发生了很大的变化。

（一）人本管理向能本管理转变

相对于物本管理,以人为本的管理理念对人的认识更加深刻和全面。但人本管理仍然把人看作一种资源,并没有完全摆脱物本管理的局限性。随着知识经济时代的到来,人的能力,特别是创新能力和学习能力越来越受到广泛的关注,能本管理的思想应运而生。"能本管理"理念强调包括薪酬决策在内的一切管理活动都要有利于体现和发展人的能力。这就要求企业认识到,在现代薪酬管理决策中,薪酬的支付绝不仅仅是一种成本的支出,而是一项能带来高价值回报的人力资本投资,这种投资往往带来员工能力的提升与企业效率的提高。因此,企业要弘扬能本管理的薪酬文化,通过建立基于能力的薪酬体系和科学的薪酬制度安排来激励员工更好地工作。

（二）经济性报酬向全面报酬转变

实际中,人们经常将薪酬仅仅理解为经济性报酬,事实上,薪酬和福利等经济性报酬在达到一定水平后边际效用会逐渐递减,仅仅依靠经济性报酬来激励人才的效果会越来越差。目前,在发达国家已普遍推行全面报酬的思想,即认为不能把薪酬看作纯粹的经济性报酬,更不能看作单一的工资,除了经济性薪酬以外,它还包括精神与心理方面的激励,比如良好的工作条件、和谐的工作氛围、充分授权、从事挑战性工作的机会、晋升、培训机会等。随着薪酬的提高,非经济报酬对员工特别是知识员工的激励作用会越来越大。企业应树立全面报酬理念,将经济性报酬与非经济性报酬结合,使物质激励和心理激励并重,提高员工的忠诚度、满意度。

（三）传统薪酬向宽带薪酬转变

宽带薪酬制度最大的特点是压缩级别,将原来十几个甚至二三十个级别压缩到几个级别,并将每个级别对应的薪酬范围拉大。这一薪酬结构适应了组织结构扁平化、无边界化的趋势,打破了传统职位等级的官本位特点,为员工提供了更为多样化、更为宽广的职业生涯发展通道。这样有利于引导员工将注意力从职位晋升转移到个人发展和能力的提高方面,给予了优秀人才较大的薪酬上升空间,也使得组织结构的调整、人员配置、技术创新工作的推进更加容易。

（四）短期激励与个人激励分别向长期激励与团队激励转变

传统的薪酬制度主要采用工资、奖金、福利的形式,偏向于短期激励。基本工资与福利所占比重高,奖励性薪酬所占比重低,薪酬弹性小,且奖金主要与个人绩效挂钩而与企业长期发展目标脱节,员工的报酬与企业的经济效益之间的相关性较低。短期化的薪酬容易导致员工工作行为的短期化,而关键岗位上核心员工的短期化行为必然导致人员流失率高,影响企业的长期可持续发展。因此,为了留住人才、稳定员工队伍,必须引导员工关注企业发展的长远战略目标,实施长期激励,将员工的报酬与企业经营目标、战略目标的实现情况相联系,如实施股权计划、期权计划等。

随着社会分工的发展,不同工作任务之间联系越加紧密,许多工作需要一个团队共同完成,知识性工作更是如此,强调团队合作的工作方式与企业文化已经成为一种潮流,必然要求薪酬支付相应地由个体激励转向团队激励。

(五)从关注结果公平向关注程序公平转变

通常来说,企业薪酬分配方面的公平性问题包括两个方面:一方面是结果公平,即相对于员工付出而言的回报公平性问题,包括外部公平、内部公平和人际公平;另一方面是程序公平,是指企业在薪酬管理制度设计和执行过程中建立起的公平、公正的程序。从实践情况来看,企业管理层对薪酬分配结果的关注度远高于对员工薪酬参与、薪酬沟通等程序性问题的关注,这种情况主要与企业管理层的思想观念有很大关系。他们多数认为薪酬管理制度的设计是管理层的事情,与基层员工无关,没有认识到员工参与对于制度实施效果的影响。而许多研究发现,良好的沟通、员工参与对于员工对企业管理制度的认可具有积极影响,已经成为有效激励员工的重要因素。

本章小结

薪酬是可以用货币衡量的报酬的一部分,具体包括基本薪酬、绩效加薪、可变薪酬、津贴与补贴、长期激励等。报酬的内涵与外延更加丰富,通常所说的报酬包括内在报酬与外在报酬两部分。报酬模型历经三代发展,已日趋完善,最新的报酬模型包括薪酬、福利、工作与生活的平衡、认可、绩效管理与潜能开发六个要素。

本章的薪酬模型为读者理解和把握薪酬制度提供了一个理论框架。薪酬模型主要由薪酬目标、实现薪酬目标的政策关注点及薪酬制度的技术三个部分组成。本书后面的内容主要围绕薪酬模型逐步展开。

薪酬管理是指一个组织基于自身的发展战略及经营状况,根据员工提供的劳动价值来确定他们应当获得的薪酬数量、薪酬结构、薪酬组合的过程。在这个过程中,组织必须就员工的薪酬水平、薪酬等级结构、薪酬形式与组合等做出决策。薪酬管理的内容主要包括确定薪酬体系、薪酬水平、薪酬结构、薪酬构成与组合方式。

未来的薪酬管理有向能本管理、全面报酬、宽带薪酬、长期激励与团队激励以及关注程序公平转变的趋势。

复习思考题

1. 什么是报酬?报酬与薪酬之间的联系和区别是什么?
2. 薪酬管理的主要决策有哪些?薪酬管理的难点是什么?
3. 薪酬模型的四个政策关注点是什么?薪酬模型中要实现的薪酬目标是什么?
4. 谈谈你对能本管理思想的看法。

案例分析

胡雪岩以财揽才

办什么事情都要靠人,因此人才就是企业的生命线。胡雪岩深明此理,他收揽人才的方法更令人称道。他用厚利来买人才,买人心,以诚相待、信则不疑,这样不但调动了手下人的积极性,而且使许多人对他感恩戴德,一生追随他。

胡雪岩在筹办阜康钱庄之初,急需一个得力的"档手"。经过考察,他决定让原大源钱庄的一般伙计刘庆生来担当此任。钱庄还没有开业,周转资金都没有到位,胡雪岩就决定给刘庆生一年200两银子的薪水,还不包括年终的花红。靠厚利,胡雪岩一下子就让刘庆生动了心。当他将200两银子的预付薪水拿出的时候,刘庆生激动地对胡雪岩说:"胡先生,你这样子待人,说实话,我都没有听说过。铜钱银子用得完,大家是一颗心;胡先生你吩咐好了,怎么说怎么好!"从一开始就让刘庆生心悦诚服了。

与此同时,胡雪岩还替他考虑家里的事情,让他把留在家乡的父母妻儿接来杭州,上可尽孝,下可尽责,解决了后顾之忧,以便倾尽全力照顾钱庄生意。

一次的慷慨便得到了一个确实有能力,也确实忠心耿耿的帮手,阜康钱庄的具体营运,他几乎可以完全放手不管了。

胡雪岩对有功者特设功劳股,这是从盈利中抽出的一份特别红利,专门奖给对胡庆余堂有贡献的人。功劳股是永久性的,一直可以拿到本人去世为止。有位叫孙永康的年轻药工就曾获得此项奖励。有一次,胡庆余堂对面一排商店失火,火势迅速蔓延,眼看无情的火焰扑向胡庆余堂门前的两块金字招牌,孙永康毫不犹豫地用一桶冷水将全身淋湿,迅速冲进火场,抢出招牌,头发、眉毛都让火烧掉了。胡雪岩闻讯,立即当众宣布给孙永康一份功劳股。

同进,胡雪岩还设立了阳俸和阴俸。所谓阳俸,就像现在的退休金,发给老弱多病无法继续工作的人。而阴俸如同现在的遗属生活补助费,是职工死后按照工龄长短发给其家属的生活费。当然,不是人人都可以得到阳俸和阴俸,需以对胡庆余堂有贡献为前提,含有论功行赏的意义。虽然阳俸和阴俸成了胡庆余堂一笔不小的开支,但收到了解除员工后顾之忧、促使人们相互竞争的效果,由此激发的生产积极性和创造力所转化的经济效益远远超出了所支出的金额。

资料来源:严伟,《薪酬管理》,东北财经出版社2008年版,第12—13页。

思考题:

1. 试运用所学知识分析胡雪岩对薪酬管理所持的态度。
2. 胡雪岩对员工的管理给你什么样的启发?

第二章 薪酬战略

本章学习目标

- 了解战略的含义、层次与类型
- 掌握薪酬战略的内涵
- 重点掌握各类竞争战略的特征及其相匹配的薪酬战略
- 理解影响薪酬战略设计的各影响因素
- 掌握进行薪酬战略设计的思路

【导入案例】

全球最大的国际快递公司(SHD)的战略薪酬管理实务

SHD全球总部设在比利时,共分为四个地理区域:欧洲、中东与非洲、亚太区、美国与美洲区域。亚太区总部设于新加坡,而中国台湾及内地、韩国同属于亚太区的大中华区,由中国香港负责统筹。SHD提供专业的快递及物流产品服务,包括全球文件快递、全球包裹快递、国际重货快递、大宗商业货件、重量箱、超级重量箱及全球配送服务等。

SHD的经营战略聚焦于顾客服务品质的提升。在文件与包裹的国际快递领域中,SHD坚持以广泛覆盖的服务网络与核心价值保持市场领导的地位。SHD致力于追求卓越的服务品质,并以最合理的成本提供最优质的服务。"迅速、安全、值得信赖"是SHD对顾客的承诺,也是SHD的品质目标。SHD持续对人力资源、设备及信息技术投资,以回应客户的需求。SHD的企业文化是持续鼓励世界各地SHD人的创新与进取精神,提供适当的在职进修及职业生涯发展的机会,并通过便捷的内部网络实现知识及资源的共享。

面对竞争环境,SHD在企业经营战略、企业文化、薪酬管理战略等方面做了应对。"忠诚、创新、学习、知识共享"的文化为顾客服务品质提升战略提供了所需的员工组织承诺,并培育了组织特有的技能和应变能力。薪酬计划与经营战略和组织文化整合，在制度执行的同时逐步实现提升服务品质的目标，企业薪酬战略、人力资源战略对组织战略的配合主要表现在以下5点。

(1) SHD的薪酬采用市场中位薪，强调内部公平优先于外部竞争。公司把节约下来的人事成本用于培训活动，一方面可以补足员工与市场上最优秀人才的技能差距，另一方面使组织具备充足的知识技能以提高服务品质。

(2) SHD设计了多样化的员工奖励方案，不同职级的员工有不同的制度。本质上，SHD的奖金与服务品质相匹配，以顾客服务相关指标作为奖金发放的标准和依据。员工奖励与绩效考核结果挂钩，绩效考核制度中包括了顾客满意指标，要求各项工作从本质上做到使顾客满意，鼓励员工将提供客户满意的服务作为工作标准。

(3) SHD深刻认识到，品质的提升需要知识与技能的积累，更需要有稳定的组织和人力资源。因此，SHD设计了年资奖，按工龄发放奖金，旨在提高员工的留任率。

(4) 为了能迅速回应顾客快速变化的需求，需要不断创新。SHD鼓励员工对公司的流程、战略或管理提出创新与建设性的建议。若建议方案可行且执行后实现了预期目标的，则可获得公司的奖励。

(5) SHD十分注重团队合作及跨部门的项目合作。有效的合作在服务改善的过程中发挥了重要的作用。因为服务品质的提升有时并非一个人便能完成，而必须通过团队合作使流程环环相扣，这样才能确保产出的高品质。

SHD的管理实践中，薪酬系统不再只是简单的薪酬或奖金计划，而是可将战略和目标转化为行动的过程，即引导员工付出努力以实现目标。有效的薪酬管理系统不只是一个给员工分配现金的工具，而更应该是一个分享成功的机制，使人们预期的目标与最终的结果相互匹配。然而，薪酬管理系统不能凭空而来，它是组织战略和组织文化的一部分。只有在薪酬系统设计与管理的过程中具备战略思维，企业才能激励员工有效率地工作，并吸引及留住有能力且有成功意愿的人才。企业通过薪酬来吸引和保留所需的优秀人才，激励他们努力工作，以此为企业创造绩效与利润。因此，薪酬管理对企业获得持续的竞争优势具有重要作用。近年来，许多优秀的人才都想进入高科技产业（如电信、电子产业），其中高科技公司提供的优越薪酬是吸引他们的主要因素。但另一方面，薪酬也是企业的一项主要成本支出，高薪固然可以吸引人才，但也可能成为企业的重大财务负担。

因此，如何做好薪酬管理，建立一套有效的薪酬制度，便成为现代企业所必须重视的课题。

资料来源：程延园，《薪酬制度设计管理与案例评析》，经济日报出版社2016年版，第39—41页。

第一节 组织战略

薪酬管理早已超越部门管理的层面,从战略高度而不是仅仅从职能管理的角度思考薪酬管理已经成为业界人士的共识,如何设计一种能够有效支持组织持续发展的薪酬战略是近年来学界与实务界所关注的热点。在本章中将首先介绍有关组织战略的基本概念、基本知识,帮助读者理解战略设计对组织发展的重要意义;其次,阐述薪酬战略的含义、类型、主要内容及薪酬战略设计的决定因素;最后,讨论薪酬战略与组织战略之间的匹配性,即如何根据组织战略的调整设计出与之相适应的薪酬战略。

一、战略的含义

由于研究视角的不同,各研究学者关于战略的定义也各有不同。根据中国人民大学文跃然教授的归纳,战略的定义有以下四类。

第一,将战略视为组织的长远规划。美国学者H.伊格尔·安索夫(H.Igor Ansoff)认为公司战略就是"企业高层管理者为保证企业的生存和发展,通过对企业外部环境与内部条件的分析,对企业全部经营活动所进行的根本性和长远性的规划与指导"。战略管理领域的奠基者之一阿尔弗雷德·D.钱德勒(Alfred D.Chandler)认为战略是如何从一个更长远的视角出发,使企业与市场环境相适应,以实现企业价值最大化的行动方针。

第二,将战略看作竞争优势和差异化的选择。波士顿咨询顾问公司的奠基人布鲁斯·D.亨德森(Bruce D. Henderson)将战略概括为:"任何想要长期生存的竞争者,都必须通过差异化而形成压倒所有其他竞争者的独特优势来努力维持这种差异化,正是企业长期战略的精髓所在。"美国著名战略专家、哈佛大学教授迈克尔·波特(Michael E.Porter)在《什么是战略》一文中指出:"战略定位(strategic positioning)则意味着运营活动有别于竞争对手,或者虽然类似,但是其实施方式有别于竞争对手。战略就是创造一种独特、有利的定位,涉及各种不同的运营活动。战略就是在竞争中做出差异化的选择。"

第三,战略是一种价值创造方式。戴维·J.科利斯(David J. Collis)等人在《公司战略》一书中指出,公司战略就是公司通过协调配置或构造其在多个市场上的活动来创造价值的方式。

第四,战略是影响绩效改进的策略。罗伯特·D.巴泽尔和布拉德利·T.盖尔(Robert D. Buzzell & Bradley T. Gale)认为战略是所有对绩效有显著影响的策略和关键决策。

著名的管理学大师亨利·明茨伯格(Henry Mintzberg)曾经评价人们对战略的认识就如同盲人摸象,每个人都紧紧地抓住战略的某一部分,而没有认识到其余部分的要义。明茨伯格在梳理了战略概念的演变历程后提出:战略是一种计划、一种行为方式,是产品或服务在某一特定市场领域中的定位,是一种企业行为处事的观念。他总结了战略的五种含义：战略是一种计划（plan）、一种策略（ploy）、一种模式（pattern）、一种定位（position）、一种观念（perspective）。

延伸阅读

迈克尔·波特

迈克尔·波特（1947—），哈佛商学院教授，著有《竞争优势》《竞争战略》《国家的竞争优势》等管理经典，提出了"五力量模型""价值链"等一系列在战略领域影响深远的突破性思想和实战工具，在世界管理思想界可谓"活着的传奇"。他是当今全球第一战略权威，是商业管理界公认的"竞争战略之父"，在2005年世界管理思想家50强排行榜上位居第一。

二、组织战略的层级

组织战略是指组织对有关全局性、长远性和纲领性发展目标的谋划和决策。组织战略通常具有多层级性，不同层级战略的重要性及其影响范围不同。学界一般将组织战略划分为三个层级：公司战略（corporate strategy）、业务单元战略（business unit strategy）与职能战略（functional strategy）。

公司战略又称总体战略，是企业最高层次的战略。它关注的是企业的长期发展目标、经营领域等事关企业生存与发展的重大问题，如企业进入某个领域，企业的兼并、重组等重大决策等。企业在发展的不同阶段会制定不同的战略决策。如海尔早期（1984—1991年）实施的是名牌战略，这个阶段海尔发展的重点在产品与服务质量上，建立了全面质量管理体系；1992—1998年，坚持"东方亮了再亮西方"的理念，成功地实施了多元化的战略；1998—2005年，以创国际名牌为导向，以国际市场为发展空间的三个1/3的国际化战略稳步推进。2006年以后，为了适应全球经济一体化的形势，运作全球范围的品牌，力图在每一个国家的市场创造本土化的海尔品牌。

公司的二级战略常常被称作业务单元战略或竞争战略。如果说公司战略解决的是公司进入什么领域的问题，那竞争战略则解决的是如何在既定的领域、既定的产品市场中展开竞争，获得竞争优势并战胜竞争对手。如推出新产品或服务、建立研究与开发设施、开发出新的技术与配方等。

职能战略亦称职能层战略，主要任务是如何落实和执行公司战略与竞争战略，涉及企业内各职能部门,如生产、销售、财务、人力资源管理、研发,解决的是如何成功地为各级战略服务,从而提高组织效率,实现组织目标。

三、组织战略的类型

(一) 公司战略

按照常用的发展趋势来区分,公司战略通常包括成长战略、稳定战略和收缩战略三种。成长战略是一种强调市场拓展、产品开发、创新以及联合等内容的战略,又可分为一体化战略和多样化战略。一体化扩张又可分为横向一体化和纵向一体化。实现这些扩张的方法包括靠自有资源的内部发展和依托兼并、重组、收购等方式的外部发展。稳定战略是指企业在既定经营领域内所达到的产销规模和市场地位都大致不变或以较小的幅度增长或减少的一种战略。稳定战略要求企业在已有的市场份额中做得最好。收缩战略是一种消极的发展战略,是指企业从目前的战略经营领域中收缩和撤退。企业实施收缩战略只是短期的应对经营困境的权宜之计,其根本目的是使企业挨过风暴后转向其他的战略选择。

除了上述分类方式外,雷蒙德·迈尔斯(Raymond Miles)和查尔斯·斯诺(Charles Snow)于1978年在《组织战略、结构和方法》(*Organization Strategy, Structure, and Process*)一书中做了不同的分类,认为公司战略并不取决于组织的类型或风格,而取决于那些需要战略解决的基本性问题,即企业如何管理市场份额、企业如何执行解决事业问题的方案、企业应该如何架构以适应解决前两个问题的需要。基于如何解决这三类问题,他们将企业分为四种战略类型。

1. 探索型战略

探索型(prospector)战略着眼于创新、冒险、寻求新的机会以及成长。该战略适合处于动态变化、成长中的企业,因为这时创新比效率更加重要。许多IT公司,如微软公司就采取了这类战略。联邦快递公司(Federal Express)也是在急速变化的快递邮政业中采用探索型战略,在服务和递送技术方面进行了创新,从而获得行业领袖的地位。

2. 防御型战略

防御型(defender)战略几乎与探索型战略相反。防御型战略的采用者更关注稳定甚至收缩,而不是冒风险和寻求创新的机会。这类战略思想力求保持现有的顾客,而不关注创新或成长。防御者主要关心采用高效生产、严格控制、连续、可靠的手段,努力维持自己已有的市场地位,以便为稳定的顾客群提供可靠的、高质量的产品。处于衰退的行业或稳定的环境中的组织,经常采用防御型战略。快餐巨头肯德基和麦当劳连锁店都属此类企业组织。

3. 分析型战略

分析型(analyzer)战略的采用者试图致力于规避风险的同时又能够提供创新产品和服务,它关注有限的一些产品和技术的开发,以质量提高为手段,力争超越竞争对手。这种战略介于探索型战略与防御型战略之间。当市场稳定时,通过技术改进来保持低成本;当市场发生变化时,通过开发新产品和服务来保持竞争力。日本索尼公司采用的就是分析型战略,也就是在传统电子消费品领域内维持市场地位,同时在整体家庭娱乐市场中开拓新业务,如后来开发的 Vaio 电脑等。

4. 反应型战略

反应型(reactor)战略事实上并不能称作战略,因为这类企业既缺乏适应外部竞争的能力,又缺乏有效的内部控制机制,没有一个系统化的战略设计与组织规划。采取这一战略时,高层管理者既没有制订长期的计划,也不明确指出组织的使命和目标,因而组织所采取的行动似乎都是为了满足眼前的需要。采取反应型战略的企业很少能取得成功。全球知名的施乐公司(Xerox)和柯达公司(Kodak),就是因为管理者没有采取与市场消费趋势变化相一致的战略而陷于低迷。尽管麦当劳一直被誉为全球快餐行业的龙头,但近年来公司的管理者们也开始在为寻找合适的战略而绞尽脑汁。由于市场份额不断被侵占,加之缺乏指引未来方向的清晰的战略,其连锁店的业绩也有所下滑。

(二) 竞争战略

有"竞争战略之父"之称的美国哈佛商学院著名的战略管理专家迈克尔·波特于 1980 年在其出版的《竞争战略》(*Competitive Strategy*)一书中将竞争战略概括为三种:成本领先战略、差异化战略、集中化战略。波特认为,这三种战略是每一个公司必须明确的,企业需从这三种战略中选择一种作为其主导战略,因为徘徊其间的公司处于极其糟糕的境地。

1. 成本领先战略

成本领先战略也称为低成本战略,是指企业通过有效途径降低成本,使企业的全部成本低于竞争对手的成本,甚至是在同行业中最低的成本,从而获取竞争优势的一种战略。要做到成本领先,就必须在管理方面对成本严格控制,将降低成本作为各部门的重要绩效考核指标,处于低成本地位的公司可以获得高于产业平均水平的利润。在与同行业进行竞争时,由于低成本,可以获得更大的市场,在竞争中可以获得主动。

2. 差异化战略

所谓差异化战略,是指为使企业产品与竞争对手产品有明显的区别,或功能多,或款式新,或更加美观,具有与众不同特点的一种战略。这种战略的核心是取得某种对顾客有价值的独特性。差异化战略一般针对那些不十分关心价格的客户,通过创新产品研究和设计、高强度的广告宣传、附加的服务或体验、全新的技术等使顾客忠诚于公司的品牌,从而降低行业内对手的竞争力,并抵御替代品的威胁。追求差异化战略的公司需要有较强的营销能力和敏锐的市场洞察力,还要求员工有较强的创新能力。

3. 集中化战略

集中化战略也称为聚焦战略、专一化战略,是指企业或事业部的经营活动集中于某一特定的客户群、产品线的某一部分或某一地域市场上的一种战略。这种战略的核心是瞄准某个特定的用户群体、某种细分的产品线或某个细分市场。具体来说,集中化战略可以分为产品线集中化战略、顾客集中化战略、地区集中化战略。实施这一战略的前提是:公司能够以更高的效率、更好的效果为某一狭窄的战略对象服务,从而超过在更广阔范围内的竞争对手,赢得超过行业平均水平的收益。

案例 2-1

小米的成本领先战略

小米公司正式成立于2010年4月,是一家以智能手机、智能硬件和IoT平台为核心的消费电子及智能制造公司。创业仅7年时间,小米的年收入就突破了千亿元人民币。截至2018年,小米的业务遍及全球80多个国家和地区。小米的成功在很大程度上得益于其成本领先战略的选择,其战略优势主要体现在以下三个方面。

1. 生产外包

由于小米是新创企业,资金有限,不能够建立制造工厂,因此将硬件研发外包给了英达华,这样降低了公司产品研发和制造的成本。在英达华为小米代工的同时,自身也实现了规模效益,并且提升了小米产品的质量,提供了更加优质的服务。对于小米来说,生产外包是其实现快速增长的优势。

2. 运营成本低

小米营销模式特殊化创造了运营成本低的巨大优势。小米主要采取饥饿营销、微博营销、网络社区营销及口碑营销等模式,通过较低的宣传成本实现了最大的收益,建立了较好的品牌效应。小米手机的销售与传统手机销售不同,规避了各级经销商加价,使手机的营销成本降低。小米的饥饿营销模式创造了其低价格优势,具有较大的市场优势。

3. 供应链溢价

小米产品是通过网络订购销售的,这种销售模式使小米提前拿到了预付款,持有大额的预付款不仅可以与供应链上游企业谈判,降低产品生产的价格,而且不会出现产品压货的现象。这种营销模式在获取可观利润的同时,随着时间的推移,小米产品的生产原料价格会下降,这再一次降低了小米产品的成本。

资料来源:改编自段莹莹,《小米公司成本领先战略分析》,《经济研究导刊》,2015年第8期。

第二节 薪酬战略概述

一、薪酬战略的定义

薪酬战略是企业薪酬体系设计及薪酬管理全部工作的行动指南，是实现企业经营战略与人力资源发展战略的保证。有效的薪酬战略可以向员工传递企业的战略意图，激发员工的积极性。企业的薪酬战略必须支持公司整体战略和竞争战略，与企业所处的发展阶段、企业的组织结构及企业的文化相匹配，并对其起支持作用。因此，薪酬战略的设计事关企业经营的成败。按照戈麦斯等人的观点，薪酬战略是能对组织绩效和人力资源利用的有效性产生影响的薪酬决策的选择。这些薪酬决策受企业内外部环境的影响，引导各个部门和员工的行为朝着企业期望的方向努力。[1]

国内外关于薪酬战略的阐释更多的是从薪酬战略对企业竞争力提升的意义角度去展开的。其中，美国薪酬专家米尔科维奇等的论述被广泛引用。他们通过对一系列问题的回答清晰地概括了企业战略选择与获取竞争优势之间的逻辑关系。首先，在公司层面，最基本的战略选择是：我们应该进入并停留在什么经营领域？其次，在经营单位层面，战略选择要回答的问题是：我们如何在这个经营领域内赢得并保持竞争优势？依靠差异化、集中化、低成本还是其他？最后，职能部门的战略选择是：企业需要什么样的人才和核心能力？人力资源部门应做出哪些决策来吸引相关人才？我们应该制定什么样的人力资源战略来支持企业经营战略？在确定人力资源战略后，又该如何设计企业的薪酬战略？企业所处的内外部社会、市场、法制环境对薪酬战略提出了何种要求？我们如何通过有效的薪酬决策合理认可员工贡献、引导员工态度与行为、帮助组织获取并保持在相关领域的竞争优势？我们可以通过图2-1来进一步理解薪酬战略的内涵及其作用机制。

二、薪酬战略决策的影响因素

薪酬战略决策主要包括薪酬体系、薪酬水平确定、薪酬构成及组合方式、薪酬结构与薪酬管理方式，这五类决策或其中的每一类都会受到众多因素的影响。米尔科维奇教授等将薪酬战略决策的影响因素概括为经营战略和竞争动力机制、组织文化与价值观、社会和政治环境、雇员与工会的需求以及人力资源管理制度等。文跃然教授将决定薪酬战略的因素归结为企业的行业选择、企业所处发展阶段、产品选择、产品定位和竞争方式选择

---

[1] Luis R. Gomez-Mejia, Theresa M. Welbourne, "Compensation Strategy: An Overview and Future Steps", Human Resource Planning, 1998, 11(3).

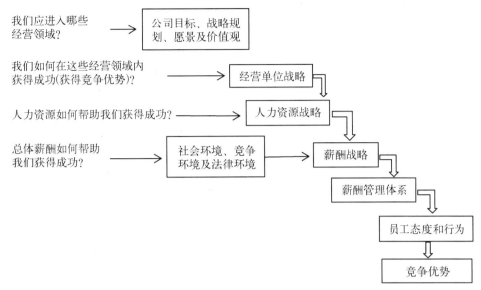

图 2-1 薪酬管理与企业竞争优势

五个方面。中国人民大学曾湘泉教授把这些影响因素总结为三类：一是外部环境对薪酬战略的影响，二是组织战略对薪酬战略的影响，三是企业内部的资源和能力对薪酬战略的影响。在吸收前述研究分类的基础上，本书将薪酬战略决策的影响因素归结为两大类，即企业内控性因素与外部环境因素。

（一）企业内控性因素

1. 公司战略

公司战略要基于组织的使命和愿景，根据对企业内外部环境的分析，确定企业的业务范围和领域。同时，公司战略还要研究确定公司的框架结构，明确各事业部门的分工，调整各部门的关系和结构。公司进入行业领域的选择，以及组织结构的不同设计，对公司薪酬战略的制度会有不同的要求。

2. 竞争战略

竞争战略的目的在于提升企业所处行业中的竞争地位和竞争优势，以支持公司战略的实现。竞争战略需要明确企业在所属领域中如何竞争，如何提高资源利用效率，如何扩大市场份额，如何赢得客户。根据迈克尔·波特对竞争战略的划分，分为差异化战略、成本领先战略和集中化战略。竞争战略选择的不同决定了所采用的薪酬战略也会有所差异。例如，具体到工资支付方面，成本领先战略必然要求尽可能降低总薪酬，而差异化战略则倾向于奖励那些能够取悦客户的行为。

3. 人力资源管理战略

人力资源管理包含薪酬管理、绩效管理、招聘与选拔、培训与开发、工作分析与设计等诸多职能，不同职能之间相互支持和协调，共同支撑着人力资源管理系统的运行。薪酬战略必须与组织人力资源管理战略相匹配和一致，才能实现组织的整体战略目标。因此，薪酬战略的设计应基于企业要吸引、保留的人才类型,美国康奈尔大学斯科特·A.斯奈尔教授(Scott A. Snell)详细概括了针对不同类型人才的薪酬战略设计,如表2-1所示。

表2-1 不同人才战略的薪酬战略

人才类型	人力资源战略体系	薪 酬 战 略
核心人才	基于承诺	● 外部公平(高工资) ● 为知识、经验、资历付薪 ● 股权和额外福利
通用人才	基于生产率	● 注重外部公平(市场工资率) ● 为绩效付酬
独特人才	基于合作关系	● 根据合同付酬、为知识付薪
辅助性人才	基于命令和服从	● 按小时或临时签订的合同付薪

4. 文化与价值观

组织的文化与价值观是组织的信仰、内心信念,能将员工的事业心和成就感融入组织目标中,减弱组织制度的约束对员工的心理冲击,增强组织内部的理解和信任,是支持组织前进的不竭动力。任何一个优秀的公司,都有其鲜明的文化和核心价值观。薪酬战略应当基于公司文化与价值观,引导员工的行为倾向,并有助于传递和强化公司的文化和核心价值观。若公司强调绩效导向的文化,则激励性薪酬的设计要考虑的是团队绩效而不是个人绩效;若公司价值观中关注客户服务,则奖金设计中应倾向支持快速响应客户需求、为客户创造价值的行为。

案例 2-2

任正非眼中的文化与价值分配

任正非认为:"资源是会枯竭的,唯有文化才会生生不息。一切工业产品都是人类智慧创造的。华为没有可以依存的自然资源,唯有在人的头脑中挖掘出大油田、大森林、大煤矿……"

什么样的文化或价值观才能在华为人的头脑中挖掘出大油田、大森林、大煤矿呢?"以客户为中心,以奋斗者为本,长期艰苦奋斗,坚持自我批判。"以客户为中心,客户才会付钱;以(心中装着客户的)奋斗者为本,以客户为中心的口号才会落地;长期艰苦奋斗,客户才能长期满意后长期付钱;坚持自我批判、自我否定,长期艰苦奋斗的员工才能长期有效地以客户为中心,才能源源不断地为华为带回大油田、大森林、大煤矿。

> 华为不但主张这样的核心价值观,而且确立了相应的价值评价、价值分配体系。诚如任正非所言:"一个企业的经营机制实质上是一个利益驱动机制,企业的价值评价系统要合理,价值分配系统合理的必要条件,是价值评价公平性,而价值评价系统要合理,是以企业的价值观、企业的文化为基础,价值评价的原则要向奋斗者和贡献者倾斜。"
>
> 资料来源:赵伯平,《华为公司制胜的三大法宝》,中人网 2015 年 7 月 10 日。

5. 人力资源特征

员工的价值观是多元化的,年龄、性别、文化程度等个人特征与家庭状况等各有不同,从而决定了员工需求的多样性,那种传统的"一刀切"的薪酬制度很难得到员工的认可。企业决策者在设计薪酬制度时必须向员工提供更多的选择,满足员工多样化的偏好。年轻的员工需要大量现金来购房、购车、支付学习培训学费,而年老的员工更愿意将钱存入他们的养老金账户;普通员工看重保障性的工资收入和较好的福利,知识性员工更钟情工作与生活的平衡,以保证个人的成长与自身价值的实现;有孩子和老人需要照顾的员工偏爱家庭看护类福利项目,丁克家庭更喜欢有助于职业生涯发展的培训开发类项目。

6. 企业经营效益

经营效益的好坏影响企业的总体薪酬水平。薪酬水平定位包括领先、跟随和滞后三种策略。通常经营效益好、盈利能力强的公司倾向于采用高于市场平均水平的领先型薪酬政策,以期吸引更多核心人才,保持或增强企业在同行业中的市场地位。经营效益一般的企业经常采用追随型薪酬政策,这类企业一方面希望在招聘市场保持一定的竞争优势、维持稳定的员工队伍质量,另一方面希望将薪酬支出控制在一定范围内,不要对企业的进一步投资和利润产生过大的压力。经营效益差的企业,往往采取滞后型的薪酬政策,出于降低成本的考虑,总体薪酬支出较低。

(二)外部环境因素

1. 所处行业

企业所处行业性质的不同对薪酬支付基础、薪酬水平定位以及薪酬结构会产生不同的影响。

(1)对薪酬支付基础的影响。不同的行业性质客观上要求不同的薪酬支付依据。比如制造行业比较看重员工所掌握的技能,常采用技能薪酬制;而高新技术企业则非常重视员工所拥有的能力,如华为、中兴、英特尔等高科技公司对于核心研发人员实施能力薪酬制就比较合适。

(2)对薪酬水平定位的影响。行业性质对薪酬水平定位的影响是巨大的。一般来说,新兴行业成长快,对专业性人才需求大,人才竞争激烈,倾向于实施市场领先型策略,以吸引优秀人才的加入。传统行业盈利能力常处于市场平均水平,发展比较平稳,多采用市场追随型薪酬策略。而处于衰退的行业,盈利能力下降或亏损,一般采用市场滞后型薪酬政策。

（3）对薪酬结构的影响。不同行业的薪酬结构不同,薪酬结构受组织结构的影响。通常新兴行业强调对外部市场的灵敏性反应,组织结构多为扁平化,对应的薪酬结构常是宽带型薪酬结构,员工的报酬会随技能与能力的提升有较大上升空间,员工间的薪酬水平差距较大。传统行业,如餐饮行业、传统加工制造业组织结构较为科层化,对应的薪酬结构等级数量较多,员工的薪酬主要随职位等级晋升而增加,且员工之间的薪酬差距较小。

2. 劳动力市场的供求形势

在市场经济条件下,薪酬的高低从根本上取决于劳动力市场的供求状况,在劳动力富裕的市场上,企业能以较低的薪酬支付获得所需的人才,对应的薪酬政策多为市场追随型或市场滞后型,以削减企业成本。反过来在劳动力比较短缺的市场上,企业不得不支付较高的薪酬,并采用多种激励手段去吸引人才,薪酬政策倾向于采用市场领先型。当前我国劳动力市场出现了"刘易斯拐点",劳动力充裕的时代已成为过去,靠压低薪酬的做法很难在人才争夺中获胜,劳动力市场形势的变化对企业薪酬战略的制定产生了至关重要的影响。

3. 法律制度

薪酬战略的设计会受到一个国家或地区相关法律制度的约束,如劳动法、最低工资立法、社会保障立法、个人所得税法的有关规定会对薪酬水平、薪酬组合、薪酬的支付方式等产生重要的影响。2008年后,我国《劳动合同法》《劳动争议调解仲裁法》《社会保险法》等劳动立法不断涌现,《个人所得税法》与《住房公积金管理条例》逐步修订,这就要求人事经理及时跟踪法律法规的规定,在法律框架下设计公司的薪酬制度。

4. 社会文化

在经济全球化时代,跨国公司已渗透到世界各国,东道国的文化对薪酬战略的影响越来越明显,在这方面比较典型的是美国和日本。美国崇尚个人主义文化,企业看重个人能力和业绩,个人绩效在薪酬分配中占有重要的地位,年龄和资历不是主要考虑的因素。日本号称大和民族,历来强调集体主义文化,企业十分重视给员工提供完善的培训和福利待遇,长期中采用年功工资制,年龄和资历是薪酬支付所考虑的重要因素。

三、薪酬战略的设计思路

薪酬管理是企业管理中的一个子系统,一个企业的薪酬战略只有与其他组织系统相协调才能获得成功。在薪酬管理系统中,有很多技术和工具可以运用,但这些技术和工具的选择需要根据企业各个层面的战略要求以及上述内外部影响因素做出相应的调整。因此,不存在一种普适性的最佳的薪酬战略和薪酬管理实践,简单盲目的模仿很难起到实效,只有最适合企业具体情况的薪酬战略和薪酬管理实践。

要设计一种适合企业的薪酬战略,一般会涉及以下四个步骤(见图2-2)。

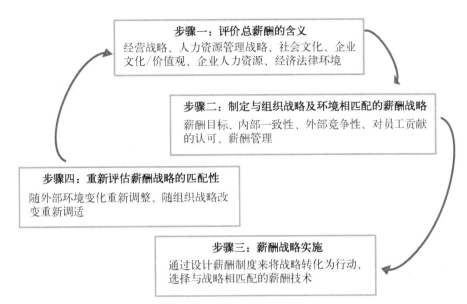

图 2-2 制定薪酬战略的步骤

(一) 评估组织内外部环境的变化及其对薪酬战略的影响

在组织发展的不同阶段,其内部发展战略、公司发展走向、所依赖的竞争优势、人才战略总是处在不断的调整变化中。如前所述,海尔的发展经历了从品牌战略、多元化战略到国际化战略与全球范围内品牌本土化战略,发展战略的转变决定了企业薪酬哲学、薪酬理念的随之调整,由此必然引起企业薪酬目标、薪酬支付方式、薪酬激励手段的灵活变通。

当前,中国企业处在"互联网+"时代,外部环境的变化比历史上其他任何时候都快,人力资源老化且出现短缺,人工智能的产业化步伐加快,立法层出不穷。所以,企业需时刻保持对这些变化的敏锐洞察力,及时做出准确的评估,才能做出合理薪酬方案。

(二) 制定与组织战略及环境相匹配的薪酬战略

薪酬战略内容主要由薪酬模型的构成要素组成,即四项政策和一个目标。四项政策是指内部一致性、外部竞争性、对员工贡献的认可和薪酬管理;一个目标是指薪酬战略在企业发展中或整个人力资源管理战略中发挥什么作用,扮演什么角色,是主角还是辅助性的配角。不管是什么角色,都要基于组织战略来确定其目标。一般来说,实施探索性战略的企业看重员工的开拓性能力和贡献,采用防御性战略的企业则更加关注企业和谐、团结和稳定。

(三) 薪酬战略实施

薪酬战略是组织制定具体薪酬制度和政策的指导思想,是一种理念,这一步骤要做的是将这些指导思想和理念变成可以操作的薪酬技术、工具和方法,表现为薪酬管理的具体实践,是从思想层面向实际运用层面的转换。

(四) 重新评估薪酬战略的匹配性

组织内外部环境处于不断变化之中,薪酬战略当然不是一劳永逸的事情,也应随之做出适应性的调整。所以，为了确保薪酬战略与组织战略、与变化的环境的匹配性，需要定期地对薪酬战略的适应性做出评估。

技术发展、组织变革、人口与经济发展促使组织必须持续变革才能在这一竞争中生存。成功的变革要求深思熟虑，并必须得到系统与结构上的支持。组织及其子系统，包括重要的人力资源管理系统，不得不日益变得更具战略性，以适应持续变革的发展潮流。也就是说，职能与团队战略必须服从于企业整体的战略发展，以提高组织效率。这一点在战略薪酬系统中体现尤为明显，一个完整的人力资源管理体系是非常重要的，是满足员工及提升组织绩效的关键。

战略性人力资源管理在近20年来的发展非常迅速，也被实践证明是获得可持续竞争优势的重要因素。而战略性薪酬管理作为其核心组成部分，正是这一竞争优势的载体之一。

案例 2-3

美国西南航空公司的战略薪酬实践

西南航空成立于1971年，当时在得克萨斯只有3架飞机。30多年后，西南航空在载客量上已经是世界第三大航空公司，在美国的通航城市最多。同时，西南航空已经成为其他航空公司羡慕的对象，其成功的方法与战略成为全球低成本航空公司竞相学习的对象。

西南航空公司的薪酬体系具有战略性导向，其薪酬体系被视为支撑和加强企业哲学的手段，可变薪酬与认可计划是管理流程的一部分，并被整合为从领导层到普通员工每天工作的依据。战略薪酬被分为四个类型：战略性底薪、战略性福利、战略性激励及战略性认可计划。

1. 战略性底薪

雇员的底薪是劳资双方通过谈判最后在合同中确定的，但集体的谈判过程与结果一直被视为战略性的。西南航空的一个战略是保持有价值的雇员并承诺长期雇用。一般情况下，经过谈判后确定的底薪会与市场平均水平持平或略低于市场薪酬水平，确保劳工成本与企业的低成本战略保持一致。然而，雇员可通过各种各样相应的补偿计划分享企业的成功，据此提高整体的薪酬水平。事实上，很多西南航空公司的雇员是百万富翁，包括1971年初创期的一批人。

按照这种薪酬执行办法，CEO的薪酬低于市场平均水平，其他高管人员略高于市场平均水平，但他们都持有公司的一小部分股票。在这种方式下，企业管理层获得的现金薪酬是较低的，但他们仍然致力于企业长期的财务成功与发展，而员工与经理人员均有同等的机会拥有股票。

2. 战略性福利

在西南航空，雇员的利益永远摆在第一位，企业会尽最大的努力照顾好企业最重要的资产。从这一角度出发，企业就需要运用一系列的福利计划，加强组织重视员工的战略目的。西南航空的员工福利计划包括传统的及一些具有创新性的措施。例如，像很多其他企业一样，西南航空提供医疗保险、牙齿和视力保险、养老保险、伤残保险、看护服务、养老补助和精神健康援助等，对员工来说，其中有不少福利并不怎么花钱。

此外，员工及其家人免费乘坐西南航空的航班并可享受折扣旅游。员工在一生重要的日子会有机会收到非常有意义的礼物，同时还有机会收到来自公司的祝贺。

3. 战略性激励

企业范围的利润分享计划和员工股票购买计划是西南航空可变薪酬体系中的两个主要组成部分。利润分享计划始于1973年，是鼓励员工将成本最低化而实现利润最大化的战略，也是企业战略的一个关键方面。此外，利润是在员工收入和企业利润的基础上平等分享的，对那些工作时间比较长或是飞行时数比较多的员工，有机会获得更大份额的利润分享。在过去，该计划主要由现金兑现组成，包括延期的退休账户。然而在员工的要求下，1990年开始，该计划的总支出在延期的基础上新增了员工退休福利。这对于公司从雇员中积极地提拔那些长期服务的员工非常重要，也使不少员工在退休后就变得非常富有。

西南航空的员工股票购买计划允许所有的雇员和管理人员共同分担企业的成功与风险。除利润分享投资选择外，雇员可通过员工股票购买计划以每月薪水扣减的形式购买折扣价的股票。通过这些购买，雇员现在拥有企业12%的股权。飞行员在股票期权上有更大的特惠。

在这种情况下，员工对企业的业绩变得非常敏感，因为企业业绩的变动对他们的钱包影响非常大。雇员与公司的命运已经紧紧捆绑在一起。

4. 战略性认可计划

在西南航空公司，战略性认可计划大量存在。制定这些计划的用意是鼓励和加强一些好的行为，也是巩固企业战略的一种措施。实际上这些计划是对可变薪酬的有效补充。战略认可计划充分考虑了公司及部门的标准，对具有模范性的服务和行为、特殊的日子给予奖励与祝贺，如员工生日、周年纪念日等。

一些想法和计划源于基层员工的智慧。如由CEO授予的"英雄心"计划和"优胜精神"奖项。"英雄心"计划在1992年由西南航空公司的文化委员会发起。当时，委员会的初衷是设计一个对默默无闻的"幕后贡献"员工予以奖励的方式。小组委员会提出了融合多部门代表共同去寻找奖励这类员工方式的思路。"英雄心"认可计划由此出台。每年都会挑选出一个小组,表彰其在服务和支持类工作上的卓越表现。获奖者名单一直保密,直到情人节,这一名单会在西南航空的总部达拉斯举行的仪式庆典上公布。获此殊荣的小组将获得绘有西南航空飞机的勋章,同时也会在航空杂志及相关的新闻资讯上隆重介绍。

总裁奖也每年一次授予那些用业绩践行了企业战略的员工:对客户高度负责、不知疲倦地支持同事的工作、自始至终践行职业承诺、在工作与变革中带来了欢乐……每个获奖者都会得到一枚由总裁签名的纪念品、一笔现金奖励和授奖仪式上的合影,获奖者的照片也会在公司杂志上刊出。

"优胜精神"奖项是每月授予10～12名在行动上体现了企业价值与战略的员工。这一奖项由同事、客户提名,跨部门的委员会最终决策。每个获奖者将受邀到公司的总部参与由CEO宣读授奖公告及颁奖的仪式。获奖者会获得与CEO合影的照片作为礼物,也会出现在航空杂志及相关的新闻资讯上。

西南航空还有其他的一些奖项,如"我们一起走向卓越""票向未来""行1里""伸手帮助""坚持服务""走看做"等。

资料来源:韩平肖,http://www.rc114.com/html/ebook/cdrc/2011/0221/6291.htm。

从上述案例中可以发现,在管理实践中,并不存在通用的"合适的"激励体系,每种激励方式也不是完全同样有效的。因此,从激励理论及案例研究的角度出发,揭示出一些知名企业的核心准则,可以提升企业激励战略的有效性。西南航空公司的案例便是这些核心准则的最好体现。

第一,激励机制与组织的核心战略相关联是非常重要的;第二,这些激励机制的规划与传递,必须通过企业高管清晰地示范与履行;第三,这些奖励必须有意义和价值;第四,必须具有对这些激励机制行之有效的支持性企业文化;第五,对新的激励机制和战略要持续进行有效性评估。

第三节　薪酬战略与组织战略的匹配

实务界越来越多的企业开始关注以战略为导向来设计企业的薪酬体系,理论界也逐渐出现了一系列关于薪酬战略与组织战略之间一致性、匹配性的研究成果,这一节主要介绍从支持组织战略的角度来制定薪酬战略的相关研究。

一、薪酬战略与公司战略

现有的研究中,对于公司战略的划分维度各不相同,文跃然教授从行业选择、企业发展阶段、产品选择、定位和竞争方式五个方面设定了公司战略的考察维度。同时将决定企业薪酬制度设计的薪酬战略要素确定为工资支付基础、工资水平、工资结构和奖金支付基础四个方面。通过分析组织战略的每个维度对薪酬维度的影响来说明组织总体战略对薪酬管理制度设计的决定,从而确定组织的整体薪酬战略。

也有不少研究将公司战略划分为成长战略、稳定战略或收缩战略三类。

对于采取成长战略的企业来说,不管是内部成长战略还是外部成长战略,均关注企业的扩张,看重市场的开发、新产品的推出以及技术创新等,在薪酬哲学方面秉持与员工共享未来成功、共担经营风险的理念。因此与成长战略相匹配的薪酬支付,侧重于在短期中提供给员工较低的固定薪酬,同时采用较高的绩效报酬激励,包括实施奖金以及股权与期权激励计划,建立与员工的利益共享机制,使员工在长期中能够得到可观的回报。由于企业处于快速变革中,因此在薪酬支付中更加关注员工的技能与能力,而不是其所在的岗位。基于提高运行效率的考虑,实施成长战略的企业通常在薪酬决策方面倾向于采用较为灵活的决策方式,注重分权,通常会赋予部门管理人员较大的薪酬决策权,整体薪酬战略类似于美国学者戈梅斯-梅西亚和韦尔伯恩(Gomez-Mejia & Wellbourne)于1988年提出的有机的薪酬战略(如表2-2所示)。

表 2-2 薪酬战略模式[①]

	机械的薪酬战略	有机的薪酬战略
报酬支付基础		
评价单位	工作	技能
加薪标准	强调资历	强调业绩
时间导向	短期导向	长期导向
风险承担	风险规避	风险偏好
业绩水平的测量	个人业绩	个人和团队业绩
公平性(关注重点)	内部公平>外部公平(强调内部一致性)	外部公平>内部公平(强调外部竞争性)
报酬分配	强调等级	强调平等
控制类型	行为监测指标	结果导向指标

[①] 引自文跃然:《薪酬管理原理》,复旦大学出版社2007年版,第53—54页。

续表

	机械的薪酬战略	有机的薪酬战略
设计问题		
基本工资支付水平	支付水平领先于市场	支付水平落后于市场
福利水平	支付水平领先于市场	支付水平落后于市场
报酬中激励报酬的比重	(激励报酬低) 固定报酬＞激励报酬	(激励报酬高) 激励报酬＞固定报酬
整体薪酬	大量短支付,少量延期支付的未来收入	大量延期支付的未来收入,少量短支付
强化的周期	少量不经常发放的奖金	经常发放多种形式的奖金
奖励重点	非货币报酬	货币报酬
管理框架		
决策制定	集权化	分权化
保密程度	保密政策	公开沟通
管理结构	没有员工参与	员工参与
薪酬政策的特性	官僚化的政策	灵活机动的政策
高层决定程度	高	低

实施稳定战略的企业往往市场份额比较稳定,增长性比较慢,企业扩张的空间比较小,这类企业的战略定位通常是在既有产品市场中做得更好,保持已有的技术水平。与此相对应的薪酬战略也强调稳定性。主要表现在:薪酬水平对内关注公平性、对外与市场平均水平持平,不会过高,也不会过低;采用较高的保障性薪酬与较低的绩效薪酬相结合,不强调员工与企业之间的风险共担;薪酬决策方面比较关注薪酬制度的规范性、连续性和标准化,决策较为集权化,整体薪酬战略接近于美国学者戈梅斯-梅西亚和韦尔伯恩于1988年所界定的机械的薪酬战略(见表2-2)。

那些采用收缩战略的企业往往面临经营困境,难以实施高薪战略,反而基于降低成本的考虑,通常薪酬水平比较低,且有非常强的将员工薪酬奖励与企业经营业绩挂钩的动机,多实施弹性较大的薪酬制度,基本薪酬所占比重较低,以鼓励员工与企业共担风险、共渡难关。

二、薪酬战略支持竞争战略

米尔科维奇等人的研究认为,企业应根据不同的经营战略确定不同的薪酬设计体系(见表2-3)。他们将常见的经营战略概括为三类:创新战略、低成本战略和以客户为中心的战略。创新战略重视产品的创新和对外部市场形势的快速反应。相匹配的薪酬制度是降低对技能评价和职位评价的重视程度,而更加强调以鼓励员工创新为目标的激励计划,以此激励员工大胆创新,缩短产品的生命周期。低成本战略实质是以效率为中心的战略,强调以最小的成本创造最大的收益,鼓励提高劳动生产率,并且重视制定详细而精确的工作流程。相应的薪酬战略也比较重视人工成本的节约。以客户为中心的战略强调客户满意度,并且根据员工在提高客户满意度方面所做的努力支付薪酬。

表 2-3　薪酬战略与经营战略的匹配

经营战略	业务反应	人力资源的匹配	薪酬制度
创新战略:增加产品复杂性和缩短产品生命周期	● 产品领先 ● 转向大规模、定制化 ● 缩短生产周期	● 依靠灵活、具有冒险和创新精神的人	● 奖励产品和生产流程的创新 ● 基于市场定价的工资
低成本战略:关注效率	● 提高运营效率 ● 寻求降低成本、提高效益的方案	● 低投入高产出	● 关注竞争对手的劳动力成本 ● 增加可变薪酬 ● 强调生产效率 ● 重视系统控制和工作规范
以客户为中心的战略:增加客户预期	● 向客户提供解决方案 ● 扩大进入市场	● 取悦客户,超越预期	● 基于客户满意度的激励工资 ● 基于联系客户的技能价值和职位价值

IBM 公司的薪酬战略随经营战略调整是这方面比较典型的例子。IBM 公司过去一直高度重视薪酬的内部公平性,即实施基于职位的薪酬体系、注重员工工作与生活的平衡、坚持不裁员的政策。IBM 在大型计算机市场上占据主导地位、有丰厚的利润回报时,这一薪酬战略发挥了积极的作用。但是到了 21 世纪,这种过分对内部公平性的强调并不能对外界快速的变化做出灵活的反应,薪酬的激励效应被大大弱化。经过高层深思和调整,IBM 以变化的经营战略为指导,适应组织结构扁平化、更加灵活的工作设计,把薪酬设计的重点放在成本控制方面,实施了富有弹性的绩效薪酬,更强调企业与员工的风险共担和收益共享,重新确立了有效的薪酬策略。随着经营战略的改变,IBM 及时做出的薪酬政策调整帮助企业重新赢得了竞争优势。

美国学者埃迪贝托·蒙特马约尔(Ediberto F. Montemayor)于 1996 年将企业经营战略划分为三类:成本领先型(cost leader)、创新型(innovators)和差异型(differentitators)。这一划分方式与米尔科维奇等的划分非常类似。关于薪酬战略与企业经营战略之间的关系,蒙特马约尔基于对 WAW 1 400 家成员企业实证研究的基础上,得出了如下主要结论[①]:

(1)成本领先型战略更强调薪酬体系侧重劳动力成本目标,从而适应稳定的组织结构和传统管理模式。这些企业往往严格控制成本,尽量避免费用超支。

---

① Ediberto F. Montemayor, Congruence between pay policy and competitive strategy in high-performance firms, 1996;转引自曾湘泉:《薪酬管理》(第三版),中国人民大学出版社 2016 年版,第 31—32 页。

(2) 创新型战略要求薪酬管理把重点放在吸引和留住有价值员工的目标上,网罗大量复合型员工,满足企业对员工技能的要求,借助从外部获得的人员来提升企业的竞争力。

(3) 差异型战略强调的是薪酬的激励目标,鼓励员工对组织整体目标的认同。因此,与其他两种战略相比,差异型战略更强调员工高水平的协调和配合。

(4) 从薪酬水平看,采用成本领先型战略的企业更倾向于采用低于竞争对手的薪酬水平定位,而采用创新型战略的企业更有可能采取高于竞争对手的薪酬水平定位。

(5) 差异型战略和成本领先型战略倾向于采用激励工资。实施这两种战略的企业也较多地会采用定量方法来衡量工作成果并确定薪酬,如通过收益分享等措施来提高效率。而创新型战略提倡支付稳定的薪酬,基本工资水平较低,通常采用长期激励计划,所追求的是员工强烈的组织归属感,而不是过多地采用短期激励计划。

(6) 创新型战略通常广泛地采用绩效加薪(merit pay)政策,承认员工过去令人满意的工作行为,在基本工资的基础上进行永久性加薪。因为这种加薪并不需要事先协商,所以可以鼓励员工进行创新,承担更大的风险,追求工作行为的长期效果。

(7) 实施创新型战略和差异型战略的企业薪酬策略比较开放,注重员工参与薪酬决策。

表2-4是对前人有关企业经营战略与薪酬策略的相互关系所做的总结。

表2-4 不同经营战略相匹配的薪酬战略

薪酬体系维度	资料来源	经营战略		
		成本领先型	客户导向型	创新型
薪酬目标	Corroll (1987)	控制成本	激励	吸引、保留
薪酬水平	Miles and Snow (1984)	低于市场	与市场持平	高于市场
薪酬组合的刺激性	Miller (1986)	低 —————————————————→ 高		
绩效薪酬	Schuler and Jackson (1987)	有限使用 ————————————→ 广泛使用		
薪酬管理与控制	Tichy (1984)	封闭 —————————————————→ 开放		

有研究指出,薪酬战略对公司绩效的贡献相当于人力资源管理体系中其他各个方面(如较高的员工参与度、团队合作、招聘与甄选、员工培训等)对公司绩效产生的影响的总和,这一发现再次佐证了薪酬管理对于促进企业实现高绩效的重要作用。因此,管理者总是试图寻找和探索与组织战略保持一致的薪酬战略,以确保组织不断获得竞争优势。然而,由于企业性质的不同、发展阶段的不同、文化价值观的不同,因此,现实中并不必然存在一种薪酬战略与公司战略或经营战略的绝对匹配模式。因为如果每一种公司战略与经营战略都有一种最优的薪酬战略与之匹配,公司高层便可以像套公式一般实施相应的薪酬战略,薪酬管理人员也会变成可有可无的了。所以,薪酬战略与公司战略的匹配只是一

种决策原则,很难找出一种适合所有公司的最佳实践,这方面仍然需要薪酬管理人员的智慧来设计能够增加企业价值的薪酬制度。

本章小结

本章内容主要包括三大部分。

第一部分主要介绍了组织战略的基础理论,涵盖组织战略的含义、层次和类型。组织战略决定着组织未来的发展方向,影响和决定着组织的整体利益。组织战略有三个层次,不同层次的战略定位与发挥的作用不同。公司战略考虑的是组织要进入何种领域以及在哪些行业展开竞争的问题;竞争战略解决的是如何帮助组织获得竞争优势的问题;职能战略发挥着支持性作用,决定竞争战略如何被执行以及执行效果。

第二部分着重介绍了薪酬战略的内涵、薪酬战略设计的影响因素与薪酬战略的设计思路。薪酬战略是以实现公司战略为目标的薪酬系统设计的一种崭新的理念,其制度设计受企业内控性因素与外部环境因素的影响。薪酬战略的制定一般要遵循以下四个步骤:(1) 评估组织内外部环境及其对薪酬的影响;(2) 制定战略性薪酬决策;(3) 将薪酬战略理念转变为具体的薪酬实践;(4) 重新评估薪酬制度设计的匹配性。

第三部分主要讨论了薪酬战略与组织战略以及竞争战略的匹配性问题,引入了美国学者的研究成果,得出了组织战略、竞争战略对薪酬战略决策的一般指导意义。

复习思考题

1. 组织战略的含义是什么?它可以分为哪些类型和层次?
2. 什么是薪酬战略?薪酬战略与组织竞争优势的获得之间的内在逻辑是什么?
3. 薪酬战略设计的影响因素有哪些?
4. 一个企业应该如何设计其薪酬战略?

案例分析

华为的发展历程及其薪酬战略

华为技术有限公司于1987年成立于深圳,经过多年发展,这家当初仅有注册资金2万元、员工6名的小公司已经成为全球第一大通信设备供应商以及第三大智能手机厂商,员工人数达15万人,其中研发人员占46%,在全球有23个研究所和34个创新中心。

一、1987—1994年,初创期

初创期的华为公司基本上还是一家贸易型公司。公司从1991年开始投入全部资金

和人力开发和生产自主品牌的新型用户程控交换机;1994年,华为的第一台C&C08万门交换机开局成功,终结了无产品、无技术的贸易时代,开始进入新的发展阶段。尽管华为在1992年时的销售收入已经突破1亿元,但公司整体实力依然较弱,内外部资源都比较贫乏,受到了人力、财力、物力等诸多方面的限制。当时的华为在薪酬水平和福利水平方面都低于市场平均水平,吸引大家的主要是创业机会以及对未来成功的期望,那时候的华为公司主要依靠晋升、能力提高、工作氛围等非经济性薪酬贡献来吸引员工。

华为从一开始就将绩效和能力放在第一位,不搞论资排辈,为年轻人提供了快速成长和晋升的机会,大学毕业刚进公司两三年的学生就可以管理一个几十人的部门,最年轻的高级工程师只有19岁。华为创业时期的传奇人物李一男在1993年硕士毕业后进入华为,入职两天后升为工程师,半个月后升为主任工程师,半年后升任中央研究部副总经理,两年后被提拔为华为公司总工程师兼中央研究部总裁,27岁便成了华为公司副总裁。

在尚无法支付高薪的情况下,华为还尝试采用股权激励方式来吸引和留住员工。早在1990年,华为便第一次提出了内部融资、员工持股的概念。在1992年变更为集体企业之后,华为便开始推行员工普遍持股制,但持有内部股的员工只有分红权,并无其他股东权利,公司会在员工退出公司时按照购股之初的原始价格加以回购。

二、1995—2005年,高速成长期

1995年之后,华为开始高速成长,1996年的销售收入达26亿元。从这一年开始,华为拉开了国际化、正规化管理的序幕,邀请中国人民大学的一批专家帮助自己起草了《华为基本法》。在1997年又提出了客户服务文化,同时开始陆续聘请IBM、合益集团、普华永道、埃森哲等咨询公司帮助自己在IPD、ISC、人力资源管理、财务管理、营销管理、质量控制等多个领域引入世界级的管理经验,全面构筑客户需求驱动的流程和管理体系。

2000财年,华为以220亿元销售额和29亿元利润位居全国电子百强首位,而就在此时,总裁任正非却突然大谈危机和失败,发表了著名的《华为的冬天》,指出华为的危机以及萎缩、破产一定会到来。而任正非对IT泡沫的预见很快成为现实,2001年,随着美国安然公司、世界通信公司的倒闭,国际和国内IT业的形势急转直下,华为在2002年末遭遇了创业15年以来首次业绩下滑,公司合同销售额从上年的255亿元下降至221亿元,利润更是从上一年的52亿元大幅减至12亿元。同年8月,华为给公司总监级以上的干部下达了《降薪倡议书》,接着又以"运动"方式在公司高管中传递"降薪"的动因和价值观,要求各级干部认清责任,点燃内心之火,鼓舞必胜信心。

2003年春节刚过,454位高级管理人员在"降薪倡议书"上签字,最后共有362位总监以上管理人员降薪10%。这种做法对弥补华为的财务损失并无实质作用,却能够表达出公司中高层管理者与公司同舟共济、共渡难关的信心和决心,以鼓舞全体员工同心协力去克服困难。在2003年初时,华为的日子并不好过:国内遭遇SARS(非典)危机,合资企业被推迟,与美国思科公司的知识产权官司缠身。然而,到这一年年末,华为显然摆脱了危机:全球市场销售同比增长42%,达317亿元人民币,其中海外销售收入达10.5亿美元,同比增长90%,海外销售收入所占比例上升到了27%。此外,尽管华为在这一年年初发动了"降薪运动",但这个中国规模最大的民营企业仍然排在"中国2003年度代扣代缴个人所得税百强排行榜"的榜首:华为员工在这一年缴纳的个人所得税总额达3.728 1亿元,按2万名员工计算,华为员工当年人均上缴个人所得税1.8万元。而就在该榜单发布前不久,华为在薪酬冻结长达两年之后又开始继续给员工加薪。

在进入快速发展阶段之后,华为的实力变得相对雄厚,同时人才招聘需求迅速上升,遂开始实施全面的薪酬领袖战略。大部分时候,华为员工的薪酬比国内其他厂商高出1/3左右。1997年以后,华为开始进行多元化经营,除原有的电话交换机外,还增加了数据业务、无线通信等通信领域的主导产品,快速扩张导致对优秀人才的巨大需求。1998年,华为开始实行第一次大规模招聘,当年共招收了800多名大学毕业生,此后三年分别招收了2 000名、3 000名和5 000名大学毕业生;这种招聘势头一直持续到2002年。由于华为此时的实力已经很雄厚,加上大规模招聘的需要,高薪战略得到了进一步加强。在2000年前后,国内电子通信类人才奇缺,通信行业快速扩容导致对通信类人才的争夺加剧,华为在这场人才争夺战中开出的条件尤为优厚,待遇最好的研发人员和市场人员的月薪通常能够达到8 000~9 000元,比通信行业的通常工资高出3 000~4 000元。

20世纪90年代中后期以来,华为一直沿用着绩效管理体系、薪酬分配体系和任职资格评价体系三位一体的人力资源管理架构。华为员工被划分为生产、研发、市场销售和客户服务四大体系,其中,研发和市场销售体系的薪金水平明显高过生产和客户服务体系。本科毕业生和研究生刚刚进入华为的起薪存在差异,但这种学历因素造成的薪酬差别会随着工作年限的延长变得越来越小,薪酬的主要决定依据是员工的工作能力和业绩。一般在市场销售和研发部门工作五年之后,月薪加上年终奖和股票分红一般能达到20万元左右。但在华为工作相对更辛苦,员工经常为完成工作而自发加班,但没有加班费,所以每年都有4%左右的员工会离职。

总的来说,华为的薪酬体系比较简单,除了基本月薪、年终奖和股票之外,还有一些福利和补助。华为的福利不算太多,这是因为任正非一方面注意通过薪酬制度确保员工的工作动力,另一方面又非常警惕不让华为成为一个养老机构,不能染上"福利病"。据说有员工曾经建议华为建华为大厦让大家免费居住以及允许员工免费在食堂吃饭,任正非坚决反对,认为这反映了员工的太平意识,这种意识会导致公司走向没落。不多的福利华为也主要是以货币形式支付的。比如,华为每个月会根据公司地域的不同给员工的工卡中打一笔钱,员工可以用这笔钱购买班车票、在公司食堂就餐以及在公司小卖部购物,但不得取现。若每年年底卡中的钱高于一定数额或员工离职,也可以一次取现,但要扣20%的税。此外,华为还会对员工支付以下四类基本的补贴:国内出差补助、国内离家常驻外地补助、海外出差补助、海外长住补助。

三、2005年以来,稳定发展期

华为从2003年开始逐渐进入欧洲市场,进而打入日本、南美和北美市场,在2005

之后已经与全球的几百家客户从原来的甲乙方关系转变为相互依存、相互促进的战略伙伴关系,也就是在这一年,华为在海外的销售额首次超过国内。这一时期的华为进入了成熟发展期,国际化发展路线逐渐明朗,3G产品的签单成功带来了海外业务的发展迅猛,华为需要配备大量的国际化人才,招聘目标锁定在财务总监、国际税务经理、高级项目财务经理等职位上。

华为于2006年之后开始推行薪酬改革,重点是按责任与贡献付酬,而不是按资历付酬。华为根据岗位责任和贡献产出决定每个岗位的薪酬级别,员工的薪酬与岗位和贡献挂钩,员工的岗位被调整了,薪酬待遇也随之改变。华为希望通过此次薪酬变革鼓励员工在未来的国际化拓展中持续努力奋斗,鼓励那些有奋斗精神、勇于承担责任、能够冲锋在前的员工,调整那些工作懈怠、安于现状、不思进取的老员工的岗位。

2007年10月,在《劳动合同法》正式实施前夕,华为要求所有工龄超过8年的员工必须在2008年元旦之前办理主动辞职手续,辞职之后再竞岗,然后与公司重新签订1~3年的劳动合同。华为的规定是,员工离职后6个月内重新应聘的,合格者可留下,待遇不变。由于这些老员工大都有华为的内部股份,因此在辞职的6个月期间,公司为员工保留股份,如辞职后不再续签合同,则公司按股价给员工兑换成现金。华为此次"辞职门"共涉及6 687名中高级干部和员工,任正非本人也不例外。最终,任正非和其他6 581名干部和员工完成了重新签约上岗,38名员工选择自愿退休或病休,52名员工因个人原因选择自愿离开公司,16名员工因绩效和岗位不胜任等原因经双方友好协商后离开公司。

尽管外界对华为此举有不少微词,但华为提供的所谓"$n+1$"补偿方案却让员工们感到非常满意——这里的n是员工在华为的工作年限。若一位员工在华为的月薪是1.5万元,全年奖金12万元,则相当于月收入2.5万元,若此人为华为工作了10年,则可以得到的补偿是27.5万元。仅此一项,华为就支付出去10多亿元人民币。

尽管发生于2008年的金融危机给华为带来了很大的不利影响,但华为业绩还算不错。华为的同城竞争对手中兴通讯公司在2012年的业绩很不理想,全年归属于上市公司股东的净利润同比下降221.35%~240.77%,亏损达25亿元~29亿元。而华为在2012年的全年销售收入达到了2 202亿元,同比增长8%(其中在中国区的销售收入为736亿元,占33%,来自海外的整体销售收入约占66%);实现净利润154亿元,同比增长33%,每股可分配利润达到了1.41元。华为公司2012年的奖金总额为125亿元人民币,同比增长38%,高于净利润增幅。不过,包括董事长孙亚芳、总裁任正非、首席财务官孟晚舟等在内的高管则拿"零奖金"。据内部人士透露,这是由于企业集群和终端两项业务有个别指标未达标,因此众高管放弃了年终奖。事实上,近年来,随着华为的扩张步伐逐渐放慢以及2008年金融危机带来的一系列不利影响,华为的薪酬与市场薪酬水平之间的差距有所缩小。在网络上已经可以看到一些华为员工抱怨起薪低、加薪速度慢以及加薪机会少,包括年终奖往往也要等到入职满两年以后才有机会享受。

2013年7月,华为公布了公司的上半年业绩:实现销售收入1 138亿元,与2012年同期相比增长10.8%,并且预期2013年度的净利润率在7%～8%。随后,华为宣布将为基层员工和应届毕业生大幅度加薪,加薪的对象主要是位于13～14级的基层员工以及2014年新招应届毕业生。基层员工的平均加薪幅度在30%左右,很多人的薪酬会翻番,部分人的薪酬上涨幅度甚至会超过70%。而2014年进入华为工作的应届毕业生起薪也将大幅上调:前些年,本科毕业进入华为的员工月薪为6 500元(一线城市税前),调整后将超过9 000元,增幅达到38%;硕士毕业进入华为的员工的起薪也将从8 000元/月上调至10 000元/月,增幅为25%。如果是优秀毕业生,起薪还会有不同程度的上浮。关于此次加薪原因的一种解释是:"13～14级的基层员工群体是公司各项业务的主要具体操作执行者,他们思想新、冲劲足、富有活力和热情,是公司未来的管理者和专家之源。公司现行的薪酬政策是强调控制刚性、增加弹性,造成13～14级基层员工的工资与业界相比没有竞争力,难以吸引和保留优秀人才。"可以说,此次加薪一方面是为了进一步吸引和保留优秀人才,特别是中基层人才;另一方面则是要增加固定薪酬部分即确定性的工资收入,以降低薪酬的变动幅度。

一些业内人士则对华为此次高调的大规模基层员工加薪提供了另外一种分析视角。长期以来,华为的人力结构一直是金字塔形的,由于公司一直在迅速扩张,因此基础底座(即每年不断招收的大学毕业生)非常厚实,即使中间层离职率没那么高,也能保证金字塔形的结构。但近年来,华为的人力结构却出现了"腰粗"的问题,金字塔可能要变成橄榄形了。这是因为,华为一直推崇加班文化,公司也在一定程度上通过员工加班的强度来评价员工,但很多员工在经过五六年甚至更多年头的加班生活和努力奋斗后,一方面薪酬待遇已经较高,另一方面也已经成家立业甚至有了孩子,因而就不太愿意像过去那样拼命工作了,而华为显然愿意看到这部分已经不能拼命工作的员工选择离职。过去,这批人的离职速度基本上能够满足华为的要求,但2005年以后招聘的大量员工已经到15/16级或更高级别,薪酬上去了,却由于近些年来的整体经济形势不好,选择离职的人数不够多。与此同时,由于华为提供给基层员工的薪酬缺乏竞争力,公司在吸引和留住基层人才方面存在劣势,这就导致华为的人才结构出现了"腰粗"而基础底座不牢固的问题。据透露,华为2013年上半年内部制定的离职率需要达到9%,重点淘汰的是工作5年以上的15/16级员工,并且半年考评时的很多C级和D级指标也给了15/16级的员工。

华为的意图显然是要借此挤走一批中间层员工,从而达到"瘦腰强腿"的目的,把那些不符合华为艰苦奋斗需求的中层淘汰掉,重塑强有力的金字塔形人才结构。

四、华为的员工持股

华为的员工持股在公司的起步和扩张过程中扮演了重要的角色。华为从1992年开始实施内部员工持股计划,这一阶段,华为员工持股的基本做法是:凡是工作1年以上的员工均可以购买公司的股份,购买数量取决于员工的职位、绩效以及任职资格等因素,一般是公司在年底通知员工可购买的股份数;员工以工资、年底奖金出资购买股份,资金不够时公司还会协助员工取得贷款;股票的购买价格并不与公司净资产挂钩,而是确定为每股1元。员工购买股份后的主要收益来自与公司绩效挂钩的分红(分红比例曾多年保持在70%的高水平);员工离职时,公司会按照员工原来的购买价格即每股1元回购。除1995年和1996年公司曾给员工持股证明外,其他年份不再给员工持股证明,但员工可在公司查询并记录自己的持股量;工会(下设持股委员会)代表员工管理持有股份,是公司真正的股东,员工自身并没有公司法上完整的股东权利。在2001年以前,处于高速成长期核心阶段的华为通过内部股票分红使员工获得了丰厚的收益。在这一阶段,华为内部有一种"1+1+1"的说法,即在员工的收入中,工资、奖金、股票分红的收入比例大体相当。1997年及其之前年份进入华为的老员工是这一时期的最大受益群体。一位1997年初来到华为的员工在工作6年之后拿到40股内部股票,2001年税后分红在20万元左右。

2001年,深圳市出台了《深圳市公司内部员工持股规定》,华为意识到了以前那种股权安排的潜在风险。此外,在公司管理变革过程中,股权制度的不规范也制约了公司与国际管理机制接轨。因此,在这一年,华为通过与国际咨询公司合作,对公司的股权制度进行调整变革,用规范的虚拟股票期权即所谓的"虚拟受限股"取代了原来实行的内部股权。新员工不再派发长期不变的1元每股的股票,老员工手中持有的每股1元的内部股则按2001年末公司净资产进行折算,并且确定转换后的每股价格增值到每股2.64元,从而将净资产与员工股权联系在了一起,成为一种接近实际意义的员工持股安排。公司每年会根据员工的工作水平和对公司的贡献决定其获得的股份数,员工则需要按照公司当年的净资产价格购买虚拟股。拥有虚拟股的员工可以获得一定比例的分红,再加虚拟股对应的公司净资产增值部分,但他们没有所有权、表决权,也不能转让和出售。在员工离开企业时,股票只能由华为控股工会回购。公司规定,员工的虚拟股每年可兑现1/4,价格是最新的每股净资产价格,但同时又对中高层的兑现额度做了专门规定,即除非离职,每年只能兑现1/10;在离开公司后,员工还要接受公司6个月的严格审核,确认其后来任职的公司符合产品与华为不构成同业竞争、没有从华为内部挖过墙脚等所有条件后,方可全额兑现。每位持股的员工都有权选举和被选举为股东代表;持股员工选出51人作为代表,然后从中轮流选出13人作为董事会成员,5人担任监事会成员。

2008年,华为再次微调了虚拟股制度,实行饱和配股制,即规定员工的配股上限,每个级别的员工达到持股上限后将不再参与新的配股。这一规定使手中持股数量巨大的华为老员工们配股受到了限制,但有利于激励华为公司的新员工。

资料来源:刘昕,《华为的发展历程及其薪酬战略》,《中国人力资源开发》2014年第10期,第76—83页。

思考题:

1. 华为在不同发展阶段的薪酬战略分别是什么?
2. 你如何评价华为的人力资源管理及其相应的薪酬战略?

第三章 薪酬体系

本章学习目标
- 了解职位薪酬体系、技能薪酬体系与能力薪酬体系的特点与适用范围
- 掌握职位评价的方法
- 掌握技能薪酬体系的设计流程和实施技巧
- 了解胜任能力与一般意义上的能力的区别
- 掌握将能力与薪酬挂钩的几种方案

【导入案例】

万事达公司的薪酬体系

万事达电气有限公司由一家拥有30多年历史的电器制造企业转制而成,虽然经历了多次薪酬体系改革,但其在薪酬管理方面仍存在诸多问题,比如薪酬制度无法适应企业外部竞争压力、薪酬体系与企业战略不协调、薪酬没有与员工的业绩挂钩、薪酬分配没有对员工起到激励作用等。为了适应企业发展战略、经营目标的需要,吸引、留住企业发展所需的高新技术人员、核心人才,薪酬管理专家给出了以下薪酬体系的设计思路。

1. 岗位评价

在工作分析的基础之上,对职位的责任大小、工作强度、所需资格条件等特性进行评价,以确定各类岗位的相对价值。首先选取关键性的一级评价要素和二级评价要素,对每个二级要素的不同等级进行界定,同时给各个等级赋予一定的点值,然后按照这些关键的评价要素对岗位进行评价,得到每个岗位的总点数,以此决定岗位的薪酬水平。

针对万事达公司的具体情况,结合国际通用的岗位评价量表,运用要素计点法,选择工作责任、知识技能、努力程度和工作环境四个关键一级评价要素,根据各要素对岗位价值的贡献程度确定其权重,其中工作责任占40%、知识技能占30%、努力

程度占20%、工作环境占10%。四个关键一级评价要素下面分为若干个一级评价要素(其中工作责任9个,知识技能10个,努力程度6个,工作环境4个),每个二级评价要素被分成不同等级。每个等级被赋予一定的点数,要素的总点数之和为100。

根据各岗位说明书所提供的信息,利用岗位评价要素分级表分别对管理类、营业类、专业技术类、操作类岗位进行评价,得出岗位在各个要素上的分值,然后汇总成总点数。其中最高点895,岗位为公司总经理;最低点210,岗位为勤杂工。根据分值分布的最低分和最高分划定点数区间14个,确定总点数的幅度为50,对应岗位等级为1~14。

2. 薪酬调查

根据万事达公司所处的地理位置和企业人才的主要流向,薪酬调查不仅要调查当地同行业企业的薪酬水平,还要调查周边地区同行业企业的薪酬水平。调查的渠道主要通过有关地区发布的工资指导价、当地人才市场薪酬行情,以及流入同行业的人员反馈的薪酬信息。

3. 薪酬分等及定薪

根据各类岗位的分值范围、等级和薪酬调查结果,采取宽带薪酬的思想和方法,薪酬定位在略高于市场平均水平,共确定了三个薪酬宽带,每个宽带设置四个薪酬等级。

案例来源:改编自程延园,《薪酬制度设计管理与案例评析》,经济日报出版社2016年版,第401—405页。

基本薪酬是薪酬构成的基础部分,我们在第一章中已指出,根据基本薪酬确定依据的不同,薪酬体系可以划分为不同的类别。依据职位价值确定基本薪酬的薪酬系统被称为职位薪酬体系,依据技能与能力确定薪酬的薪酬系统相应地被称为技能薪酬体系与能力薪酬体系。在实践中,一个企业可以运用一种薪酬体系,也可以根据岗位与业务的不同,灵活运用多种薪酬体系。本章将对三种薪酬体系分别加以介绍和分析。

第一节 职位薪酬体系

职位薪酬体系是应用最早的一种确定员工基本薪酬的制度,从20世纪50年代起,职位薪酬体系就成为西方发达国家最主要的一种薪酬体系而一直沿用。现在虽然出现了许多新的技术方法,但从运用广度来看,职位薪酬体系仍然是薪酬体系中应用范围最大的一种。所谓职位薪酬体系,就是指运用一定的职位评价技术对职位的价值做出评价,并且根据这一评价结果支付承担该职位的人与职位价值相当的薪酬的一种基本薪酬决定制度。

职位薪酬体系下员工的基本薪酬取决于所在的职位价值而不是所拥有的技能和能力,职位变则薪酬变。这种薪酬体系的优点是评价相对客观,容易实现同工同酬,不足是易产生官僚主义和僵化问题。

在我国薪酬管理的实际中,人们对于职位的认识和了解还比较浅显,往往将"职位"与"主管""经理""总监""总裁"等职级等同起来,这些职级称谓只是部分职位的名称,而不是职位的内涵。将职位视为职级的做法,将导致按照职位级别和资历付薪,而不是根据职位价值支付基本薪酬。

> 问与答:
> 问:职位与职级的关系?
> 答:职位即岗位(position),是指在一个特定的组织中,在一个特定的时间内,由一个特定的人所承担的一个或数个工作任务。简言之,职位是指企业的某个员工需要完成的一个或一组任务。职级是分类结构中最重要的概念,指将工作内容、难易程度、责任大小、所需资格很相似的职位划为同一职级,实行同样的管理使用与报酬。

一、职位薪酬体系设计的基本框架

一个企业职位数量众多,有做产品生产的,有做销售的,有做研发的,有做维修的,还有做职能管理的,即便同一部门,工作内容相似,主管与经理由于承担的职责不同,岗位价值也会有很大差异。同样坐在电脑前的工作,市场部人员在做市场推广计划书,程序员在苦思冥想一种全新的软件程序,客服人员在回答客户的咨询问题。那究竟如何描述不同岗位之间工作的差异性与相似性呢,又如何对不同岗位价值进行评价,据此建立职位薪酬体系呢?通常职位薪酬体系的设计要遵循以下五个步骤。这个设计框架可以用图3-1来描述。

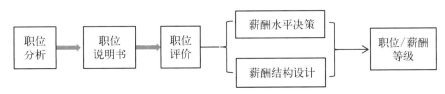

图3-1 职位薪酬体系的设计流程

第一,要收集与职位职责与工作内容有关的信息,进行职位分析;第二,整理和分析已获得的有关职位的各种信息,并用语言把这些零散的信息提炼和概括出来,形成职位说明书;第三,选择恰当的职位评价方法,对职位进行评价;第四,将基于职位评价形成的职位结构与外部市场的职位薪酬相对比,结合企业的薪酬水平定位与决策,形成职位薪酬等级结构。

公认的职位分析始于20世纪初科学管理之父弗里德里克·泰勒的动作研究和时间研究,此后,职位分析一直是人力资源管理领域的一项基础工作。职位设计、人力资源规划、招聘与选拔、绩效考核、薪酬水平决策、员工培训都要通过职位分析来获取相关信息。例如,职位分析可以为招聘工作明确某一职位所需的知识、技能和经验要求,也可以为员工培训确定培训需求。在绩效考核方面,职位分析又是设定KPI的重要依据。在薪酬管理方面,职位分析是职位评价指标设定、职位评价方法选择的重要信息来源,可以帮助组织明确各种职位在工作内容上的相似性与差异性,协助组织建立具有内部一致性的职位等级结构。如果工作内容相同,则为这些职位所支付的薪酬也要尽可能相等(除了他们所处的地区不同)。如果所在职位的工作内容有明显差异,那么这些差异就是支付差异化薪酬水平的依据。

二、职位分析

职位分析亦称工作分析(position analysis/job analysis),是指通过全面收集、分析组织目标职位的有关信息,并将这种信息准确描述出来,最终确定这些职位的名称、主要职责、监督关系与任职资格要求等内容的活动过程。通过职位分析,可以得到两类成果。第一类是职位描述(position description),它是对某一特定职位的职责和工作内容进行的一种书面记录,即作为工作组成内容的任务、职责和责任清单。另一类是职位规范(position specification),或称任职资格条件,即雇员承担某项工作所具备的知识、技能、能力、经验及其他特征的清单。在我国,职位分析所产生的职位描述与职位规范被合称为职位说明书。

一份完整的职位说明书包括以下内容:职位标识、职位概要、主要工作内容、主要职责、工作权限、工作联系、工作设备信息、工作条件和工作环境、绩效标准、任职资格等信息。具体内容见表3-1。

表3-1 职位说明书的内容

1. 职位标识	有关职位说明书的基本信息,包含职位名称、职位代码、编制日期、编制者、批准人、所在部门、直接主管职位名称、薪酬等级、薪酬水平、合同期限、人数、定员人数等。在具体设计中,工作名称要尽量准确、美观、简练,借鉴国际通行的用法,与国际接轨
2. 职位概要	用简练的语言说明职位的主要功能、工作性质、中心任务和设置这一职位的意义
3. 主要工作内容	活动内容、所需时间百分比、权限、执行依据及其他
4. 主要职责	职位所承担的每一项工作责任的内容以及要达到的目的
5. 工作权限	决策权限、监督权限、经费预算权限、人事行政权限
6. 工作联系	与组织内部和外部人员之间的关系,最重要的是报告关系、监督对象、工作合作对象、外部人员、晋升调换的路径

续 表

7. 工作设备信息	设备、工具、信息资料
8. 工作条件和工作环境	• 工作场所：室内、室外、特殊场所 • 工作环境的危险性：受到伤害的可能性 • 职业病 • 工作时间特征：正常工作时间、加班时间 • 工作的均衡性：忙闲不均的程度和经常程度 • 工作环境的舒服程度：高温、潮湿、寒冷、粉尘、异味、噪声、震动 • 工作规范方面
9. 绩效标准	应该用哪些指标和标准来衡量每一项工作职责的完成情况
10. 任职资格	• 最低学历、理想学历、需要培训的时间和科目 • 从事本职工作和其他相关工作的年限和经验 • 一般能力：计划、协调、实施、组织、控制、领导、冲突管理、公共关系 • 兴趣爱好 • 个性特征：情绪稳定性、责任心、外向、内向、支配性、主动性等

三、职位评价

职位评价(position evaluation)又称工作评价(job evaluation)，是在职位分析的基础上采用一定的方法对企业中各种工作职位的性质、责任大小、劳动强度、所需资格条件等特征进行评价，以确定岗位相对价值的过程。职位评价是职位薪酬体系设计的前提和基础，是连接职位分析和薪酬设计的桥梁纽带，也是解决职位薪酬体系内部公平性的重要手段。职位评价的核心是对职位本身的价值及其对组织的贡献度进行评价，并根据这种评价以及外部劳动力市场的薪酬状况来确定不同职位支付的薪酬水平高低。

(一) 常用职位评价方法

受到管理成本的影响，企业往往会选出一些广为人知的、具有代表性的典型职位进行评价，而不是对所有职位进行评价；当然企业规模小、职位数量不多的情况下，可以将所有职位都进行评价。在实际操作时，企业可以请各部门的管理者决定本部门中各个等级的典型职位，人力资源管理部门的人员在这个过程中需要提出一些专业的建议。选定典型职位之后，职位评价最重要的工作就是确定职位评价方法。职位评价结果关系到职位的薪酬水平高低，影响着薪酬水平的激励性和企业人员队伍的稳定性，因此对企业来说，选择科学合理的评价方法非常关键。

职位评价方法有定性评价和定量评价两类，定性评价方法主要包括排序法和分类法，定量评价方法有要素计点法和因素比较法。

1. 排序法

(1) 排序法的含义与分类。

排序法是职位评价中使用较早的一种较为简单的评价方法，也是最易于理解的。它是指由经过培训的有经验的评价者依据对职位所承担的责任、职位对组织的贡献等基本情况的了解,对各职位的重要性做出判断,并根据职位相对价值大小,按升序或降序来确定职位等级的一种工作评价方法。常见的排序法有三类:直接排序法、交替排序法和配对比较法。

直接排序法是一种最为简单的职位评价方法。评价者只需要根据自己在工作中长期积累的经验,通过主观判断的方式,对所有职位的相对价值进行排序(见表3-2)。

表3-2　直接排序法举例

重要性排序	职 位 名 称
重要性高 ↓ 重要性低	CEO 首席工程师 营销总监 策划经理 会计 文秘 内勤

交替排序法是首先从待评价职位中找出相对价值最高的一个职位,然后找出相对价值最低的一个职位。接着从剩下的职位中找出价值最高的职位和最低的职位,以此类推,直到所有待评价职位都排好序为止(见表3-3)。

表3-3　交替排序法举例

职位价值高低程度	职 位 名 称	职 位 排 序
最高	CEO	1
高	首席工程师	2
较高	营销总监	3
……	……	…
较低	会计	5
低	文秘	6
最低	内勤	7

配对比较法需要将每一个待评价职位与其他所有职位进行比较,然后通过得分高低来确定职位相对价值顺序。首先将所有要比较的职位分别列在表格的各行和列中,这种表格就是配对比较排序表。表3-4提供了一个配对比较法的例子。还是依据上例,将七个职位横竖排列于表中,把每个职位与其余六个职位逐一比较,并做出价值更高、价值近似、价值较低的判断。将列所在职位作为参照,当行的职位与列的职位相比,判断为价值更高时,就在行和列交叉的空白处做"2"记号;判断为价值近似时,做"1"的记号;判断为价

值较低时,做"0"的记号;最后在表中"总分数"一栏中加总,计算出每个职位的最后得分,得分越高的职位对组织的价值贡献度也越高。

表 3-4 配对比较法举例

	CEO	首席工程师	营销总监	策划经理	会计	文秘	内勤	总计
CEO	1	2	2	2	2	2	2	13
首席工程师	0	1	2	2	2	2	2	11
营销总监	0	0	1	2	2	2	2	9
策划经理	0	0	0	1	2	2	2	7
会计	0	0	0	0	1	2	2	5
文秘	0	0	0	0	0	1	2	3
内勤	0	0	0	0	0	0	1	1

(2) 排序法的优缺点。

排序法的优点体现在两个方面:一是简单易行,可以很快地建立起一个新的职位等级;二是排序法虽不很精确,但操作简单,只要是对所评价职位较熟悉的人都可以参加职位评价,特别适合小型组织或部门内部的职位评价。一般来讲,如果评价者能够通过日常的工作熟悉他们要评价的工作内容,那么这种方法就可以提供符合实际的职位等级。

排序法的缺点体现在三个方面。第一,它只确定职位的序列,不能确定所排序的职位之间的相对价值。因为排序法基本采用非解析的整体价值比较法,所以一般不需要将工作内容划分为若干评价因素进行比较,也就是无法描述被比较职位之间的差异程度。因此,对于某些相对价值比较接近的职位,虽然可以用排序法进行区分,但可能由于评价者主观性的作用,只能定性地对职位价值进行说明或解释,而不能提供更加量化的指标作为比较依据,因此评价结果不具有说服力。例如,同一组织中经理和秘书的职位价值可以很容易地进行排序,但经理与秘书的价值比率是多少则难以用排序法做出回答。由于这一缺点,职位等级和薪酬标准不可避免地要受到评价者个人品质的影响。第二,不易找到熟悉所有职位的评价者,各评价者评定结果有时差异很大,容易导致错误。第三,在规模较大的组织中使用很耗时费力,因为所需比较的次数将随所要评价的职位数的增加而成倍增长,而且在人员规模比较大的组织中,排序法的准确性会降低。15 种岗位可能是使用排序法的一个上限。

2. 分类法

分类法又称归级法。它是在工作分析的基础上,按职位的工作性质、特征、繁简难易程度、工作责任大小和人员必须具备的资格条件等,对企业全部(或规定范围内)的职位所进行的等级划分。基本思路是先确定等级数量,然后对每一等级需要承担职责、具备技能等进行描述,最后根据职位说明书的内容与每一等级的描述进行对比,将每个职位分配到与职位情况最为匹配的职位等级中去。

这种方法最关键的一项工作是确定等级标准。各等级标准应明确反映出实际上各种工作在技能、责任上存在的不同水平。在确定不同等级标准之前,要选择出描述不同等级的基本要素,但如何选择因素或选取多少则依据工作性质来决定。职位分类与国家职业分类标准存在密切的联系,企业单位在进行职位分类时,可依据、参照或执行这类标准(见表3-5)。

延伸阅读

我国第一部《中华人民共和国职业分类大典》颁布于1999年。近年来,由于经济社会的不断发展,我国社会职业构成发生了很大变化。为适应发展需要,2021年新版《中华人民共和国职业分类大典》对职业分类结构做了一定调整,变为8个大类、75个中类、434个小类、1 481个职业。与1999年版相比,维持8个大类,增加了9个中类和21个小类,减少了547个职业,新增了集成电路工程技术人员、企业合规师、公司金融顾问、易货师、二手车经纪人、汽车救援员、服务机器人应用技术员、电子数据取证分析师等18个职业。

(1) 分类法的具体操作步骤。

第一,确定等级数量。等级的数量取决于企业规模、组织结构、企业文化等。不同企业可以根据各自的实际情况,选择一定的等级数量,在这方面并没有统一的规定和要求。通常情况下,企业中的职位类型多、职位之间的差异大,所需要的职位等级就多;反之,就会比较少。此外,组织结构状况也会影响企业内部的职位等级数量。比如,传统的金字塔形的组织结构、官僚化的组织结构中职位等级划分会比较细,而扁平化的组织结构中职位等级划分就会比较少,只要各等级能够大体反映职位之间的差异即可。

第二,确定等级标准。首先确定描述不同等级的因素。通过这些基本因素评价每一职位或工作岗位的重要程度。当然,不同的机构选择的因素也不同,应根据实际情况灵活处理。因为等级标准为恰当区分工作重要性的不同水平以及确定工作评价的结果提供了依据,所以它是这一阶段的核心。在实际操作中,一般是从确定最低和最高的等级标准开始的。

第三,岗位测评和列等。确定等级标准后,就根据这些标准对岗位进行测评和列等,将工作说明书与等级标准逐个进行比较,并将工作岗位列入相应等级,从而评定出不同系统、不同岗位之间的相对价值和关系。对小企业或一个部门来说,分类法的实施相当简单,若应用到有大量工作岗位的大企业,则会变得很复杂。

表 3-5　分类法举例：某公司销售业务类职位分级标准

等　级	等　级　描　述
实习行销员	不独立开展业务,协助资深经理处理订单、交货、回款等业务,在资深经理的指导下洽谈业务、签订销售合同
行销员	在行销员岗位上实习满一年,独立开展销售业务,但业务范围限于公司划定的某市或某县范围,定期向资深行销员汇报业务开展情况
资深行销员	担任行销员职务3年以上,负责某省范围内的业务工作,指导监督行销员开展业务,负责策划所辖省范围内的营销活动
片区经理	担任资深行销员职务3年以上,负责在某区(辖数省)范围内的业务工作,负责在本辖区内落实公司的营销策略
销售中心经理	担任片区经理职务3年以上,主持公司的产品销售和市场开拓工作,在营销副总的指导下制定公司的营销策略

(2) 分类法的优缺点。

优点可以概括为三点：

第一,比较简单,所需经费、人员和时间较少。在工作内容不太复杂的部门,这种方法能在较短时间内取得满意的结果。

第二,由于等级标准依据具体的因素来制订,其结果比排列法更准确、更客观。当出现新的工作任务或工作发生变动时,按照等级标准很容易确定其等级。

第三,应用灵活,适应性强,可以灵活地将对企业职位而言的重要因素纳入各等级标准描述中。

缺点主要体现在四个方面：

第一,由于确定等级标准上的困难,对不同系统的岗位评比存在着相当大的主观性,从而导致许多争议。

第二,在组织结构复杂、职位族多样化的组织中,难以建立起通用的职位等级定义,职位等描述留下太多自由发挥的空间,很容易导致新的工作岗位或调整后的职位被生硬地塞入某一评价等级。

第三,分类法对各等级的描述比较复杂,对组织变革反应不太敏感。

第四,分类法很难说清楚不同等级的职位之间的价值差距,在确定薪酬差距时效果不是很理想。

> 想一想
>
> 在一个人员数量众多、业务种类多元化的企业中,是否适合采用分类法进行职位评价? 为什么?

3. 要素计点法

要素计点法，又称计点法，是一种比较复杂的量化评价技术，是发达国家企业中最常用的职位评价方法。它首先要确定职位评价要素；然后对每个要素划分等级，并且给每个评价要素设定权重，赋予每个要素不同的点数；最后将每个评价要素所得点数进行加总即可以得出该职位的总点数。评价人员根据点数大小对所有职位进行排序，即可建立职位等级结构，完成职位评价过程。

（1）操作步骤。

第一步：选取合适的评价要素。

评价要素的选取要能反映组织的战略导向、组织文化和组织薪酬哲学。在确定评价要素时需要遵循五个原则：一是评价要素应能得到清晰的界定和衡量；二是评价要素需要对职位系统中的所有职位具有共通性，只适用于小部分职位的评价要素可能会造成歧视，比如"专业技术水平"这个评价要素就不能反映一些管理类岗位的职能要求；三是评价要素应是组织愿意为之支付报酬的、与职位要求有关的主要内容，比如"岗位职责"这个要素就能够全面反映职位对组织的贡献；四是评价要素之间要避免交叉与重叠，因为交叉和重叠会造成某些评价要素被重复计算；五是评价要素数量不宜太多，过多的评价要素会加大职位评价的负面后果，也不利于反映组织价值导向。

在实际应用中，最常用的评价要素包括岗位职责、工作技能、努力程度和工作条件，这四个评价要素也是美国和加拿大公平报酬法案中明文要求的。

第二步：划分每一评价要素的等级。

确定了评价要素之后，就需要对每一个评价要素的等级进行界定。每一个评价要素的等级数量取决于组织内部所有待评价职位在该要素上的差异大小。差异程度越大，评价要素的等级数量越多；反之，就会少一些。比如，一家企业的所有职位在岗位职责上的差别很大，那么这个评价要素就可以划分为五个等级；但在另一个企业中岗位职责差异不大，那么这个评价要素也许划分为三个等级就可以了。

第三步：确定各评价要素的权重。

权重代表了评价要素对总体职位评价结果的影响程度和对最终评价的重要性，它反映了一个组织对职位重要性的根本看法。权重的确定不仅与企业所处行业、市场有关，更与组织战略、组织文化、价值观有关。确定各要素权重时通常由评价人员根据经验和共识来进行决策（见表3-6）。

表3-6 评价要素及其权重设定举例

评价要素	评价要素的权重(%)	评价要素	评价要素的权重(%)
岗位职责	30	努力程度	25
工作技能	30	工作条件	15

第四步：确定每个评价要素及其各个等级的点数。

要素计点法的特点是能将所有被评价职位价值进行量化，赋予每个职位具体的点值。该方法的量化分析主要体现在这一步。首先，需要确定待评价职位的总点数。通常如果待评价职位数量比较多，总点数可以设定高一些，否则总点数可以低一些，原则是可以清晰地区分不同职位之间的价值差异。其次，我们假设被评价职位总点数为1 000点，根据权重可以计算出各个评价要素的总点数。最后，在确定了不同评价要素的总点数之后，还需要确定每一评价要素在不同等级上的点数，通常运用算术法来计算。

我们假设每个评价要素都划分为5个等级，其中第5级（最高等级）的点数即为该评价要素在职位评价体系中的总点数。然后，将第5等级的点数除以5，得出该评价要素在不同等级之间的点数级差。将第5等级的点数依次减去点数级差，就可以得出第4等级、第3等级、第2等级、第1等级的点数（见表3-7）。

表3-7 要素计点法各评价要素各等级的点数确定

评价要素	评价要素等级	各等级点数
岗位职责	1 2 3 4 5	60 120 180 240 300
工作技能	1 2 3 4 5	60 120 180 240 300
努力程度	1 2 3 4 5	50 100 150 200 250
工作条件	1 2 3 4 5	30 60 90 120 150

第五步：运用这些评价要素来评价每一个职位的价值。

这一步是真正的职位评价，前面的步骤都是为职位评价做前期准备。在这一步，评价人员需要先确定每个待评价职位在每一个评价要素上应处于哪个等级，然后根据这一等级所代表的点数确定这一职位在该评价要素上的点数。在得到所有评价要素的应得点数之后,将该职位在所有评价要素上的点数进行加总即可得到该职位最终的评价点数(见表3-8)。按照同样的步骤可以获得所有等级评价职位的总点数。

表3-8 对某职位的评价与点数确定

评价要素	评价要素权重(%)	评价要素等级	点数
岗位职责	30	4	240
工作技能	30	3	180
努力程度	25	5	250
工作条件	15	2	60
合　计	100	—	730

第六步:将所有被评价职位根据点数高低进行排序,建立职位等级结构。

所有被评价职位的点数都计算出来以后,按照点数由低到高进行排列,根据点数呈等差的方式对职位等级进行划分,就可以形成一张职位等级结构表(见表3-9),该表为一家生产制造企业按要素计点法评价后得出的职位等级结构。

表3-9 职位评价点数范围分布与职位等级结构举例

职位等级	点数范围	生产类	技术类	营销类	职能管理类
1	301~350			销售员	
2	351~400	物资采购员			出纳
3	401~450		设备部技师		网络管理员
4	451~500			销售主管	
5	501~550	办公室主任			
6	551~600		质量技术部部长		审计部部长
7	601~650	车间主任			
8	656~700		检测中心主任		总经理办主任
9	701~750				财务部长
10	751~800			市场策划部经理	
11	801~850	生产部经理			
12	851~900		研发部主任		
13	901~950			营销总监	
14	951~1 000				

上述为要素计点法的一般操作步骤,规模比较大的企业可以根据实际情况修订这些步骤,比如设定一级评价要素、二级评价要素,分别确定每个二级要素的权重,再确定各二

级评价要素的点数,最后通过加总各二级要素的点数来计算总点数。

(2) 要素计点法的优缺点。

要素计点法的优点包括:第一,作为一种量化评价方法,可以对不同职位之间的价值进行比较;第二,这种方法建立在客观的要素评价基础之上,主观随意性小,更为科学和精确;第三,和排序法与分类法相比,这种方法不受被评价职位数量、职位性质的限制,广泛适用于各类型职位;第四,通过评价要素及其权重的设置,能够反映组织战略、文化、价值观的需求。

要素计点法的缺点是,方法比较复杂,运用比较耗时,评价要素的确定和权重设定仍然存在一定的主观性。

4. 因素比较法

(1) 因素比较法的含义。

因素比较法是一种量化的职位评价技术,它需要用到的评价要素比其他方法更多。实际上,因素比较法是一种比较复杂的排序法。在一般排序法中,通常把每个职位视为一个整体,并根据某些总体指标来对职位进行排序;而在因素比较法中则要多次选择评价要素,并据此分别对职位进行多次排序,最后把每个职位在各个要素报酬上的得分通过加权得出一个总分,从而得到一个总体职位序列分。

因素比较法与要素计点法的不同在于,它使用货币尺度而不是计点尺度。因素比较法与要素计点法一样,要选择关键工作,而且在所评价的所有工作中,要求所选关键工作的工资率公平合理。由于因素比较法能给出各工作进行比较后的相对量化价值,因此被广泛应用于各类不同的组织当中。许多人力资源咨询机构致力于因素比较法的研究,为不同组织建立了各具特色的因素比较体系。

(2) 因素比较法的实施步骤。

第一,收集工作信息,确定评价因素。

广泛收集与工作有关的信息,包括工作说明书、工作日志、相关制度规定,还可以通过访谈、现场观察的方式,对工作的实际操作状况加以了解,对所收集的工作信息进行汇总整理,并提炼出能够涵盖各职位的评价因素。职位评价因素经常包括脑力、技能、体力、责任、工作条件等。当然,组织也可以根据自身需求以及工作特点从其他角度设立评价因素。

第二,确定典型职位。

选择若干具有广泛代表性并且现行薪酬比较合理的工作岗位。典型职位一般负责15~30项工作,其他职位的价值可以通过与这些典型职位之间的报酬要素比较得出。

第三,在每一因素上对典型职位排序。

由评价人员将典型职位按照在各因素上的相对重要性进行排序。例如,某组织选取A、B、C、D、E、F六项工作作为典型职位。在工作条件上,D职位环境最为恶劣,排序为1;A职位环境最为舒适,排序为6;其余职位工作条件排序依次为E、B、C、F。按照这种方式,在其他评价要素上也对各典型职位进行类似的排序,可以得到各典型职位的排序表,见表 3-10。

表 3-10　在各个评价因素上对典型职位进行排序

职位	脑力	技能	体力	责任	工作条件
A	4	5	6	4	6
B	5	6	4	3	3
C	3	3	2	6	4
D	1	2	3	5	1
E	6	4	5	2	2
F	2	1	1	1	5

第四,对典型职位的工资率在每一因素上分解并排序。

将各典型职位的现行薪酬按前面确定的五项因素予以适当的分配。评价小组的成员需要根据自己的判断来决定,在每一个典型职位中,不同的评价要素对于此职位的贡献大小是多少,然后根据事先确定的典型职位的薪酬水平来确定典型职位内部每一评价要素的价值。由于评价者在职位评价过程中完全独立进行,因此不同的职位评价者对统一标准工作在各因素上的工资分解就会出现分歧。为解决这一问题,就需要利用均值法来确定某一职位在各评价因素上的工资率。例如,假设 A 职位的现有薪酬水平为每小时 15 元,对职位 A 的工资分解如表 3-11 所示。

表 3-11　职位 A 的工资分解

评价者	脑力(元)	技能(元)	体力(元)	责任(元)	工作条件(元)	先行工时数(元/小时)
评价者甲	0.75(5%)	2.25(15%)	4.5(30%)	2.25(15%)	5.25(35%)	15(100%)
评价者乙	1.5(10%)	1.5(10%)	6.0(40%)	1.5(10%)	4.5(30%)	15(100%)
评价者丙	1.5(10%)	2.25(15%)	4.5(30%)	0.75(5%)	6.0(40%)	15(100%)
合计(甲+乙+丙)	1.25	2	5	1.5	5.25	15(100%)

第五,根据每个典型职位内部的每一评价要素的价值来分别对职位进行多次排序。

在确定了所有典型职位的每一个评价要素的价值之后,根据每个评价要素分配的工资对职位进行多次排序。如表 3-12 所示,根据脑力因素排列,各职位重要性由高到低的次序依次为职位 D、职位 F、职位 C、职位 A、职位 B、职位 E。若根据技能因素排列,则各职位重要性依次为职位 F、职位 D、职位 C、职位 E、职位 A、职位 B。

表 3-12 根据每种评价要素的工资对职位进行多次排序

职位	小时工资（元）	脑力（元）	技能（元）	体力（元）	责任（元）	工作条件（元）
A	15	4.5(4)	3(5)	1.5(6)	3(4)	3(6)
B	20	3(5)	1(6)	3(4)	4(3)	8(3)
C	30	6(3)	7.5(3)	9(2)	1.5(6)	6(4)
D	40	12(1)	10(2)	4(3)	2(5)	12(1)
E	25	2.5(6)	5(4)	2.5(5)	5(2)	10(2)
F	50	10(2)	12.5(1)	12.5(1)	10(1)	5(5)

第六，比较两套排序，排除非典型职位。

现在，对每个典型职位都存在两种排序方案：第一种是根据步骤三得出的最初排序，它表明根据五种评价要素在不同职位中的价值高低对各职位进行笼统排序的结果；第二种是由步骤五得出的排序结果，它通过运用薪酬水平数据来反映每种评价要素在各标杆职位中的重要性大小。看两次排序中标杆职位在各因素上的顺序是否一致，如某个标杆职位出现两次排序位置不一致的情况，表明这个职位并不是真正的典型职位，则将其删除。从表 3-10 与表 3-12 来看，所有职位两次排序顺序一致，故可以认为职位评价中所选职位均为典型职位。

第七，建立典型职位比较尺度表。

按照所有典型职位工资分解表所确定的各评价要素的价值，将典型职位在各因素上进行排序，并编制因素比较尺度表。首先，将一定的小时工资数额列入表格第一列，再依照某一典型职位的工资分解表中的数值在比较尺度表中找到相应的位置。例如，职位 A 在脑力因素上分解的工资率为 15 元/小时，其在因素比较尺度表中的位置就为脑力因素与工资为 15 元/小时的交叉点（见表 3-13）。

表 3-13 因素比较尺度

工资(元/小时)	脑力	技能	体力	责任	工作条件
1		职位 B			
1.5			职位 A	职位 C	
2				职位 D	
2.5	职位 E		职位 E		
3	职位 B	职位 A	职位 B	职位 A	职位 A
3.5					
4			职位 D	职位 B	
4.5	职位 A				

续 表

工资(元/小时)	脑 力	技 能	体 力	责 任	工作条件
5		职位 E		职位 E	职位 F
5.5					
6	职位 C				职位 C
6.5					
7					
7.5		职位 C			
8					职位 B
8.5					
9			职位 C		
9.5					
10	职位 F	职位 D		职位 F	职位 E
10.5					
11					
11.5					
12	职位 D				职位 D
12.5		职位 F	职位 F		
13					

第八，使用因素比较尺度来确定其他职位的工资。

将典型职位以外的各职位逐项与刚建立起来的典型职位因素比较尺度表相比较。这一步是按要素判定与典型职位最类似的每个职位，确定该项职位的相应位置，并明确各项因素薪酬，再将各项因素薪酬相加，得出该职位的薪酬。例如，工作 X 在脑力因素上与工作 D 相似，在技能因素上与职位 E 相似，在体力因素上与工作 C 相似，在责任因素上与工作 D 相似，在工作条件上与工作 B 相似。对应因素比较尺度表中各标杆职位的位置，就可以知道工作 X 在每个因素上的位置及工资率，从而计算出该项工作的小时工资率。工作 X 的小时工资率为 12＋5＋9＋2＋8＝36 元/小时。

(3) 因素比较法的优缺点。

因素比较法的优点主要体现为它是一种比较精确的量化职位评价方法，这种方法不但使不同的职位之间更具可比性，也使得对各种不同职位的评价更为公平。

因素比较法的缺点是：由于有薪酬尺度的存在，势必受现行薪酬的影响，很难避免不公平现象；这种方法实施起来比较困难，因为在排列代表性工作顺序时，两端工作虽容易决定，但中间部门比较难安排；一个或更多的代表性工作的职责可能变更或责任加重，这样会使这些代表性工作失去代表性的作用;由于这种方法建立工作比较尺度的步骤比较复杂,因此实施起来比较费时。

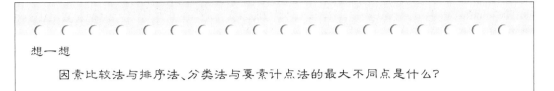

想一想

因素比较法与排序法、分类法与要素计点法的最大不同点是什么?

(二) 海氏职位评价系统

海氏职位评价系统是由美国合益公司创始人、薪酬专家爱德华·海于1943年开发出来的一套职位评价体系。该评价系统运用的方法实际上也是一种要素计点法,它与要素计点法的主要区别在于要素计点法的评价因素是根据企业实际情况确定的,而该评价系统所使用的评价因素是固定的,即技能技巧、解决问题的能力、承担的责任。在技能技巧中包括3个子因素,在解决问题的能力中包括2个子因素,在承担的责任中包括3个子因素(见表3-14)。

表3-14 海氏职位评价系统中的评价因素

因　素	因素解释	子因素	子因素解释
技能技巧	工作所需要的专门知识和实际应用技能	专业知识技能	有关科学知识、专门技术和实际方法
		管理技能	计划、组织、执行、控制、评估的能力技巧
		人际技巧	沟通、协调、激励、培训、关系处理等技能
解决问题的能力	在工作中发现问题、分析诊断问题、提出对策、权衡与评估、做出决策等	思维环境	任职者在什么样的思维环境中解决问题,要素计点法是有明确的既定规则的,海氏职位评价系统只有一些抽象的规则
		思维难度	解决问题方面,要素计点法是不需要创造性的,按照老规矩办事;海氏职位评价系统需要解决没有先例可循的问题
承担的责任	主要指任职者的行动对最终结果可能造成的影响	行动的自由度	要素计点法完全需要按照既定的规范行动,海氏职位评价系统可以在没有明确规范的情况下行动
		对工作结果的影响	对工作结果的影响方面,要素计点法是直接的,海氏职位评价系统是间接的
		财务责任	财务上能决定多少金额的运用

1. 海氏职位评价系统的各因素

(1) 技能技巧。

技能技巧是工作所需要的专门知识和实际应用技能,它由以下三个子因素组成:

① 专业知识技能,即有关科学知识、专门技术和实际方法,用来反映工作承担者的教育背

景和工作经验的要求。该子系统分为从"基本水平"到"权威专门技术"八个等级(见表3-15)。

表3-15 专业知识技能的等级划分及说明

等级	说明
基本水平	熟悉简单工作程序
初等业务水平	能同时操作多种简单的设备以完成一个工作流程
中等业务水平	熟悉掌握一些基本的方法和工艺,需具有使用专业设备的能力
高等业务水平	能应用较为复杂的流程和系统,此系统需要应用一些技术知识
基本专门技术	对不同活动实践相关的技术有相当的理解,或者对科学的理论和原则基本理解
熟悉专门技术	通过对某一领域的深入实践而具有相关知识,并且掌握了科学理论
精通专门技术	精通理论、原则和综合技术的专家
权威专门技术	在综合技术领域成为公认的专家

② 管理技能,即为达到要求的绩效水平而具备的计划、组织、执行、控制、评估的能力与技巧。该子系统分为从"基本的"到"全面的"五个等级(见表3-16)。

表3-16 管理技能的等级划分及说明

等级	说明
基本的	仅关注活动的内容和目的,而不关心对其他活动的影响
相关的	决定部门各种活动的方向、活动涉及几个部门的协调等
多样的	决定一个大部门的方向或对组织的表现有决定性的影响
广博的	决定一个主要部门的方向,或对组织的规划、运作有战略性的影响
全面的	对组织进行全面管理

③ 人际技巧,即该职位所需要的沟通、协调、激励、培训、关系处理等方面的活动技巧。该子系统分为三个等级,分别是"基本的""重要的"和"关键的"(见表3-17)。

表3-17 人际技巧的等级划分及说明

等级	说明
基本的	多数岗位在完成工作时均需基本的人际沟通技巧,要求在组织内与其他员工进行礼貌和有效的沟通,以获取信息和澄清疑问
重要的	理解和影响他人是此类工作的重要要求,此种能力既要理解他人的观点,也要有说服力以影响行为、改变观点或者改变处境。对于安排并督导他人工作的人,需要此类沟通能力
关键的	对于需要理解和激励他人的岗位,需要最高级的沟通能力。需要谈判技巧的岗位也属此等级

(2) 解决问题的能力。

解决问题的能力是指在工作中发现问题、分析诊断问题、提出对策、权衡与评估、做出决策等的能力,它由两个子因素组成。

① 思维环境,指任职者在何种思维环境中解决问题。该子因素共分八个等级,具体等级划分见表3-18。

表3-18 思维环境的等级划分及说明

等　　级	说　　明
高度常规性的	有非常详细和精确的法规和规定做指导并可获得不间断的协助
常规性的	有非常详细的标准规定并可立即获得协助
非常规性的	有较明确定义的复杂流程,有很多先例可参考,并可获得适当协助
标准化的	有清晰但较为复杂的流程,有较多先例可参考,并可获得协助
明确规定的	对特定目标有明确规定的框架
广泛规定的	对功能目标有广泛规定的框架,只是某些方面有些模糊、抽象
一般规定的	为达成组织目标和目的,在概念、原则和一般规定的原则下思考,有很多模糊、抽象的概念
抽象规定的	依据商业原则、自然法则和政府法则进行思考

② 思维难度,即解决问题对任职者创造性思维的要求。该子因素共分为五个等级,具体等级划分见表3-19。

表3-19 思维难度的等级划分及说明

等　　级	说　　明
重复性的	特定的情形,仅需要对熟悉的事情作简单的选择
模式化的	相似的情形,仅需对熟悉的事情进行鉴别性选择
中间型的	不同的情形,需要在熟悉的领域内寻找方案
适应性的	变化的情形,要求分析、理解、评估和构建方案
无先例的	新奇的或不重复的情形,要求创造新理念和富有创意的解决方案

(3) 承担的责任。

承担的责任主要指任职者的行动对最终结果可能造成的影响及承担责任的大小。该因素共由三个子因素构成。

① 行动的自由度,指任职者自主地作出行动的程度,该子因素包含九个等级(见表3-20)。

② 对工作结果的影响,指任职者的行动对工作结果的影响是直接的还是间接的。该子因素包括四个等级:后勤、辅助、分摊、主要(见表3-21)。

表 3-20　行动自由度的等级划分及说明

等　级	说　　　明
有规定的	此职位有明确的工作规程或者有固定的人督导
受控制的	此职位有直接和详细的工作指示或者有严密的督导
标准化的	此职位有工作规定并已建立了工作程序，接受严密的督导
一般性规范的	此职位全部或部分有标准的规程，一般有工作指示和督导
有指导的	此职位全部或部分有先例可依或有明确规定的政策，可能有督导
方向性指导的	仅就本质和规模，此职位有相关的功能性政策，需决定其活动范围和管理方向
广泛性指导的	就本质和规模而言，此职位有粗放的功能性政策和目标
战略性指引的	有组织政策的指导、法律和社会限制、组织的委托
一般性无指引的	

表 3-21　对工作结果影响的等级划分及说明

等　级	说　　　明
后勤	这些职位由于向其他职位提供信息或偶然性服务而对结果产生影响
辅助	这些职位由于向其他职位提供重要的支持服务或建议而对结果有影响
分摊	与本组织内其他部门和个人合作，共同行动，责任分摊。此职位对结果有明显的作用，介于辅助和主要之间
主要	此职位直接影响和控制结果

③ 财务责任，指财务上能决定多大数量的金额运用。该子因素包括四个等级，即"微小的""少量的""中量的""大量的"，每一级均有相应的标准，具体数量要视组织的具体情况而定。

2. 海氏职位评价系统的评价方式

海氏职位评价系统将三种付酬因素的各子因素进行组合，形成三张海氏工作评价图表，每个评价表都有具体的分值。技能技巧因素由专业知识技能、管理技能、人际技巧三个子因素构成，各子因素的分级与点值如表 3-22 所示。解决问题的能力因素由两个部分组成，分别为思维环境和思维难度。由于人的思维不可能凭空进行，必须以事实、原理和方法为基础，即人必须以他已经知道的一切去思维，即使是对最具创造性的工作也是如此，因此解决问题的能力是用其对技能技巧的利用率来衡量的，它用一个百分数来表示，各子因素的分级与点值如表 3-23 所示。这个因素上的得分是用技能技巧上的得分乘以这个百分数得到的。承担的职位责任因素由三个部分组成，分别为行动的自由度、职位对工作结果的影响和财务责任。各子因素的分级与点值见表 3-24。

海氏职位评价系统的评价步骤是：(1) 评估技能技巧因素的得分；(2) 评估解决问题能力要素的得分；(3) 评估承担职责要素的得分；(4) 加总职位在三个要素上的总分。

表 3-22 技能技巧因素

专业知识技能	人际技巧	管理技巧 基本的			相关的			多样的			广博的			全面的		
		基本的	重要的	关键的	基本的	重要的	关键的	基本的	重要的	关键的	基本的	重要的	关键的	基本的	重要的	关键的
基本水平	基本的	50	57	66	66	76	87	87	100	115	115	132	152	152	175	200
	重要的	57	66	76	76	87	100	100	115	132	132	152	175	175	200	230
	关键的	66	76	87	87	100	115	115	132	152	152	175	200	200	230	264
初等业务水平	基本的	66	76	87	87	100	115	115	132	152	152	175	200	200	230	263
	重要的	76	87	100	100	115	132	132	152	175	175	200	230	230	264	304
	关键的	87	100	115	115	132	152	152	175	200	200	230	264	264	304	350
中等业务水平	基本的	87	100	115	115	132	152	152	175	200	200	230	264	264	304	350
	重要的	100	115	132	132	152	175	175	200	230	230	264	304	304	350	400
	关键的	115	132	152	152	175	200	200	230	264	264	304	350	350	400	460
高等业务水平	基本的	115	132	152	152	175	200	200	230	264	264	304	350	350	400	460
	重要的	132	152	175	175	200	230	230	264	304	304	350	400	400	460	528
	关键的	152	175	200	200	230	264	264	304	350	350	400	460	460	528	608
基本专门技术	基本的	152	175	200	200	230	264	264	304	350	350	400	460	460	528	608
	重要的	175	200	230	230	264	304	304	350	400	400	460	528	528	608	700
	关键的	200	230	264	264	304	350	350	400	460	460	528	608	608	700	800
熟悉专门技术	基本的	200	230	264	264	304	350	350	400	460	460	528	608	608	700	800
	重要的	230	264	304	304	350	400	400	460	528	528	608	700	700	800	920
	关键的	264	304	350	350	400	460	460	528	608	608	700	800	800	920	1 056
精通专门技术	基本的	264	304	350	350	400	460	460	528	608	608	700	800	800	920	1 056
	重要的	304	350	400	400	460	528	528	608	700	700	800	920	920	1 056	1 261
	关键的	350	400	460	460	528	608	608	700	800	800	920	1 056	1 056	1 261	1 400
权威专门技术	基本的	350	400	460	460	528	608	608	700	800	800	920	1 056	1 056	1 261	1 400
	重要的	400	460	528	528	608	700	700	800	920	920	1 056	1 261	1 261	1 400	1 600
	关键的	460	528	608	608	700	800	800	920	1 056	1 056	1 261	1 400	1 400	1 600	1 840

表3-23 解决问题的能力因素

思维环境 \ 思维难度（%）	重复性的	模式化的	中间型的	适应性的	无先例的
高度常规性的	10~12	14~16	19~22	25~29	33~38
常规性的	12~14	16~19	22~25	29~33	38~43
半常规性的	14~16	19~22	25~29	33~38	43~50
标准化的	16~19	22~25	29~33	38~43	50~57
明确规定的	19~22	25~29	33~38	43~50	57~66
广泛规定的	22~25	29~33	38~43	50~57	66~76
一般规定的	25~29	33~38	43~50	57~66	76~87
抽象规定的	29~33	38~43	50~57	66~76	87~100

表3-24 承担的职位责任因素

财务责任		职位对工作结果的影响	微小				少量				中量				大量			
大小等级	金额范围		间接		直接		间接		直接		间接		直接		间接		直接	
			后勤	辅助	分摊	主要	后勤	辅助	分摊	主要	后勤	辅助	分摊	主要	后勤	辅助	分摊	主要
行动的自由度	有规定的		10	14	19	25	14	19	25	33	19	25	33	43	25	33	43	57
			12	16	22	29	16	22	29	38	22	29	38	50	29	38	50	66
			14	19	25	33	19	25	33	43	25	33	43	57	33	43	57	76
	受控制的		16	22	29	38	22	29	38	50	29	38	50	66	38	50	66	87
			19	25	33	43	25	33	43	57	33	43	57	76	43	57	76	100
			22	29	38	50	29	38	50	66	38	50	66	87	50	66	87	115

续表

职位对工作结果的影响		间接		直接		间接		直接		间接		直接		间接		直接	
行动的自由度		后勤	辅助	分摊	主要	后勤	辅助	分摊	主要	后勤	辅助	分摊	主要	后勤	辅助	分摊	主要
标准化的		25 29 33	33 38 43	43 50 57	57 66 76	33 38 43	43 50 57	57 66 76	76 87 100	43 50 57	57 66 76	76 87 100	100 115 132	57 66 76	76 87 100	100 115 132	132 152 175
一般性规范的		38 43 50	50 57 66	66 76 87	87 100 115	50 57 66	66 76 87	87 100 115	115 132 152	66 76 87	87 100 115	115 132 152	152 175 200	87 100 115	115 132 152	152 175 200	200 230 264
有指导的		57 66 76	76 87 100	100 115 132	132 152 175	76 87 100	100 115 132	132 152 175	175 200 230	100 115 132	132 152 175	175 200 230	230 264 304	132 152 175	175 200 230	230 264 304	304 350 400
方向性指导的		87 100 115	115 132 152	152 175 200	200 230 264	115 132 152	152 175 200	200 230 264	264 304 350	152 175 200	200 230 264	264 304 350	350 400 460	200 230 264	264 304 350	350 400 460	460 528 608
广泛性指导的		132 152 175	175 200 230	230 264 304	304 350 400	175 200 230	230 264 304	304 350 400	400 460 528	230 264 304	304 350 400	400 460 528	528 608 700	304 350 400	400 460 528	528 608 700	700 800 920
战略性指引的		200 230 264	264 304 350	350 400 460	460 528 608	264 304 350	350 400 460	460 528 608	608 700 800	350 400 460	460 528 608	608 700 800	800 920 1 056	460 528 608	608 700 800	800 920 1 056	1 056 1 216 1 400
一般性无指引的		304 350 400	400 460 528	528 608 700	700 800 920	400 460 528	528 608 700	700 800 920	920 1 056 1 216	528 608 700	700 800 920	920 1 056 1 216	1 216 1 400 1 600	700 800 920	920 1 056 1 216	1 216 1 400 1 600	1 600 1 840 2 112

3. 海氏职位评价系统的优缺点

海氏职位评价系统有如下优点：一是比较详细和具体，依据的因素比较确定；二是因为这种方法依据的因素是预先确定的，所以对各种职位的评价具有可比性；三是比较适合对管理类和专业技术类职位进行评价。

海氏评价系统的缺点主要表现在：一是预先确定的因素在运用到具体企业时理解起来比较困难，不容易被人接受；二是不能体现企业的价值观与发展战略等因素。

第二节 技能薪酬体系

一、技能薪酬体系的内涵、类型与特点

（一）技能薪酬体系的内涵

技能薪酬体系（skill-based pay system），又称技能薪酬计划，是指组织根据所有人所掌握的与工作有关的技能、能力、知识来支付基本薪酬的一种薪酬制度。在这种薪酬制度下，员工的薪资主要与其所获得的技能、能力和知识有关，即与从事工作的人紧密联系。而职位薪酬制度下员工的薪资主要取决于其所处的职位，而不管他们具备什么样的技能。技能薪酬制度最早主要应用于制造行业，随着市场竞争压力的增加，很多公司开始推行这一制度来激励员工提升技术能力，从而使得技能薪酬体系应用逐渐普及，现在其适用范围已经扩展到白领和专业技术工人。近年来，技能薪酬制度已经在银行、保险、软件、通信、零售等行业得到广泛的应用，几乎能够适用于任何类型、任何规模的组织。

技能薪酬体系日益盛行的主要原因是组织变革加快，对员工的灵活性、应变能力提出了更高的要求。和过去相比，各企业的组织层次在减少，组织结构更加灵活，项目型的工作团队不断涌现，这些变化客观上要求员工不断学习新的知识和技能，以提高对市场变化、客户个性化需求的应变能力。从员工角度来讲，组织结构的扁平化导致很多员工无法按照传统的职位等级规划自己的职业发展路径。而技能薪酬计划在留住和鼓励那些受过良好教育和培训、拥有丰富知识和经验的技术性员工方面往往具有明显的优势。众多研究表明，技能薪酬计划在提高企业生产水平、提高企业运营效率、改善组织绩效方面是非常成功的。

> **想一想**
>
> 《猫》是世界上票房最高的舞台剧，替补演员的周薪相当于正式演员的1.25倍！正式演员每周要出演大约20场，获得2 000美元的周薪；但替补演员只是在后台静静地坐着，就可以拿到2 500美元的周薪。请思考原因何在？

（二）技能薪酬体系的类型

技能薪酬体系中的技能通常分为深度技能和广度技能两种类型。

1. 深度技能

深度技能是指在一个专业技术领域不断学习、培训所形成的知识、技能和经验。比如大型医院的医生、大学教师、工程师等都属于按照深度技能来设计薪酬体系的职业。由于对于专业化水平的要求，大型医院的医生、大学教师和工程师的研究范围较窄，主要集中在某一专业领域。医生的专业划分越来越细，如传统的内科在大型综合医院可以分为心内科、肾内科、消化内科、神经内科等。大学教师的专业也如此，如经济学可以划分为理论经济学和应用经济学，应用经济学科又可以划分为产业经济学、区域经济学、劳动经济学等。教师们往往是在其专业领域中不断深入研究，而不是什么研究课题都去做、什么课程都去教。大学教师的深度技能划分示例如图3-2所示。

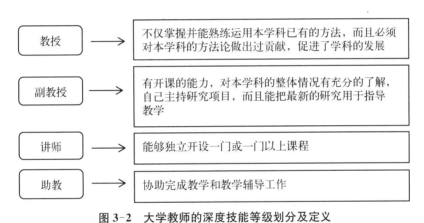

图3-2 大学教师的深度技能等级划分及定义

案例 3-1

球星的薪资

在登陆 NBA 的中国球员中，姚明的薪水无疑是最高的。2008—2009赛季，姚明的年薪达到1 500万美元。姚明与火箭队续约的是一份为期五年的合同，从2006—2007赛季开始，一直到2010—2011赛季。按照约定，姚明新合同第一个赛季的年薪约为1 250万美元，此后每年提高10.5%，预计总价值将在7 600万到8 000万美元左右，这也使得姚明跻身NBA顶级巨星行列。与姚明同时在NBA打拼的中国球员易建联在2008—2009赛季的工资可以达到240万美元，孙悦44万美元，大约只是姚明年薪的1/34。

> **启发思考**
> (1) 为什么同是 NBA 打球的中国球员,薪资差距达到上千万美元?
> (2) 这一例子对于薪酬制度的设计有何启示?

2. 广度技能

广度技能是指员工在工作过程中运用到的包括其工作上游、下游或者同级职位上诸多的一般性技能,也就是要求员工同时具备同级职位上多个岗位所需的普通技能。例如,北京现代汽车股份公司要求汽车生产线上的工人通过轮岗具备焊接、内饰、安装等多个工种的技能,偏远农村的教师能够同时教授语文、数学、英语多门课程,乡村医生和基层社区医生需要具备广泛的基本医疗诊断和治疗知识。

在实践中,企业往往不只是强调一类技能的积累,而是鼓励员工同时学习和提升两类不同的技能,许多用人单位为员工规划了双通道晋升路径,如表 3-25 和表 3-26 所示。

表 3-25 安利直销员的双通道晋升制度

管理类职务晋升序列	非管理类职务晋升序列
全国市场经理	皇冠大使
大区市场经理	行政钻石
省级市场经理	钻石
区域经理	翡翠
营业经理	明珠
店长	红宝石

表 3-26 高校的双通道晋升制度

管理职务晋升序列	专业技术职务晋升序列
正厅级	院士
副厅级	教授
正处级	教授
副处级	副教授
正科级	讲师
副科级	助教

(三)技能薪酬体系的特点

技能薪酬体系作为一种应用逐步普及化的薪酬制度,与职位薪酬体系相比,既有诸多优点,也有一些自身的不足。

1. 优点

第一,有助于提升员工技能,增强员工的终身就业能力。我们处在一个知识经济时代、一个竞争的时代,只有不断学习,不断提升技能,才能在劳动力市场中立于不败之地。员工即便离职,企业关注员工技能的制度必将增强员工在就业中的竞争能力,促使其迅速获得新的就业岗位。

第二,有利于职位轮换。这是因为技能薪酬为员工所获得的新技能付酬,有利于鼓励员工的横向技能积累,便于员工在不同部门或同一部门的不同岗位上实施岗位轮换。这种员工技能种类的增加也使得他们能够在同事因生病、离职、流动等而缺勤的情况下实现工作的接续,为员工灵活配置创造了更大的灵活性。

第三,有利于改变我国长期存在的官本位思想,鼓励专业技术人员安于本职工作,这是技能薪酬体系相比职位薪酬体系的明显优点。职位薪酬体系强调的是职位等级而非技术能力,在这种薪酬激励导向下,一些技术人员为了薪酬被迫转向自己不擅长的管理职位,导致人才的错配。

2. 缺点

第一,技能等级评价的主观性强,评价较为困难。技能等级评价是基于人的技术技能的评价,往往需要针对不同类型的职位和人员制定技能等级评价标准,因而技能评价的公平性、客观性难以保证。对于技能水平较高和较低的人员,其技能等级评价比较容易;但对于技能水平处于中间水平的员工,其评价容易引发争议。

第二,技能薪酬体系的成本风险较大。实施技能薪酬体系的企业会在员工培训方面加大投资,而且随着员工技能的提升短期薪酬上涨较快。员工技能是一种潜在生产力,如果企业不能通过管理将员工的潜在技能转化成现实的生产力,提高企业利润,技能薪酬便只会增加企业的成本压力,难以持续。

第三,过分强调技能可能致使员工仅仅着眼于提高自身技能,而忽视组织的整体需要和当前工作目标的达成。

第四,技能薪酬体系对于组织各部门那些已经达到技能顶端的人才如何进一步激励是个难题。

二、技能薪酬体系的设计

技能薪酬体系的设计重点在于设计出一种使技能与基本薪酬相联系的薪酬计划,这一设计所要遵循的一般步骤如下。

(一)进行技能分析

技能薪酬体系准备支付薪酬的对象是能够有效完成工作任务的技能,所以设计技能薪酬计划的首要步骤就是分析待评价工作所需的技能,表3-27就是根据岗位工作内容所提炼的技能点。

表 3-27 通信岗位技能点分析

工作岗位	岗位技能点	技能等级
线路维护人员	1. 通过对传输设备与网管的日常维护及故障与性能的处理,实现对传输网的维护和管理 2. 利用网管系统例行维护,包括检查业务数据、排查业务故障对系统性能进行管理 3. 对传输设备例行维护,包括线路故障处理、配线架调整、室内机房各种外部告警处理 4. 定期打扫机房卫生	初级线务员 中级线务员 高级线务员
系统维护人员	1. 光传输网络的维护与管理、交换机系统的维护、无线设备的日常维护、数据通信网络的维护等。具体包括检查日志;观察设备各个单板运行情况;利用维护定位故障,在话务量较少时,进行故障排查 2. 无线网络优化,具体包括路测数据并分析,根据路测数据对相关无线参数进行修改,根据路测数据对反馈系统进行调整(方位角、俯仰角、高度) 3. 定期对各个机房电池组进行充放电,或直接按工程建设部要求更换其他型号和容量的电池组 4. 根据网管例行维护,监控告警来处理模块故障	工程师 高级工程师 专家
通信业务销售	1. 老客户维系 2. 新用户开发 3. 新业务宣传和推介 4. 新业务策划的信息提供 5. 企业形象的展示者 6. 用户的消费顾问	初级业务营销员 中级业务营销员 高级营销员 营销师

(二) 技能等级及相应薪酬的确定

1. 技能等级模块的界定

技能等级模块是指员工为了按照既定的工作标准完成工作任务而必须执行的一个任务单位或技能单位。我们可以根据技能模块中所包括的工作任务的内容来对技能模块进行等级评定。具体例子见表 3-28。在这个例子中,所有的工作任务根据所需技能水平被划分为三个技能等级。完成技能等级一中所包括的工作任务,要求员工具备一些日常事务性工作技能。这个技能等级代表的只是学徒水平。完成技能等级二中所包括的工作任务,要求员工必须具备中等水平的专业知识、判断能力和应变能力。这一技能等级可以视为熟练工人水平。技能等级三中所包括的工作任务要求完成这些任务的员工具备高水平的专业知识、判断能力和应变能力。在这一层次上,员工要对自己的工作独立负责,并且只是接受相对宽泛的指导和监督。这一技能等级被视为专家级。

2. 各技能模块的薪酬确定

这一步骤是将技能模块与薪酬联系起来的重要一步,也是最能体现技能薪酬的一个环节。但是技能定价是一种主观的评价,迄今为止还没有统一的定价标准。通常情况下,在对技能模块定价时会考虑五个方面的因素。第一,工作失误可能产生的后果,即由于技

表 3-28　某制造公司与工作任务相对应的技能模块

一级技能：学徒	从事该任务的员工需要具备一定的技术知识，但是这些任务从本质上来讲基本属于日常事务性的 1. 确认刀具和量器的可用性 2. 读取游动卡尺 3. 阅读派工表 4. 输入维护工作单 5. 记录数据 6. 检查材料是否准备好 7. 清洗并准备好装配线上需要使用的零部件
二级技能：熟练工人	从事该任务的员工需要具备中等水平的专业知识、判断能力和应变能力 1. 在已有的设备上进行生产流水操作 2. 检验零部件的规格一致性 3. 维护机器设备 4. 运用企业要求使用的系统订购测量仪器、原材料以及刀具 5. 安排生产日程并编制派工表 6. 检查液压和设备是否准备就绪 7. 使用精确的衡量仪器和手工工具 8. 运用升降机和其他必要的运输车辆转移原材料和机器并通知适当人员 9. 按照职业安全与卫生法规以及公司的标准操作起重机 10. 遵守ISO质量标准、公司质量管理标准以及部门质量保证标准的规定
三级技能：技术专家	从事该任务的员工需要具备高水平的专业知识、判断能力和应变能力 1. 对零部件进行加工 2. 检修机器设备故障 3. 解决质量问题 4. 编写设备专用的程序 5. 执行高级的计算机功能 6. 装配转子 7. 装配和拆卸专门的零部件 8. 确定生产优先顺序 9. 确定质量问题

术失误可能导致的财力、人力及组织的损失。第二，技能相关度，即技能水平对完成组织安排的重要工作任务的贡献程度。第三，所需能力水平，指学习一项技能所需要的基本的数学、语言理解及推理方面的能力。第四，工作所需技能水平，指工作中所运用的各项技能的广度和深度。第五，监督责任，指该技能所涉及的领导能力、问题解决能力、受监督和监督员工的范围等。

在实务领域中，企业往往在综合考虑上述因素、员工总体技能等级水平和市场薪酬的情况下来确定员工的薪酬。例如，某通信公司把某类技术人员的技能水平划分为四个等级，每个级别对应薪酬水平如图 3-3 所示。

（三）技能培训与再认证

技能薪酬的确定绝不是实施技能薪酬体系的最后一个步骤，技能薪酬的目的不是确

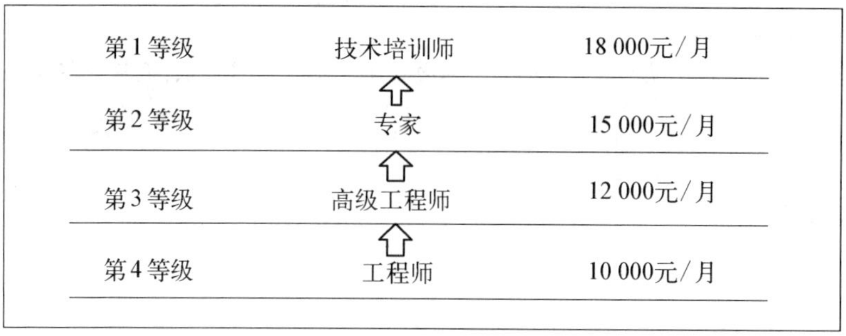

第1等级	技术培训师	18 000元/月
第2等级	↑ 专家	15 000元/月
第3等级	↑ 高级工程师	12 000元/月
第4等级	↑ 工程师	10 000元/月

图3-3　某通信公司系统维护人员的技能等级及其薪酬水平

定相应技能等级的薪酬水平,而是希望通过这一薪酬设计引导员工关注技能提升,不断学习,形成终身学习的意识和习惯。因此,在确定技能薪酬水平之后还需要对员工的技能广度、深度方面的不足进行全面分析,据此确定培训需求并设定培训计划,确保员工技能水平不断提升。培训计划的关键是确定培训方法,在实际中企业常用的培训方法有很多种。比如公司内部培训,师傅带徒弟计划、工作轮换、供应商培训、大学或学院培训等。关于机械操作性方面的技能比较适合的是公司内部培训或师傅带徒弟计划;对于一般性的横向技能开发更适合企业内部培训或工作轮换;对于新仪器新设备的使用技能最适合的是供应商提供的培训;而要想在一个专业领域获得深度技能则更适合大学或学院培训。

要保证员工薪酬水平随技能的提高而增加,必须根据员工的技能学习与开发进行再认证。在技能评价完成以后,定期对员工培训开发后的技能进行重新认证非常重要,因为只有这样才能确保员工保持和不断提升技能水平。同时,随着技术进步的加快,技能等级的含义也在经常性地发生变化,所以企业需要根据技术的变革和更新随时修订各技能等级的定义,并且进行技能等级的重新认证。

因为技能薪酬体系很容易让员工明确计划本身与工作、薪酬水平之间的联系,所以受到员工的普遍欢迎。有研究发现,在技能薪酬体系下员工的态度比在传统薪酬制度下更加积极,那些有着强烈的发展愿望、组织忠诚度、对工作场所创新持积极态度的、较年轻且受过更多教育的员工,能够更成功地获取技能,技能薪酬计划也更容易成功。就工作场所来看,并不是所有企业实施技能薪酬计划都具有相同的成功概率。决定一种技能薪酬计划能否成功的关键因素是它与组织战略的匹配程度。许多实施创新战略和低成本战略的企业采用技能薪酬计划更容易成功。

第三节　能力薪酬体系

在知识经济时代,相对于体力劳动来说,人的智力在工作中发挥了更加重要的作用。当前我国正在步入数字经济、人工智能时代,社会对人的复合性、综合性能力的要求越来越高,工作对人的心智水平要求不断提高,逐步突破了局限于工作说明书所限定的机械的工作方式;组织也需要员工通过能力的提升来灵活地完成工作任务;工作内容的扩大化、丰富化、复杂化、灵活化都使得对职位的分析和评价的难度加大。因此,组织内外部环境的变化、技术进步都使得对能力的关注和需求越来越迫切,也越来越必要。

从个人来讲,知识型员工的自我开发意识逐步加强,自我实现动机强劲,在这些高层次需求的驱动下员工倾向于关注自身的能力开发和提升。从组织来看,企业之间的竞争从根本上说是人才的竞争,人才的竞争本质是能力的竞争,企业进行人力资源开发的意愿逐步增强。所以,作为一种关注能力开发的薪酬激励方式,能力薪酬体系越来越受到雇主的青睐。

一、能力的内涵与模型

能力(competency)又称胜任能力,是指在具体职位上能够驱动特定绩效实现的一系列技能、知识、行为、品质等个人素质特征的总和。这一概念最早由哈佛大学的心理学家戴维·麦克莱兰(David McClelland)于20世纪70年代初期提出,后来实务管理界一些著名的管理咨询公司常用competency来表示特定工作的胜任能力。

1993年美国合益公司提出了冰山素质模型(见图3-4),在模型中,人的能力被分为两个层次,第一个层次包括"水面以上"的显性的知识、技能,第二个层次主要包括"水面以下"的自我认知、人格特征和动机,这些属于隐含的、潜在的、深层的能力特质。其中,知识是指一个人在特定领域中所掌握的信息。技能是指通过重复学习形成的某种可表现出来的专业行为活动,这种专业行为的熟练程度会随重复学习和训练而得到提高,比如驾驶技术、销售技能等。自我认知是指一个人对自己的身份、态度、人格、价值观的自我定位。人格特征是指个人在其行事中表现出来的某种相对稳定的特点和倾向,这种特征影响一个人的行为方式和行为结果。最深层的动机是促使人们追求某种成就的内在动力。比如,一个服装设计爱好者期望成为一个高级服装设计师,这一成就欲望会极大地激发其内在的设计潜力。

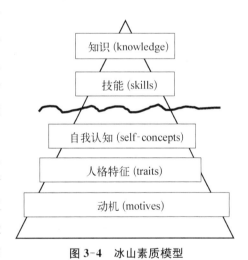

图3-4 冰山素质模型

总的来说,能力是一个涵盖显性能力和隐性能力的广义的范畴,既包括可以看得见的知识和技能类"硬能力",也包含个人特质类"软能力",是个多层次能力结构组合的概念。能力薪酬体系是以激励员工提升各层次"能力"为目标并以"能力"作为基本薪酬支付依据的薪酬计划,实施能力薪酬体系的组织相信各层次的"能力"最终会转化为员工个人及组织的高绩效。

目前,能力薪酬体系在实践中已经得到越来越广泛的应用,特别是知识型员工占比较高的企业,如华为、通用电气、本田、宝洁、AT&T、花旗银行、苏格兰银行、翰威特、麦肯锡等高科技企业、银行业、汽车制造行业、管理咨询公司,普遍采用能力薪酬计划。

二、能力薪酬实施的关键

近年来,许多企业将能力薪酬作为吸引、激励人才的重要人力资源管理制度,但是只有少数企业有非常明确的将能力与薪酬挂钩的方案,多数企业只是以比较隐晦的方式将能力作为重要的激励因素来考虑。因此,能力薪酬目前还处于不断探索的阶段,它对企业管理的意义和价值取决于设计和管理是否得当。在实际实施中,能力薪酬有不小的争议,一些人认为薪酬的确定应建立在更为客观的基础上,依据主观的、抽象的能力评价来确定薪酬水平会导致不公平、无效和矛盾冲突。这就要求企业在实施能力薪酬体系时必须考虑以下一些关键问题。

第一,胜任能力是否对实现组织战略和提升组织竞争力至关重要。从能力薪酬的实施情况来看,它比较适合那些现实能力和潜在能力对提升组织竞争力非常重要的行业。如通信、人工智能、计算机软件、管理咨询等行业,职位薪酬、技能薪酬计划无法在这些知识型员工身上发挥作用,这些行业往往对灵活性要求很高,并且非常强调员工能力的持续开发和提高。

第二,能否基于组织战略目标对能力进行清晰的界定、评价,建立自己的能力评价体系。能力薪酬虽然流行,但直接套用其他企业的能力评价系统很容易导致能力薪酬的失败。组织应根据自身的战略、组织文化、薪酬哲学等情况,设计开发出适用于本组织的能力设计方案。即便借鉴其他组织的能力要素,也要根据企业的业务类型等情况进行具体的界定与解释。

第三,要明确能力薪酬的适用对象。能力薪酬并不适用于所有部门和所有员工。在设计能力薪酬之前,要明确能力薪酬的覆盖对象范围,那些知识技术密集的部门和员工往往是实施能力薪酬的主要对象。

第四,能力薪酬必须与其他的人力资源管理职能相匹配。能力薪酬绝不仅仅是薪酬职能的变换和设计,不能简单地将能力薪酬方案简单嫁接在原有的人力资源管理系统之上。换句话说,实施能力薪酬的企业必须将对能力的强调贯穿于企业的招聘选拔、晋升、绩效管理、培训开发等各个人力资源管理环节。单纯强调薪酬方案以能力为中心的理念极容易导致能力薪酬体系的失败。

第五,人的能力是动态变化的,组织战略目标、内外部环境也是不断变化的,因此要根据这些变化的因素及时对能力薪酬评价体系进行调整和更新,确保能力薪酬的有效性和动态灵活性。

第六,能力薪酬设计和推动过程中,要持续保持与员工的充分沟通,建设和创造一种参与、开放学习及创新的企业文化氛围,增强员工对能力薪酬设计的了解与参与,确保制度顺利推行。

第七，基于能力的薪酬计划往往针对个人能力的变化进行设计，所以需要开发针对团队的群体性激励计划进行补充。

三、能力薪酬体系评价

能力薪酬在人才开发、激励员工方面具有绝对的优势，但是作为一种以人为中心的薪酬方案，能力薪酬在设计和应用中还存在一定的局限性。

（一）优点

1. 有利于员工的职业发展

能使员工承担更多、更广泛的责任，而不是被限定在工作说明书所规定的职责范围内，有利于扩展人才职业发展通道，提高员工在内外部劳动力市场的竞争能力。

2. 有利于支持扁平化的组织结构，促进组织变革和流程再造

能力薪酬鼓励员工持续学习提高，不断挖掘员工的潜力，激发员工的成就动机，这些都与扁平化组织结构及组织流程变革对灵活性、适应性以及跨部门、跨职能团队工作的要求是一致的。扁平化的组织结构强调员工参与，鼓励员工扩大自己的工作内容，弱化工作边界，所有这些都要求员工不断学习，懂得更多，想得更多，并且要求基于能力的薪酬与之相匹配。

3. 有利于创造学习氛围，建设学习型组织

能力薪酬体系清晰地向员工传递了公司的价值导向，即公司薪酬分配倾向于那些能力强、素质高的员工，有助于引导员工树立终身学习的理念，不断提升自己的胜任能力。

（二）缺点

1. 能力的认证复杂

确定员工的能力等级是能力薪酬体系的核心问题，这至少要包括四个方面的步骤：一是确定能力评价机构，二是确定能力评价要素，三是确定能力评价方案，四是确定能力评价等级。整个过程比较复杂费时。能力评价委员会可以由企业的专业人员和外部聘请的专家组成。评价要素的确定要结合企业的实际情况、符合企业的特点。评价方案要结合企业的职位族类型、企业的支付能力与薪酬哲学以及能力薪酬适用人员的情况开发。

2. 能力评价体系需要经常更新

我们处于一个技术日新月异的时代，企业需要根据不断变化的技术经常性地更新和丰富能力评价要素、确定评价等级，以确保能力评价体系不断适应企业发展的需要，同时引导员工不断积累和掌握新的能力，这无疑会加大企业人力资源管理的难度。

3. 人工成本快速增加

人力的能力一旦掌握便不会消失，它会随着学习和训练不断累加，而随着能力的积累，基本工资就会相应地增长，工资的刚性不断得到强化。实行能力薪酬体系后，员工

对培训的需求必然会大幅度增加,企业在培训方面的投入也会随之快速增多。所以,成本的快速累积是能力薪酬面临的一大挑战。据洛杉矶劳动力有效性中心(The Center for Workforce Effectiveness)对 50 个美国公司所进行的调查发现,在 40% 的被调查企业中,与能力挂钩的薪酬体系已经失败,主要是由于成本:采用基于能力的薪酬体系后,工资成本平均来说上升了 15%,而培训成本上升超过 25%。英格兰的康明斯(Cummins)发动机公司因为不堪成本的压力直接取消了能力薪酬制度,用团队绩效激励取而代之[①]。

4. 易导致公平性问题

能力薪酬一般会与培训计划密切联系,这样极易产生公平性问题。实际上,企业很难保证每个员工都能获得相同的培训机会,那些没有机会接受培训且薪酬比较低的员工很容易产生不公平感,员工会认为其工资低的原因不是自己不愿意学习提高,而是企业没有给其提供相应的培训学习机会,极容易引发劳资矛盾。

四、能力薪酬的设计

能力薪酬体系往往需要从组织的价值观、组织战略与工作内容等方面去挖掘员工所需要的胜任能力,并且对确定的能力进行明确的界定、分类和分级,然后根据每类、每级能力进行定价,确定各类、各级能力的薪酬水平。能力薪酬的设计首先需要进行能力模型的开发,其次需要确定能力与薪酬挂钩的方案。

(一) 能力模型开发

在设定能力模型时,企业必须明确哪些能力是支持公司战略、能为公司创造价值的。在不同的战略导向、不同的企业文化和价值观、不同的行业中,能够产生高绩效的能力组合是有差异的。即使相同的能力概念,在不同企业中的内涵和行为表现是不同的。因此,能力模型在各企业中往往是个性化的、差异化的。

在实践中,企业可以针对组织整体建立一个适用于全体员工的核心能力模型,也可以仅仅为某些特定的职能、特定的角色或特定的职位建立能力模型,每一种模型都有其适用的范围和对象。究竟建立哪一种能力模型,主要取决于企业希望实现什么样的激励目标。

图 3-5 展示的是通用电气公司人力资源管理专业人员的能力素质模型,它包括四个维度的能力要素,每个维度中又包含若干能力素质要求。这是一种围绕人力资源管理业务建立起来的模型。它适用于同一职能领域中的所有员工,不管这些员工在职能领域中处于哪一个级别。职能能力模型具有很强的针对性,它可以非常明确地展示组织对这个职能领域期望看到的行为,从而有针对性地提高这个领域的员工的胜任能力。

---

① 引自文跃然:《薪酬管理原理》,复旦大学出版社 2007 年版,第 123 页。

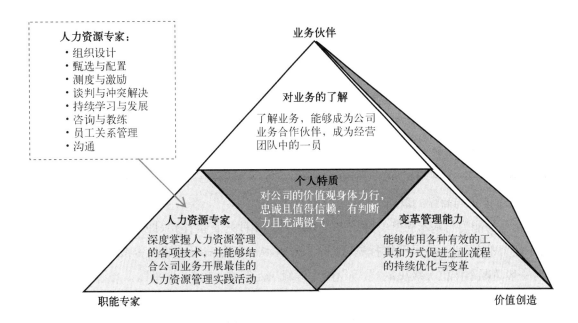

图 3-5　通用电气人力资源管理人员素质模型①

角色能力模型是基于组织中某些角色如经理、行政支持人员等开发的胜任能力模型。典型的角色能力模型是经理人员能力模型,这类模型通常涵盖了对生产制造、营销策划、财务管理、人力资源管理等各种职能领域的管理人员的能力要求。这种能力模型是跨职能领域的,特别适合那些以团队为基础进行工作的组织。角色能力模型经常与职能能力模型有交叉,如表 3-29 本身是针对财务管理人员开发的职能能力模型,但是在职能领域又划分了行政支持人员、专业人员、经理人员和高级经理四类角色,每类角色尽管涉及的能力要素是相同的,然而对不同角色,各能力素质的要求是不相同的。

表 3-29　加拿大某省政府的财务管理人员能力模型②

能力要素	行为表现			
	行政支持人员	专业人员	经理人员	高级经理
创新:承担风险,快速适应变革,领导变革过程	强化流程和产品	开发新的方法	培育他人创新	培育创新文化
领导力:积极影响他人和事件	做一个模范	进行长期指导	预见到并规划变革	实现一种令人向往的愿景
影响力:劝说、说服或影响	直接劝说	预测个人的行为或语言可能产生的影响	采取多种行动来施加影响	通过他人施加影响

---

① 引自曾湘泉:《薪酬管理》(第三版),中国人民大学出版社 2014 年版,第 80 页。
② 引自刘昕:《薪酬管理》(第五版),中国人民大学出版社 2017 年版,第 225—226 页。

续表

能力要素	行为表现			
	行政支持人员	专业人员	经理人员	高级经理
团队合作：与他人合作并高效地达成结果	积极参与团队	鼓励和吸收其他团队成员参与	推动有效结果的达成	解决团队内部冲突
结果导向：知道什么结果重要并集中资源来达成结果	创建个人的卓越衡量标准	改善个人绩效	对单位的成功做出贡献	对组织的成功做出贡献

（二）能力与薪酬的联结

常见的能力与基本薪酬的联结方式有两种：一种是直接挂钩，即员工的基本工资取决于能力水平；另一种是间接挂钩，即员工的基本工资由其所处职位等级与能力共同决定，一般情况下职位等级决定"薪等"，能力等级决定基本工资的"薪级"。

1. 直接挂钩

能力与薪酬直接挂钩的方式即完全根据员工的能力来确定基本薪酬，是真正意义上的能力薪酬体系。这种薪酬决定方案主要分为两个实施步骤。第一，根据员工所承担的角色是普通员工、主管、经理还是高级经理，放在某一个确定的薪酬宽带中，薪酬宽带的确定往往依据企业的薪酬战略定位、员工的整体能力水平以及市场薪酬调查数据来综合考虑（见图3-6）。第二，在每个薪酬宽带中根据能力等级的数量确定相应的薪酬等级数量，每个能力等级代表一个薪酬等级并且对应一个特定的薪酬浮动范围。假设主管所在的薪酬宽带所对应的薪酬区间是5 000～11 000元，这个薪酬宽带又划分为三个等级范围，第一等级薪酬区间为5 000～7 000元，第二等级薪酬区间为7 000～9 000元，第三等级薪酬区间为9 000～11 000元。这样，评价人员通过对主管的能力进行认定后很容易将其放到薪酬宽带中的某个具体等级。至于在具体薪酬等级中基本薪资的具体水平，则要基于评

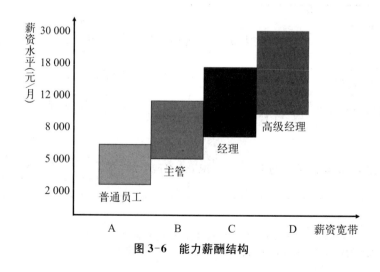

图3-6 能力薪酬结构

价者的判断,评判某一主管薪资在某个薪酬等级中应该属于较高的位置、较低的位置还是中间位置。通常在同一个薪酬宽带中,薪酬的浮动范围在100%以上,员工即便在同一个薪酬宽带中,薪资也有较大幅度的上升空间。员工要想获得更大幅度的薪资增长,进入更高一级的薪酬宽带,就必须承担更重要的角色,能力有跨越式的提升。

在实践中,确定员工薪酬宽带范围和每个薪酬等级区间时,需要考虑三个因素:

一是能力跨度。能力跨度越大,上升到更高能力所花费的时间越长,则薪酬区间应当越大。

二是人员分布。如果能力等级分布合理,落在各等级之间的人数就应接近正态分布。若要合理反映落在同一薪酬等级员工的能力差距,则人数多的薪酬等级的薪酬区间范围应越大。

三是企业文化和薪酬理念。那些侧重激励高素质人才、强调拉开工资差距的企业,其薪酬区间范围会设置得比较大;那些侧重稳定员工队伍、促进劳资和谐的企业往往将薪酬区间范围设置得比较小。

2. 间接挂钩

能力与薪酬间接挂钩的方式通常需要借助职位评价过程来实现,为什么这样说呢?一是因为在进行职位评价时,已经充分考虑胜任职位所需要的能力类别、能力水平;二是在确定了薪等以后,员工在薪等内的具体位置或具体薪级经常是基于能力的。在这种方案中,员工依然会因为能力提升而获得薪酬的增加,但是关于职位薪酬的概念都更为传统,即某个职位会被确定在某一薪酬等级中,这个等级的薪酬浮动范围通常比较小,一般不会超过50%。在这样一个比较小的薪酬区间内,评价人员会根据员工的能力决定其薪酬水平处于区间内的哪个位置。能力高的可能会处于薪酬区间较高的1/4到1/3,能力低的可能会处于薪酬区间较低的1/4到1/3,能力属于平均水平的处于薪酬区间的1/2。但是这种薪酬与能力的联系很松散,在这种薪酬方案设计中,员工的基本薪酬在很大程度上是由其所在的职位价值决定的。跟能力与薪酬直接挂钩的方式相比,员工如果没有机会晋升到更高职位等级上去,他们可能获得的薪酬增长空间就要小得多。在这种情况下,能力只是在一个较小的薪酬区间发挥作用,但薪酬与能力之间的关系仍然是直接的。职能能力模型比较适合采用这类方法。

本章小结

本章主要介绍了职位薪酬体系、技能薪酬体系和能力薪酬体系,每种薪酬体系都有其优点和缺点,都有其适用条件。

职位薪酬体系是以职位本身的价值为依据来确定员工基本薪酬的薪酬制度,这种薪酬体系具有广泛的应用性。实施职位薪酬体系的重要前提是做好职位分析和职位评价。职位分析是通过收集职位信息并以一定的格式把这种信息描述出来,达到使他人了解这个职位的职责和职位任职资格条件的过程。职位评价是系统地确定职位之间相对价值的技术,职位评价方法主要包括排序法、分类法、要素计点法和配对比较法。其中,要素计点法是一种比较客观、精确的评价方法,也是目前全世界比较流行也比较成熟的评价方法。

技能薪酬体系是根据员工所拥有的知识、技能、经验等因素支付基本薪酬的一种薪酬设计。技能薪酬体系具有较好的激励效果,有利于员工不断提升技能水平,也有利于员工摒弃官僚思维,更好地安于本职工作。技能薪酬的不足在于短期内培训成本、薪酬成本较高,企业的成本压力比较大。它广泛适用于专业技术人员和生产性操作人员。

能力薪酬体系是基于更加广泛的知识、技能、自我认知、人格特质、动机等能力因素支付基本薪酬的薪酬支付立式。能力薪酬中的能力特指胜任能力,是能够促使企业实现高绩效的能力,包括显性能力和隐性能力。与技能薪酬相比,能力薪酬更多运用于企业中的知识型员工(高管和核心骨干、专家)。尽管近年来能力薪酬的运用越来越广泛,但将胜任能力与薪酬挂钩的方案还不是很成熟,这也是未来值得进一步研究和实践的领域。

复习思考题

1. 什么是职位薪酬体系,职位薪酬的实施前提是什么?
2. 什么是职位评价,职位评价有何意义?
3. 职位评价有哪些技术方法,这些方法各自的优缺点是什么?
4. 要素计点法的实施步骤有哪些?
5. 什么是技能薪酬体系,它有哪些优缺点?
6. 技能薪酬体系的设计步骤有哪些?
7. 能力薪酬中的能力含义是指什么?
8. 能力与薪酬联结的方式有哪些?
9. 能力薪酬要想获得成功,就需要考虑哪些关键性因素?

案例分析

有经验的技工"秒杀"大学生

据某网站2018年3月12日消息:眼下正处"金三银四"人才市场旺季,用人单位和求职者需求"两旺"。在前不久举办的多场分别针对应届生和外来打工者的招聘会上,不少企业纷纷提出了明确的岗位要求和薪资水平。其中,部分一线技术岗位开出的薪资比大学应届生的起薪高。和每个春季招聘旺季一样,"大学生薪酬不如一线工人"的现象再度引起热议。

一些应届生在求职论坛上说,许多中小企业对应届生开出的起薪约5 000元、5 500

元,对一线技术工人开出的薪酬往往高于6 000元,有证书又有经验的技术工种起薪七八千元并不稀奇。"大学生的竞争力不及一线工人"是较普遍的抱怨。

某咨询公司2018年的薪酬调研结果显示,上海地区操作工的平均月薪为6 086元,技工的月薪为7 868元,技师、高级技师的月薪达到10 346元;专科应届生月度起薪在5 350元,本科月度起薪在6 153元,硕士月度起薪为7 800元,博士月度起薪为10 656元。

以上月薪数据为税前总现金收入平均值,包含基本工资、津贴、奖金、加班工资等现金收入。总体上来看,应届生起薪相比流水线上的操作工略有优势,但相比技工、技师等还是有差距的。另据业内人士透露,上海一线技术工人的薪资涨幅通常为每年10%~15%,应届生的起薪涨幅每年为5%~10%,而在就业形势不乐观的情况下可能是"零增长"。

思考题:
1. 怎样理解在我国普遍存在的技术工人薪酬水平高但是仍然短缺的现象?
2. 企业在薪酬管理方面采取哪些措施有利于吸引、留住以及培养技术工人?

第四章 薪酬水平

本章学习目标

- 掌握薪酬水平外部竞争性的含义、薪酬水平决策类型
- 了解薪酬外部竞争性的决定因素,包括劳动力市场因素、产品市场因素、组织特征因素
- 掌握市场薪酬调查的类型和具体实施步骤,能够对薪酬调查结果进行应用和分析

【导入案例】

花旗银行的薪酬政策

花旗银行的薪酬政策有四个基本目标:一是按绩取酬;二是确保在每个区域和机构内形成并保持一致和平等(即内部公平),确保在同样的市场,对工作责任、资格要求、绩效评价大致相同的员工支付水平大致相同的工资;三是由各区域最高薪资管理机构确认在本市场中保持薪酬的竞争性地位,主要通过薪资调查完成;四是薪酬成本必须可预测和可控制。

因此,员工薪酬一般要综合考虑三方面的情况:一是在特定的劳动力市场上同等职位人员的报酬情况及这类人员的市场稀缺程度,主要参考其他公司对某职位员工一年期的薪酬水平、其他公司对该员工3～5年期的薪酬水平及变化情况、岗位的稀缺性和市场供求关系;二是要考虑公司经营业绩,主要参考上一会计年度财务指标增长情况、财务指标执行结果与计划指标的差异性、公司业务的市场份额及变动情况和公司业绩与竞争对手业绩的差异四个方面;三是要考虑岗位人员自身业绩,主要参考岗位重要性及承担的责任、个人对公司业绩的贡献率、个人对公司长期发展产生的影响和个人对公司其他岗位提供的支持与帮助四个方面。第一类劳动力市场方面的数据一般由专门的咨询公司进行市场调查后提供,可直接应用,其余两类则由公司自行评定,所采用的技术就是我们所熟知的职位评价技术。

第一节　薪酬水平决策

一、薪酬外部竞争性的含义

薪酬水平是指组织之间的薪酬关系,即组织相对于其竞争对手的薪酬水平的高低。一个组织所支付的薪酬水平的高低无疑会直接影响企业在劳动力市场上获取劳动力能力的强弱。因此,所谓薪酬的外部竞争性,实际上是指一家企业薪酬水平的高低以及由此产生的企业在劳动力市场上竞争能力的大小。薪酬的外部竞争性应当落实到职位或职位族上,不能仅仅停留在企业层面。薪酬水平外部竞争性对企业的影响是深远的,薪酬水平的外部竞争性的重要性具体体现在以下四个方面。

1. 薪酬水平外部竞争性对吸引、保留和激励员工具有重要作用

美国某调查机构在对积累了20年的数据进行分析之后得出如下结论:管理人员、事务类人员以及小时工人都将薪酬看成第一位的就业要素;只有技术人员将薪酬看成第二位的就业因素,而将技能提高看成第一位的就业因素。在我国,由于居民的收入水平普遍不高,经济发展还没有达到一定程度,因此薪酬水平对于普通劳动力的重要性显而易见。

一方面,如果一个企业在招聘员工时薪酬水平太低,就很难招募到合适的员工,即使招聘到员工,在数量和质量方面也不尽如人意,过低的薪酬甚至会降低员工对企业的忠诚度。关系营销中的内部营销理论说明,只有对企业满意的员工才会培育出对企业的忠诚,而薪酬是导致员工对企业是否满意的一个重要因素。另一方面,如果企业的薪酬水平普遍较高,那么企业就比较容易招到适合自己的员工,也能有效地降低员工的流失率,这在很大程度上能减少企业的交易成本。

2. 从效率工资理论的角度出发,较高的薪酬水平能激励员工努力工作,也能减少企业的监督管理成本

根据效率工资理论,如果员工不努力工作,一旦出现偷懒或消极怠工行为以及其他对企业不利的行为而被发现,并因此被解雇,员工就很难在劳动力市场上再找到其他能够获得类似薪酬的新职位。因而,在这种负向激励的作用下,取得较高薪酬水平的员工为避免被解雇就会努力工作,这也印证了当今劳动力市场上流行的"今天工作不努力,明天努力找工作"的说法。

3. 薪酬水平外部竞争性能有效地控制成本

从会计的角度来看,薪酬其实就是企业的一项费用,因而薪酬水平的高低与劳动力的成本有着密切的联系,尤其是在一些劳动密集型或技术密集型的行业中,薪酬水平对劳动力成本的影响更为明显。

显而易见,在其他条件一定的情况下,薪酬水平越高,企业的劳动力成本也就越高;而

相对于竞争对手的薪酬水平越高,则提供相同或类似产品、服务的相对成本也就越高。较高的产品成本会导致较高的产品定价,在产品差异不大的情况下,消费者自然会选择较为便宜的产品。因而,控制劳动力成本对于企业保持竞争优势就非常重要。

4. 薪酬水平外部竞争性有利于树立企业外部形象

支付较高薪酬的企业往往有利于树立其在劳动力市场上的形象,也有利于企业在产品市场上的竞争。这是因为,薪酬能力的大小会影响消费者对于企业以及企业所提供的产品和服务的信心和忠诚度,这会在消费者心里造成一种产品差异的感觉,从而起到鼓励消费者形成品牌忠诚度的作用。

另外,在大多数国家中,政府会采取立法的形式明文规定组织的最低薪酬水平,为确保自身经营的规范性和合法性,企业在确定薪酬水平的时候会考虑政府颁布的这些法令和规定。一旦出现有悖于政府的相关法令运作,就会对企业的形象造成非常不利的影响,对企业在劳动力市场和产品市场上的影响也将会非常恶劣。

延伸阅读

劳动力市场工资指导价位制度

实行劳动力市场工资指导价位制度,是在社会主义市场经济条件下,政府为完善劳动力市场体系,充分发挥市场对劳动力资源配置的基础作用,更好地指导企业搞好工资分配,在深入调查企业工资分配和劳动力市场交易情况,并进行综合分析研究、科学测算和评价的基础上,制定并公布劳动力市场各职位工资指导价格,以引导劳动力合理流动,提高劳动力市场运作效率的一种制度。

二、薪酬水平决策类型

案例4-1

华为的薪酬定位

目前市场超过50%的企业都会把薪酬组成定位在中位数上,30%左右的企业会定位在中位数到75分位数之间,这是企业用来招聘和留任员工的比较好的操作实践。华为目前的薪酬定位是高于75分位数的,验证了任正非"重赏之下,必有勇夫"的薪酬策略,也确实为华为招揽了不少优秀人才。

> 对薪酬按照不同级别定位时,市场上的普遍操作是中级管理层(包括中级管理层)以下的定位在中位数,中级管理层(包括中级管理层)以上的定位在中位数到七十五分位数之间。华为目前是将中级管理层(包括中级管理层)以上的定位在七十五分位数以上,其余级别定位在中位数到七十五分位数之间。
>
> 华为这种薪酬明显高于市场普遍定位的操作,是跟企业的经营战略和价值观相符合的,即塑造华为"高质量、高压力、高效率"的组织文化。

薪酬决策是重要的企业管理活动,主要涉及劳动力成本管理问题。成功的薪酬决策能让企业在支付能力的范围内以具有竞争力的薪酬政策吸引并挽留优秀人才。薪酬水平决策是薪酬决策中最重要的内容。薪酬水平是指企业中各职位、各部门以及整个企业的平均薪酬水平,决定了企业薪酬的外部竞争性。

(一) 薪酬水平衡量

1. 薪酬水平衡量的意义

薪酬水平衡量就是企业通过对本企业薪酬水平与市场均衡工资率及其他竞争企业的薪酬水平的比较,来衡量本企业薪酬水平在市场中的地位,准确地把握本企业薪酬水平的现状及未来发展趋势。通过对企业薪酬水平市场地位的衡量,可以使薪酬管理者较明确地了解企业薪酬的市场竞争力,及时根据市场信息的反馈调整或保持薪酬水平。

2. 薪酬平均水平衡量的指标

企业薪酬平均水平一方面可以通过绝对指标来表示,比如企业员工的平均薪酬水平、某部门的平均薪酬等;另一方面可以通过薪酬平均率这一相对指标来衡量。

薪酬平均率是指企业的实际平均薪酬与薪酬幅度中间数的比,计算公式为:

$$薪酬平均率 = \frac{实际平均薪酬}{薪酬幅度的中间数}$$

薪酬平均率的数值越接近于1,则实际平均薪酬越接近于薪酬幅度的中间数,薪酬水平越理想。

若薪酬平均率等于1,则说明企业所支付的薪酬总额符合平均趋势。

若薪酬平均率大于1,则表示企业支付的薪酬总额过高,因为实际的平均薪酬超过了薪酬幅度的中间数,导致该指标大于1的原因主要有以下几个:

(1) 员工的年资较高,薪酬因年资逐年上升而使较多员工的薪酬水平接近顶薪点,因此就同等岗位而言,企业的薪酬负担较大;

(2) 员工的工作表现极佳,绩效优秀者居多,这使得员工的薪酬很快超过薪酬幅度的中间数,从而使薪酬平均率超过1;

(3) 若新聘任的员工具有较高的资历和工作经验,则薪酬便不是由起薪点计算,较高的起薪点使得实际的平均薪酬较高。

若薪酬平均率小于1,则表示企业实际支付的薪酬数目较薪酬幅度的中间数要小,大部分岗位的薪酬水平是在薪幅中间数以下,导致此现象的原因有:

(1) 企业内大部分员工属于新聘任而又缺乏工作经验的人员,所以工龄较短,而且起薪点较低,薪酬水平低于薪幅中间数;

(2) 员工的表现不佳,大部分员工未能升上较高的薪酬水平,仍然停留在较低的薪级水平上,从而使平均薪酬低于薪幅的中间数。如出现这种情况,企业就必须增加对员工技能的培训,并通过丰富薪酬形式的方法来增强对员工的激励。

(二) 薪酬的公平性和竞争性

建立合理的薪酬制度,必须充分体现企业内部分配的公平性、竞争性、经济性、激励性以及合法性。

1. 公平性

公平性是建立企业薪酬制度最根本的要求。依据亚当斯(J. S. Adams)的公平理论,公平感是员工是否对奖励感到满意的一个中介因素,只有当人们认为奖励是公平的,才会产生满意感,激发动机。因此,薪酬有效发挥其激励作用的前提,就是要建立在公平的基础上。

薪酬制度的公平性可以分为两个层次。

(1) 外部公平性。一般是指与同行业内其他企业的薪酬水平相比较,该企业所提供的薪酬必须是有吸引力的,这样才可以吸引优秀的求职者,同时留住优秀的员工。为了达到外部公平,管理者通常要进行正式或非正式的市场调查。所谓正式调查,一般是指管理者通过商业机构进行调查。这种调查的优点在于这些商业机构可以根据管理者的要求和行业水平为管理者量身定做一份职位薪酬调查报告。但大部分管理者,尤其是国内企业的管理者,主要是通过与行业内的其他管理者进行交流或者通过公共就业机构来取得职位薪酬资料,这种非正式方式的优点在于费用低廉,缺点是一般不太准确,从而影响企业的薪酬决策。

(2) 内部公平性。一般是指企业内的每位雇员应该认同自己的薪酬与企业内其他员工的薪酬相比是公平的。对于管理者来说,保持企业内公平比保持企业外公平更困难一些。有些管理者为了保证组织内公平,经常要了解员工对薪酬体系的意见,比如"你对你目前的薪酬满意吗?""你认为你的薪酬提升速度比较快的原因是什么?""你对企业的福利提供方式有些什么建议?"等,这些问题有助于管理者及时了解员工对薪酬政策的意见。有的做法并不可取,比如将雇员的薪酬列为企业的最高机密,借以掩盖薪酬不公平现状。事实上,员工可以通过各种渠道得知大致的薪酬情况,并且互相猜疑这件事本身就对企业的发展有很大的影响。所以,采用一种透明、竞争、公平的薪酬体系,对于激发员工的积极性和创造性具有重要作用。

为了保证企业薪酬制度的公平性,企业的高层主管应注意以下几点:

（1）企业的薪酬制度要有明确一致的原则做指导，并有统一的、可以说明的规范做依据。

（2）薪酬制度要有民主性与透明性。当员工能够了解和监督薪酬政策与制度的制定和管理，能对政策有一定的参与权和发言权时，猜疑与误解便容易冰释，不平感也就会随之降低。

（3）企业主管要为员工创造机会均等、公平竞争的条件，并引导员工把注意力从结果均等转移到机会均等上来。如果机会不均等，单纯的收入与贡献比相等并不能代表公平，实际上就是机会大者占了便宜，而机会小者吃了亏。

2. 竞争性

在人才竞争日趋激烈的背景下，企业的薪酬标准要有吸引力，才足以战胜其他企业，招到所需的人才。具体来说，一个企业的薪酬水平在市场中应处于什么位置，要视该企业的财力、所需人才的可获得性等具体条件而定。据一些企业薪酬设计的经验，一般情况下，企业员工的薪酬水平应该比行业内的平均薪酬水平高15%左右，这样既不会使企业的负担过重，又可达到吸引、激励和保留优秀员工的目的。

3. 经济性

提高企业的薪酬标准，固然可以提高其激励性，也不可避免地会导致人工成本的上升，所以薪酬制度还要受经济条件的制约。但管理者在对人工成本进行考察时，不能仅看到薪酬水平的高低对产品成本的影响，还要看员工的绩效水平，事实上后者对企业产品竞争力的影响要远大于成本因素。此外，人工成本还与行业的性质及成本构成有关。在劳动密集型行业中，有时人工成本在总成本中的比重可高达70%。但在技术密集型行业中，人工成本却只占总成本的8%~10%，而企业中科技人员的工作热情和创新性却对企业在市场中的生存与发展起着关键作用。

4. 激励性

这要求在企业内部各类、各级职位的薪酬水准上适当拉开差距，真正体现按贡献分配的原则。对平均主义的"大锅饭"分配制度的落后性及其奖勤罚懒的作用，人们已经有了清楚的认识。

5. 合法性

企业薪酬制度必须符合党和国家的政策与法律，如国家关于最低工资的规定，禁止使用童工和妇女、残疾人的保障等相关的法律法规等。

想一想

薪酬的公平性怎么体现？

（三）企业薪酬水平决策类型

企业薪酬水平决策是薪酬策略的重要组成部分，这是一个复杂的决策过程。在选择一定的薪酬策略时,不仅要考虑市场薪酬水平,还要考虑企业的发展目标和经济实力以及员工的需求。外部竞争力问题仍然是薪酬水平决策最关注的问题。根据薪酬策略的要求,企业在分析内外部环境的基础上,结合市场薪酬调查,确定企业实际的薪酬水平定位。根据工资水平与市场平均薪酬水平的不同关系,薪酬水平决策可分为领先型、跟随型、滞后型和综合型。

1. 领先型薪酬水平决策

领先型薪酬水平决策是组织薪酬高于市场平均水平的薪酬策略。采用这一策略的组织通常具有以下特点:市场所需人才供给不足,投资回报率高,市场竞争对手少,工资成本占企业总经营成本的比例低,且大多属于资本密集型行业。比如,惠普和微软等大型跨国公司就采取了这一战略。

领先的薪酬水平可以提升企业的形象,吸引大量的求职者。同时,高工资意味着高质量的要求,从而提高企业人力资源的整体素质。领先的薪资水平也有利于维护组织人员的稳定性,减少员工的流失率。此外,较高的工资水平避免了频繁进行市场薪酬调查并动态调整工资水平的麻烦,也降低了工资纠纷,从而有利于减少工资的成本管理。

当然,领先型薪酬决策也意味着劳动力成本高,这就要求企业将这种高投入转化为高产出。如果企业不能合理、科学地开发和利用这些人力资源,那么高工资就会给企业带来沉重的负担。充当薪酬领袖的企业往往有很大的管理压力,需要调整数据以反映来年预期的市场增长幅度。

案例 4-2

领先型薪酬策略如何避免"高薪养人"误区

误区之一:领先型策略就是对公司所有岗位都采取领先薪酬。一般来说,采用领先型薪酬策略是为了强化某方面的竞争优势,获取并保留企业所需要的关键人才,所以,高薪也主要是针对这些核心关键人才,而不是一刀切地给所有岗位以高薪。在这方面,惠普的做法是采用"不可替换性的差别原则"。对可替换性强的岗位给以相对低的薪酬,给可替换性差的岗位给以高薪酬,可替换性的高低关键看人才市场的供求关系。

误区之二:领先型策略就是越高越好,采用行业最高薪酬水平。薪酬过高会加重企业负担,领先型薪酬策略也不意味着就一定是行业最高的薪酬水平。比如惠普的领先型薪酬策略就是成为行业领先者当中的一员("Among the leaders"),并不是追求在行业中绝对领先(最高)。在惠普看来,薪酬最高未必是好事,因为这样做吸引进来的有可能是单纯为钱而来的人,而惠普希望提供一个好的环境和成长机会,使人才愿意更长久地工作,薪酬方面只要保持相对领先,不减分即可。当然,像可口可乐那样在进入中国快速扩展的时候,像华为那样希望短期内形成与竞争对手相比突出的人才优势的时候,是可以采用行业最高薪酬水平的领先策略的。

误区之三:领先型策略一高就灵。企业吸引和挽留人才,高薪是必要条件,但绝不是充分条件。对于人才,企业不仅要动之以"薪",还要晓之以"情",塑造积极的文化氛围,给以充分的人文关怀;还要人岗匹配,给人才以充分的施展空间;还要对人才进行培训开发,持续提升人才价值。没有这些,单靠高薪,或许能招来人才,但还是养不住的。

2. 跟随型薪酬水平决策

跟随型薪酬水平决策使企业的薪酬水平与市场平均水平和发展趋势基本一致,这也是一种常见的策略。这种薪酬策略在高素质人才的竞争中没有明显的优势,但也没有领先型薪酬水平决策带来的风险和过多的成本负担。

跟随型薪酬水平决策的优点主要有:

(1) 力图确保本企业的薪资成本大体上与产品市场上的竞争对手相等;

(2) 确保本企业在吸引和雇佣劳动者方面的能力大体上与劳动力市场上的竞争对手相同;

(3) 避免使组织在产品定价或者在维持高质量劳动力队伍方面处于不利地位。

确保自己的薪酬与竞争对手的成本保持基本一致,从而不至于在产品市场上陷入不利地位,因此,采用这种薪酬水平决策的企业的风险往往较少,又能够吸引到足够数量的员工为其工作。

跟随型薪酬水平决策的局限主要是难以吸引、留住优秀的员工。采用这种策略的企业通常具有以下特征:

(1) 需要用多花时间、广泛搜寻、精挑细选的方式来招募和雇佣优质的员工;

(2) 要注意随时根据外部市场的变化调整薪酬水平,使之与市场薪酬水平保持一致。

3. 滞后型薪酬水平决策

滞后型薪酬水平决策是指企业按照低于当前市场薪酬水平的标准实施薪酬策略。采用这一策略的组织多为竞争性产品领域的劳动密集型中小企业,边际利润率低、成本承受能力弱。

采取滞后型薪酬水平决策的企业薪酬水平比市场薪酬水平低,难以吸引到足够数量的员工为其工作,不利于企业吸引高质量的员工,会削弱企业吸引和留住潜在雇员的能力,员工流失率往往比较高。但如果这种做法是以提高未来收益作为补偿的,那么反而有助于提高员工的组织承诺度,培养他们的团队意识,进而改进绩效。此外,这种薪酬策略还可以通过与富有挑战性的工作、理想的工作地点、良好的同事关系等其他因素相结合来得到适当的弥补。

4. 综合型薪酬水平决策

综合型薪酬水平决策是指企业根据职位类型或员工类型制定不同的薪酬水平策略，而不是像以上三种薪酬策略一样，对所有职位和员工采取相同的薪酬水平定位。综合型薪酬水平决策的最大特点是灵活。例如，一些企业根据员工的技能水平和重要性实施不同的薪酬策略，对于那些高技能水平的关键员工采取领先型薪酬策略；对于中等技能水平的普通员工遵循跟随型薪酬策略；对那些在劳动力市场上随时可以找到替代者的员工，采用滞后型策略。这种薪酬策略不仅有助于企业在劳动力市场上保持竞争力，而且有助于控制劳动力成本。

此外，企业也可以针对不同的薪酬构成采用不同的市场定位。例如，企业可以使基本工资低于市场平均水平，但绩效工资高于市场水平，这突出了企业重视绩效的价值取向。

（四）企业发展阶段与薪酬策略

在市场上，企业的薪酬水平应定在哪一位置上呢？是全行业最高、力挫群雄、总揽天下英才；或是不做出头鸟、紧跟薪酬最高的企业之后；抑或甘居中游，既不冒尖也不落后；还是保持低姿态，取偏低薪酬而维持尽可能低的人工成本以增强企业产品的竞争力。解决这一问题，要与企业的经营战略联系起来。企业在不同的发展阶段会采取不同的经营战略，反映在薪酬政策上，也应该设计和实施与各成长阶段相适应的薪酬策略。具体如表 4-1 所示。

表 4-1　企业发展阶段与薪酬策略

企业成长阶段	经营战略	薪酬策略	薪酬组合
迅速发展期	以投资促进发展	刺激创业，强调外部竞争	高额基本薪资，中、高等奖金与津贴，中等福利
正常发展至成熟期	保护利润，保护市场	采取业绩导向的激励薪酬，强调内部竞争性	平均的基本薪资，较高比例的奖金，较高比例的津贴，中等的福利水平
发展停滞或衰退期	收获利润，转移投资	着重于成本控制，通常采取收缩策略	较低的基本薪资，与成本控制相结合的奖金，标准的福利水平

案例 4-3

某钢铁公司薪酬策略

某钢铁公司进行了工资分配制度改革，实行了岗效薪级工资制，符合公司的生产经营特点，对公司的改革和发展起到了巨大的推动作用。但作为工资结构主体部分的岗位工资只体现了公司内部各岗位间的相对平衡，未考虑劳动力市场价位的差别。随着劳动力市场的建立和完善，市场机制对劳动力配置的基础性作用日益明显,影响劳动力流动的市场工资率逐渐形成。与市场工资率相比,公司内部部分管理、技术岗位的收入水平低于市场价位,而一些简单劳动岗位的收入水平却远高于市场价位,这种不平衡抑制了工资的激励功能和对人力资源优化整合功能的充分发挥。

公司现有的薪酬水平序列与市场价位序列差距较大,薪酬的刚性决定了与市场接轨要经历一个渐进的过程。现阶段,首先要提高低于市场价位的岗位(人员)的薪酬水平,使其能与市场价位接轨。在薪酬序列与劳动力市场价位序列基本一致后,公司根据各层次岗位(人员)的流动成本实行不同的薪酬水平定位策略,以体现不同层次的岗位(人员)对公司发展的重要程度。

(1) 对核心层实行领先型薪酬水平。对公司发展起关键作用的核心层职工的薪酬水平要高于市场价位,以保持较强的吸引力。

(2) 对骨干层实行跟随型薪酬水平。骨干层职工的薪酬水平不低于市场价位,以保持较强的稳定性。

(3) 对普通层实行偏滞后型的薪酬水平。普通层职工的薪酬水平根据绩效及市场供给情况围绕市场价位上下浮动,可保持一定的流动性。

1. 成长期

当企业处于成长期时,经营战略是以投资促进企业的成长,企业应当充分利用一切有利于发展的因素,争取迅速地增强企业的实力。为此,薪酬策略应该具有较强的激励性,以形成一个有魄力的、企业型的领导团队。要做到这一点,企业应该将高额报酬与中、高等程度的刺激和激励结合起来。虽然这种做法风险较大,但是企业可以迅速成长,回报率也高。

2. 成熟期

处于成熟期的企业,其经营战略基本上应以保持利润和保护市场为目标。与此相适应,薪酬策略要鼓励新技术开发和市场开拓,使基本薪资处于市场平均水平,奖金所占比例应较高,福利水平应保持中等。这样,可以保证在留住优秀人才的同时,不断激励他们努力开辟新市场,为企业的发展创造新的天地。

有些企业已经达到相当的规模,占领了一部分市场,但要使企业的经营业绩再上一个新的台阶比较难,尤其是当竞争对手的实力与自己相当时更是如此,这时就要采取成熟期的薪酬计划,争取做到稳中求变,稳中求胜,稳中求发展。

3. 衰退期

企业经历了成熟期而处于衰退期时,已经积累相当数量的企业资产,既包括有形资产,如各种固定资产与流动资产,又包括诸如商标、信誉等无形资产,此时最恰当的战略是争取利润并转移目标,转向新的投资点。与这一战略目标相适应,在设计薪酬制度时,要注重成本的控制,薪酬策略应实行低于市场中等水平的基本薪资、标准的福利水平,同时把适当的刺激与鼓励措施直接与成本控制联系在一起。

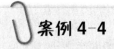

初创期房地产企业的薪酬策略

A 公司作为某大型国有投资集团的二级子公司，负责承担区域性房地产项目及配套非经营性公建项目开发。目前已基本建立在公司高管层领导下的"六部一室"组织架构，即办公室、财务部、前期部、设计部、市场开发部、计划合约部、工程建设部。公司近 60 人，员工平均年龄 35 岁。目前公司在建项目包括共 27 万 m^2 的中高端精装商品房项目及区域内多个配套公建项目。

A 公司项目处于投资建设期，暂无法实现盈利，上级集团公司按其年度经营效益审批工资总额预算，严控人力成本支出，限制工资总额和人均工资增长。同时，公司缺少整体经营绩效与工资总额的联系机制，薪酬激励与经营风险的匹配性不强。

第二节　薪酬外部竞争性的决定因素

在进行薪酬制度设计时需要考虑的因素有很多，大致可分为劳动力市场因素、产品市场因素、企业特征因素。

一、劳动力市场因素

劳动力市场具有一定的特殊性：一是劳动力无法储存；二是劳动力每时每刻都在变化，它随着劳动者工作能力的变化而变化；三是劳动力供给者与劳动力是无法分离的，劳动力供给者能够在工作的过程中控制自己实际提供的劳动力服务的数量和质量。在这种情况下，劳动力市场上的供求双方就劳动力的买卖所达成的契约即劳动合同实际上是一种不完善的供求契约，劳动力价格也是一种不完善的价格。

劳动力价格和价值

劳动力价格是劳动力价值的货币表现。劳动力的价值是由维持、发展和延续劳动力所必需的生活资料的价值决定的。支付这些生活资料价值的货币量就是劳动力的价格，工资就是劳动力价值或价格的转化形式。

(一) 劳动力市场运行的基本原理

企业为了生存而必须参与的三大市场是劳动力市场、资本市场和产品市场(如图4-1所示)[①]。

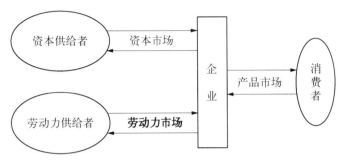

图4-1 企业参与的三大市场

所谓劳动力市场,实际上是指配置劳动力并且协调就业以及雇佣决策的市场。劳动力市场运行的结果主要表现为雇佣条件(薪酬水平、工资条件)和雇佣水平(雇佣人数)。

在劳动力市场上,买方即需求方是企业或雇主,卖方即供给方是员工或劳动者。劳动力需求是关于劳动力价格和质量的函数。边际成本等于劳动力的市场工资率,边际收益在其他条件保持不变的情况下,增加一个单位的人力资源投入所产生的收益增量。劳动力供给是特定的人口群体所能够承担的工作总量。

劳动力市场的作用是将稀缺的人力资源配置到各种不同的生产用途上去。企业的目的是在预算一定的情况下获得数量和质量一定的最优劳动力组合。而劳动者的目标是获得最高的劳动力价格即获得最高的收入。劳动力市场上任何一方的决策都会受到他人决策和行为的影响。劳动力市场由劳动力的供求关系决定雇佣量和均衡价格水平,如图4-2所示。

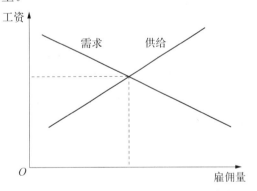

图4-2 劳动力市场雇佣量和价格水平决定

(二) 劳动力需求

劳动力需求的原则是雇佣劳动力的边际成本等于边际收益。劳动力的边际收益是指在其他情况保持不变的情况下,增加一个单位的人力资源投入所产生的收益增量。劳动力的边际成本则等于劳动力的市场工资率(单位时间内的劳动价格)。

劳动力需求存在长期劳动力需求和短期劳动力需求。通常情况下,市场工资率变化对长期劳动力需求的变化所产生的影响往往比对短期劳动力需求的变化所产生的影响更大。

---

① 刘昕:《薪酬管理》(第五版),中国人民大学出版社2017年版,第160页。

（三）劳动力供给

劳动力市场的劳动力供给是指特定的人口群体所能承担的工作总量。一般来说,影响劳动力供给的因素有四个。

1. 劳动力参与率

劳动力参与率是衡量那些愿意在家庭之外工作的人口规模的一个重要且明确的统计指标,主要指就业人口与失业人口的总和占16岁以上劳动力总人口的比例。在微观层面,影响劳动力参与率的主要因素包括家庭经济状况、年龄、性别、受教育程度等。

2. 人们愿意提供的工作小时数

市场工资率的变化会对劳动者的闲暇成本和工作报酬产生影响。在这种情况下,工资率的变化会给劳动者带来两种效应,即替代效应和收入效应。

替代效应是指如果收入不变,工资率增加,闲暇的价格提高,劳动者的休闲需求减少,从而提高工作动机。收入效应是指如果收入增加,工资率不变,劳动者愿意工作的时间减少。

工资率上升或下降对劳动者的劳动力供给小时数所产生的最终影响,取决于到底哪一种效应大。通常情况下,当工资率的绝对水平比较低时,工资率上升的替代效应大于收入效应,但是当工资率达到比较高的程度时,收入效应大于替代效应的可能性就会增加。

3. 员工受过的教育训练及其技能水平

前两个因素是影响劳动力供给的数量因素,而员工受过的教育训练及其技能水平是影响劳动力供给的质量因素。

4. 员工在工作过程中付出的努力水平

劳动力的数量和质量都是一种静态的存量,这种存量如何转化为流量,即劳动者在实际工作中能否将其具备的知识和技能充分发挥出来,从而转化为生产率,还取决于企业的总体制度安排。

想一想:为什么他们的薪酬差距这么大?薪酬水平是如何决定的?

姚先生	篮球运动员	年薪440万美元
李先生	某公司CEO	年薪60万美元
张女士	银行职员	年薪8万元人民币
牛先生	大学老师	年薪15万元人民币
王女士	送餐员	年薪5万元人民币

（四）劳动力市场理论的补充与修正

在劳动力市场上,供给方(劳动者)与需求方(企业雇主)之间的相互作用是影响薪酬水平和雇用劳动者数量的最重要的决定因素。从劳动力需求来看,企业会利用边际劳动生产率来确定应雇用员工的数量:先确定市场力量作用下的薪酬水平,再确定每一潜在新员工可能产生的边际收益。这只是理论中的假设。现实中是很难对市场上的薪酬水平把握得非常精确的,而且更难把握的还是尚未进入企业的员工边际收益是多少。所以,企业试图用报酬要素、职位评价、技能、能力等内容来反映劳动者给企业创造的价值到底是多少。

1. 补偿性工资差别理论

补偿性工资差别是指在知识技能水平方面没有本质差异的劳动者因所从事工作的工作条件和社会环境优劣不同而产生的薪酬水平差异。总的说来,在同一地方内,不同劳动和职业的利害必然完全相等,或不断趋于相等。在同一地方内,假若某一职业,明显比其他职业更有利或更不利,就会有许多人辞去比较不利的职业,而挤进比较有利的职业;这样,这种职业的利益不久便会与其他各种职业相等。考虑到个人的利害,人必会寻求有利的职业,避开不利的职业。

补偿性工资差别理论的三个前提是:

(1) 员工追求效用(而不是收入)最大化;

(2) 员工了解对他们十分重要的工作特征信息;

(3) 员工具有可流动性,员工可以有一系列可供选择的工作机会。

2. 效率工资理论

所谓效率工资,是指一家企业所支付的薪酬高于市场通行工资率时的薪酬水平。效率工资策略也称高工资策略。员工的生产率取决于工作效率,工资提高将会导致员工工作效率的提高,故有效劳动单位成本(工资、福利、培训费用)反而可能下降。效率工资通过高工资达到了高生产率,即通过边际收益与边际成本(工资)相等的提升达到了利润最大化,获得了效率的提升。效率工资理论的成立依据是工资提升会产生刺激效应和惩罚机制:高工资意味着被解雇的代价增大,刺激员工提高工作效率。

效率工资的机制主要如下:

(1) 逆向选择效应和筛选机制:高生产率的工人退出低工资企业,向高工资的企业求职。

(2) 流动效应和效率机制:提高工资,降低了辞职率,避免准固定成本(如培训和雇用成本)的增加,最终降低总劳动成本。

(3) 社会伦理效应和认可机制:使员工相信他们自己受到公正的优待,增加对企业的忠诚度并努力。

(4) 效率工资的适应性:在员工与企业保持长期的雇佣关系的情况下才会有效。

3. 保留工资理论

保留工资是从劳动力供给方的决策中延伸出来的一个概念,是指如果市场工资率尚未达到处于劳动力队伍之外的人对其边际闲暇小时价值的判断,那么这些人宁愿不工作，也不愿意接受水平达不到自己认为的最低要求的薪酬而去工作，即保留自己的劳动力。

从劳动力供给来看，劳动力供给是指特定的人口群体所能够承担的工作总量。一般来说，劳动力供给受四个方面因素的影响：

（1）劳动力参与率，是衡量那些愿意在家庭以外工作的人口规模的一个重要统计指标；

（2）人们愿意提供的工作时间，劳动者针对工作时间做出的决策可以看成其在工作和闲暇之间进行选择的结果；

（3）员工受过的教育训练及其技能水平，这一点体现的是劳动力质量方面的问题；

（4）员工在工作过程中付出的努力水平。

4. 工资搜寻理论

即使劳动力供给方所要求的条件和劳动力需求方所提供的条件非常接近，两者也有可能由于信息的不对称而导致理想的劳动力交易无法完成。在信息不充分条件下，工作搜寻者通过搜寻活动来逐渐了解工资分布，通过比较工作搜寻的边际成本和可能获得的边际收益来决定是否继续搜寻。该理论有四个主要观点。

（1）劳动力市场信息是不完全的，同时每个企业给劳动者的报酬不同，劳动者为了获得报酬满意的工作，必须在劳动力市场搜寻。

（2）为寻找工作而导致的失业时间越长，劳动者就越能找到满意的工作，获得的工作报酬就越高，但是随着他在劳动力市场寻找职业时间的延长，未来寻找到的工作岗位报酬的提高幅度递减。

（3）劳动者为获取有关报酬和工作岗位的信息需要花费成本。随着搜寻时间的延长，职业搜寻成本也随之增加，并且职业搜寻时间的边际成本递增。

（4）根据成本-收益分析法，当职业搜寻收益大于搜寻成本时，进行职业搜寻就是有利的，而最优的职业搜寻时间为多久，则取决于职业搜寻时间的边际收益何时等于边际成本。当边际收益大于边际成本时，劳动者应该继续搜寻，直到二者相等时才应该停止搜寻。在职业搜寻时间到达最优点之前的这一段时期，劳动者处于失业状态就是理性的选择。

5. 信号模型理论

信号模型是对劳动力市场上信息不对称问题所做的补充性解释。在信息不对称的情况下，劳动力供求双方都会力图向对方发送一些信号，以使对方能够从自己所发出的信号中得到更多的信息，从而强化对方对自己的认识和把握度。

劳动力市场信号发送模型的基本条件如下：

（1）高生产力率者的教育成本低于低生产率者。

（2）劳动力市场是完全竞争的，从而在均衡情况下工资等于（预期的）劳动生产率，企业的预期利润为零。

（3）教育程度仅仅代表信号的价值，并不影响生产力。

二、产品市场因素

根据产品市场上的竞争程度,企业所在的产品市场结构通常被划分为完全竞争、垄断竞争、寡头及垄断四种不同的类型。假定企业可以利用的技术、资本和劳动力供给保持不变,如果产品市场对于某企业所提供的产品或劳务的需求增加,那么在产品价格不变的情况下,企业能够出售更多的产品或服务。一般来说,劳动力市场因素确定了企业所支付的薪酬水平的低限,产品或服务市场则明确了企业可能支付的薪酬水平的高限。产品或服务市场上的以下两种情况会影响企业的实际支付能力。

(一) 产品市场上的竞争程度

企业产品常见的是垄断竞争性的市场结构,企业的产品既与其他企业的产品有一定的差异又存在一定的可替代性。完全竞争市场或接近完全竞争市场上的企业是没有能力提高自己产品的价格的,价格上涨必然导致销售量下降。垄断地位上的企业在一定范围内可以随心所欲地确定产品价格。所以,产品市场的竞争程度对薪酬水平决策的影响是相当重要的,企业在产品市场处于垄断地位,则能够获得超出市场平均利润水平的超额利润,利润的增加为企业在劳动力市场上提供强有力的保障,保证企业向员工支付高出市场水平的薪酬。

(二) 企业产品的市场需求水平

产品市场对某企业产品需求增加,企业能够出售更多的产品或服务,相应会提高自己的产量水平,在给定的薪酬水平下劳动力的需求量增加,进一步带来企业支付能力的增强和员工薪酬水平的提高。当企业的薪酬水平比较高时,可以通过提高产品或服务的价格将薪酬水平高出市场平均水平的部分转嫁到顾客身上,或者在原产品价格不变的情况下从总收入中拨出更多的份额作为劳动力成本。

三、企业特征因素

企业特征对薪酬水平决策的影响主要从下面几个方面来体现。

(一) 行业因素

企业能够支付的薪酬水平很显然会受到所在行业的影响,行业特征对薪酬水平最主要的影响因素可能是不同的行业具有不同的技术经济特点。一般情况下,规模大、人均占有资本投资比例高的行业,如软件开发、生物医药、遗传工程、电信技术等,人均薪酬水平比较高。此外,在不同的国家、不同行业中,工会化程度的高低也影响企业薪酬水平。

很显然,企业业务性质不同,员工的薪酬也不应相同。如果企业是传统的、劳动密集型的,则员工从事的主要是简单的体力劳动,人工成本在总成本中的比重较大,这时,薪酬水平稍有提高就会使企业的负担明显加重。但若是高技术的、资本密集型的企业,高级专业人员比重很大,他们从事的是复杂的、技术成分很高的脑力劳动,相对于先进的技术设备而言,人工成本在总成本中的比重不大,这时就可将注意力集中在提高员工的士气和绩效上来,而不必去计较薪酬水平的高低。

(二) 企业规模

很多研究表明,在其他因素类似的情况下,大企业所支付的薪酬水平往往比中小企业支付的薪酬水平高。一般来说,资本雄厚的大公司和盈利丰厚、正处于发展上升期的企业,对员工的报酬也比较慷慨;反之,规模较小或处于不景气中的企业,则需要量入为出。这也是在不同的企业工作的员工薪酬水平不一样的主要原因。但经营状况是不断变化的,并且经营的好与坏也没有绝对的判断标准,员工一般不愿以此来评价公司薪酬制度的合理性。

(三) 企业经营战略与价值观因素

企业经营战略对于薪酬水平的影响无疑是非常直接的。企业的薪酬支付意愿对于企业的薪酬水平决策也有很大影响。企业实施低成本战略,必然会尽一切可能降低成本,当然包括薪酬成本,这样的企业大多数边际利润较低、盈利能力和支付能力都比较弱。实施创新战略的企业必然关注通过较高的薪酬来吸引优秀员工,对收益的关注远胜于对成本的关注。

企业的文化价值观是企业的灵魂,指导并影响管理的各个方面,对薪酬管理也有很重要的作用,其中最主要的是对本企业员工的本性与价值的认识。那种单纯依靠物质激励、感情激励、事业激励等综合考虑的企业,在薪酬政策上显然会存在很大的差别。

 延伸阅读

企业价值观与薪酬策略

薪酬策略需要真正贯彻雇主的价值主张,体现薪酬、文化与品牌之间的联系。薪酬自身并不能创造雇主价值主张,却能成就雇主价值主张。

以巴塔哥尼亚户外服装公司(Patagonia)为例,该公司采用了创新的薪酬制度,比如员工可选择享受长达3天的周末,甚至享受冲浪政策(即允许员工在工作时间去冲浪或参加其他运动)。巴塔哥尼亚公司称,这种薪酬设计有助于吸引认同企业价值观的人才,也有助于提高工作效率和生产力。

雇主价值主张并不是一个新概念了,在2001年出版的《人才战争》(*The War for Talent*)一书中,作者表示,雇主价值主张"关乎企业满足人们的需求、期望,甚至梦想的程度"。人们的梦想也不仅仅是财富——金钱无法买来幸福。随着"千禧一代"逐渐成为职场的主力军,他们的需求、期望和梦想已经发生巨变。如今,对于他们而言,个人价值比金钱回报的影响更加强烈。所以,薪酬虽仍不可或缺,但也只是众多的影响因素之一。

事实上,影响人们离职或入职的原因中,薪酬已经下降到企业文化和领导力等因素之后了。

第三节 市场薪酬调查

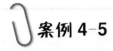

案例4-5

花旗银行的薪酬调查

花旗银行承诺在其所有分支机构提供令人满意和在当地有竞争力的薪资福利，设计和实施不同的薪酬策略、确保各类薪酬项目（工资、福利、员工激励），使得银行能够招募、留用和激励高素质员工。

银行业在美国是个竞争十分激烈的行业，因此在决定薪酬水平时，往往要多多考虑市场性因素，要充分考虑竞争对手的情况。花旗银行每年在核定自身薪酬标准和调整幅度时，都要直接参考18家直接竞争对手的薪酬水平和调整动向，这18家竞争对手包括摩根大通、美国银行等；而且由于花旗银行集团中还有投资银行系统，其薪酬还要和高盛、美林等投资银行比较后确定。由于花旗银行在美国金融业中的领导地位，其总体薪酬水平尤其是关键职位和重要人才的薪酬在市场上也必须是领先的（一般职位即稀缺程度不高的职位保持在市场中位数水平）。通过这种定位方式，银行在减少工薪成本和保持市场竞争力之间找到了合理的平衡点，既能保证银行对高管人员和专业人员有足够的吸引力，又不枉多付薪酬。

一、薪酬调查的定义

薪酬调查（compensation survey）指企业通过收集（总体的薪酬）信息来判断其他企业所支付的总薪酬状况这样一个系统过程。薪酬调查能够向实施调查的企业提供市场上各种相关企业（包括自己的竞争对手）向员工支付的薪酬水平和薪酬结构等方面的信息。

具有市场竞争力的薪酬水平在吸引并保留优秀员工方面起到了至关重要的作用，市场薪酬调查是实现企业薪酬水平外部竞争性的重要途径。通过薪酬调查，企业可以明确组织内各种薪酬标准与市场水平的关系，有利于提高企业薪酬水平的外部竞争力。

二、薪酬调查的目的

薪酬调查的目的主要是了解其他企业薪酬水平、薪酬结构以及薪酬管理实践的最新发展和变化趋势。这样，实施调查的企业就可以根据调查结果确定自己当前的薪酬水平相对于竞争对手在既定劳动力市场上的位置，从而根据自己的战略来调整自己的薪酬水平甚至薪酬结构。一般来说,薪酬调查主要有以下五个目的。

(一)了解其他企业薪酬管理实践的最新发展和变化趋势

薪酬调查中所要了解的数据并不仅限于基本薪酬这样一种简单信息,还包括奖金、福利、长期激励、休假等各种福利及加班时间、各种薪酬计划等方面的信息,甚至包括其他企业的员工的流动率、加薪频率等,因此企业可以借此了解某些新型薪酬管理实践在企业界的流行情况,有助于企业判断自身是否有必要顺应潮流。

(二)估计竞争对手的劳动力成本

企业在市场上竞争压力大,劳动力成本决定了企业的竞争优势。因此,企业要关注竞争对手的劳动力成本开支状况,既不能因为薪酬太低而失去优秀的员工,也不能因为薪酬过高而影响企业的竞争力,要注意利用薪酬调查数据了解竞争对手定价并进行财务分析。

(三)调整薪酬结构

根据内部职位评价得到的薪酬结构和从外部调查数据得到的不同职位的薪酬结构可能存在不一致的情况,企业必须根据经营环境和战略目标做出选择和判断,从以职位为基础的薪酬向以人为基础的薪酬体系转移,从强调内部一致性到重视外部竞争性转移。

(四)调整薪酬水平,解决薪酬的对外竞争力

大多数企业会定期调整薪酬水平。调整的依据一般包括生活成本的变动、员工绩效的改善、企业经营状况和外部支付能力、竞争对手薪酬水平的变化等。企业要根据薪酬调查了解竞争对手薪酬水平变化情况,并有针对性地制定薪酬调整政策,避免在劳动力市场竞争中处于不利地位。

市场薪酬调查重在解决薪酬的外部公平性问题。只有通过薪酬调查,企业确定的薪酬水平才不会与外界脱节。同时,企业还可以利用薪酬调查的结果来验证自身的岗位评价结果。例如,企业内部的岗位评价结果是"电脑资料处理员"与"秘书"岗位的价值相同,但从市场调查的薪酬结果看,二者间的薪酬水平存在很大的距离。这时就需要复核岗位评价的程序,察看这两项岗位是否评核准确。

(五)改善劳动关系

员工往往有不断提高薪酬的愿望,企业只有将市场薪酬调查结果告诉员工,向他们解释其他企业的薪酬情况,以示公正,才能取得员工的理解,从而劳资双方可以互相沟通、建立良好的劳动关系。

薪酬调查可帮助企业解决一些与薪酬有关的问题。例如,企业发现很多工作表现良好的员工纷纷离职,原因是什么呢?调查结果显示,其他同类的竞争对手愿意支付较高的薪酬,这时,企业就需要重新确定这些岗位的薪酬。对于薪酬水平大于区间最大值的岗位,可以考虑以较小的幅度提升在岗者的薪酬水平。对于那些薪酬处于较高水平而又具有很好工作表现的员工,可以考虑将其晋升到较高的职位上去。

三、薪酬调查的类型

薪酬调查的主体可分为政府、行业和专业协会、咨询公司、企业家联合会以及企业自身等。从调查的方式来看,薪酬调查可分为正式薪酬调查和非正式薪酬调查两种类型。从调查的组织者来看,正式薪酬调查可分为商业性薪酬调查、专业性薪酬调查和政府薪酬调查。商业性薪酬调查一般是由咨询公司完成的,其中有的是应客户需要对某一行业进行调查,有的是咨询公司为获利而主动进行的调查。专业性薪酬调查是由专业协会针对薪酬状况所进行的调查。政府薪酬调查是指由国家劳工、统计部门进行的调查。

以下主要介绍政府薪酬调查、企业薪酬调查和专业性薪酬调查。

(一) 政府薪酬调查

这种方法是由有关政府部门组织实施的,对全国范围内各行各业的薪酬水平做出总体的评估,了解各行业的薪酬现状,从而为社会提供薪酬成本指数和有关薪酬的其他数据,发挥行业宏观指导功能,促进人员的合理流动。例如,美国劳工局每年都要进行全国范围内的薪酬调查,以便为企业薪酬政策提供参考,有利于企业间的公平竞争。这种调查方式的优点是企业可以无偿使用调查数据和信息,节约调查成本,且具有权威性和准确性。但也有缺点,由于调查范围广、信息量大,所以耗时长,数据往往具有滞后性,且对企业来说,针对性不强。

(二) 企业薪酬调查

企业可以有针对性地进行市场薪酬调查,了解同行业或竞争对手的市场薪酬标准,在此基础上直接或间接地用同行的薪酬标准作为给付标准,或者通过调查确定某些基准工作的给付标准,然后按照相对价值为其他工作确定薪酬标准。不足之处是调查成本高,获取竞争对手真实薪酬信息的难度大。

(三) 专业性薪酬调查

专业性薪酬调查的主体是专门从事薪酬调查的咨询公司。它们向企业提供专门的薪酬调查服务,并收取一定的佣金。咨询公司最大的优点是在市场薪酬调查方面积累了大量的经验和数据,能准确地按照企业的要求进行相关的岗位薪酬调查,并对企业薪酬结构的设计提供合理化建议;不足之处就是要支付一笔昂贵的费用。

薪酬调查的分类

市面上我们可以接触到各类机构出具的层出不穷的薪酬调查。有外资公司的,也有中资公司的;有专业薪酬调研公司的,如美世、翰威特,也有专业招聘服务公司的,如猎聘等。不同机构采集数据的来源不同,使用的方法不同,覆盖的样本数也不同,自然报告的数据准确度也会大相径庭,那么对于我们薪酬调查报告的使用者来说,首先就要判断这份报告的数据准确性与可信度到底如何。据实际比较,同样一个年份一个地区的薪酬数据,不同报告间有时候数据相差50%,如果报告本身就不准确,后面的应用就更谈不上准确了。从数据的效度、准确性来说,肯定是专业薪酬调研公司出具的报告最为严谨,数据维度也最细致、全面。但是它的唯一缺陷就是费用不少,有很多公司并不太愿意直接投入这个看上去不能直接产生效益的费用。这个时候,我们面对一些免费报告,要在拿到数据后自己做一下薪酬对比验证,通过周围薪酬数据与报告比对,看其实际可用性。企业需要根据自己的经营战略确定自己的人才策略。例如,选择领先产品技术的公司往往在人才策略上也要选择优秀出众的人才,这就要求他们对这类人才付出高于市场水平的薪酬标准;但如果是一个成本领先的公司,他们在人才策略上可能就会遵循稳重路线,保持市场的平均水平。

四、薪酬调查的实施

薪酬调查方法与一般的调查研究大致相同,主要是利用问卷和访问的形式收集资料,其程序可分为三个阶段:准备阶段、资料的收集和整理阶段、统计分析阶段。

(一) 准备阶段

1. 明确调查目的

调查目的是统计调查的首要问题,它决定着整个调查的内容、范围、方法和组织工作。有了明确的调查目的才能有的放矢地确定调查范围、形式和内容。目的不同,调查的内容和取得资料的方法及资料的详细程度不一样。在开展薪酬调查工作之前,我们要查看现有的薪酬调查数据,看其能否向我们提供所需的全部或大部分信息,从而确定具体所要收集的信息资料,避免重新调查已有的资料而造成的浪费。

2. 确定调查对象和调查单位

调查对象就是根据调查目的需要进行调查的相关劳动力市场的总体,它由调查单位组成。调查单位就是调查对象中的每个个体,即所要调查的企业。相关劳动力市场是指具体工作潜在的、有资格的候选人市场,它是企业招聘人员的市场,也是企业与其竞争对手争夺人才的市场。按照覆盖范围划分,劳动力市场可分为地方性劳动力市场、地区性劳动力市场、全国性劳动力市场和国际性劳动力市场。确定调查单位的企业类型和数量要根据调查目的的不同而不同。

选定相关市场对于薪酬调查非常重要,因为不同行业可能有很多不同的薪酬结构,故很难互相比较,有时即使是岗位名称相同,岗位的内容及职责可能有很大的分别。相关劳动力市场主要是企业争取员工的对象,通常可用下列因素界定相关劳动力市场:

(1) 相同行业或所需要的技能训练相同;
(2) 居住地区与工作地点的距离,员工是否愿意前往距离较远的地方工作;
(3) 与其他公司互相争取具有专门技术的人才;
(4) 公司在同一商品或劳务市场内竞争。

调查范围包括企业类型和调查对象的数目等,通常要根据调查目的而定。一般情况下,要选择那些与企业处于同一行业、在同一劳动力市场上有竞争行为的实力超过自己或大致相同的企业。选择要依据以下原则:

(1) 在同业中处于领导地位,所实施的薪酬制度具有一定的影响力;
(2) 拥有较多的员工并设有人事部门,公司内部各职位较易明确地划分;
(3) 定时根据消费物价指数及其他经济指标的变化调整员工的薪酬;
(4) 该公司设有福利计划;
(5) 该公司有预定的薪酬制度。

延伸阅读

薪酬调查报告

严谨的薪酬调查报告都会有专门的章节来讲解本次报告的数据来源与处理方法,对本次报告的样本数、企业性质、城市类别、行业分类、企业规模等多个维度进行详细阐述,以帮助报告使用者明确报告数据的可用性。任何一个企业在做市场竞争性分析时,一定要按照自己企业的经营发展需要去找比对对象,至少要考虑所在城市、所处行业、企业性质和企业所处阶段这四方面的要素。如果企业就是立足于本地人才的国有企业,那么聚焦于这个地区的同类型企业才是理想的比对对象;如果企业是要在一线城市新发展某项业务,需要从顶尖企业挖掘人才,那么去找到对应城市同类型行业的外企数据就比较合适。

3. 确定调查项目

调查项目就是所要调查的具体内容。除了要考虑调查哪些企业外,还要考虑根据岗位内容的相似性、所需要的技巧、企业类别等因素而定。因受到调查时间和费用的限制,调查人员不可能对所有岗位都进行调查,所以企业可以选取行业中具有代表性的主要岗位或基准岗位作为调查对象。这些被调查的岗位应能代表整个岗位结构,岗位的内容容易确定,岗位重要程度相对稳定。根据其他岗位相对于基准岗位的价值大小来确定它们的薪酬。对基准岗位的薪酬调查项目通常包含以下五种:

(1) 基本薪酬及其结构;
(2) 薪酬政策等方面的其他信息;

(3) 各种补充福利计划；

(4) 股票期权或虚拟股票计划等长期激励计划；

(5) 年度奖金和其他年度现金支付等。

在薪酬调查中，如果所调查的职位属于高层、中层管理职位或者是监督类的职位，那么询问被调查者关于某一职位的权限范围的信息（管辖的人员数量及其类型、所支配的预算金额等）也是非常重要的。

延伸阅读

薪酬调查中的岗位内涵问题

除了要注重薪酬调查所选企业对象是否合适以外，所比较的岗位内涵是否一致也是需要特别关注的问题。不同企业的岗位名称并不统一，因此如果仅看岗位名称去比较就会造成很大的对比偏差。例如，一个小企业的销售总监可能下面就带着两个专员，比一个大型企业的销售经理的职权范围都要小很多，如果用销售总监的数据值去对比，两个岗位要承担的职责、价值都不可相提并论。

在薪酬调查中，对于岗位所对应的职位等级有标注，例如，美世的IPE职位评估法会对所有企业的岗位评估后产生统一的职位等级值，从40开始到87共有48个层级，全球通用。如果企业使用过同一职位评估体系，就可以参考职级值选取同等价值的岗位实施比对。对于使用其他职位评估方法或者没有做过职位评估的企业来说，则需要认真阅读报告中的岗位说明，进一步比对报告中岗位所对应的学历、工作年限和岗位职责因素，定性地评估岗位价值的比较适用性。

4. 设计调查问卷

在市场调查中，问卷是最常用的一种调查工具，是调查者收集市场信息、进行数据处理和分析的重要载体和手段。一份设计良好和规范的问卷，不仅可以提高调查的质量和准确性，而且能提高调查工作的效率和效益。问卷的问题和答案是问卷的主体部分，也是问卷的核心内容。只有把调查的项目转化为具体的调查问题，对问题的重要性进行评价，将问题按重要程度加以排列，然后使用询问技术设计问句和答案，才能确保得到一份高质量的回访问卷。

薪酬调查问卷设计及实施的注意事项如下：

(1) 调查问卷的内容通常包括企业本身的一些信息，如企业规模、所在行业、销售额或者销售收入等，还包括薪酬构成、职位范围、任职者的一些信息。

(2) 确保问卷易读、易懂、易回答，为回答者留出足够的书写空间，在问卷结尾留下一个开发式问题，在关键字句下加横线或者加黑，提供调查者的联系方式，以有利于将来用数据分析的方式来组织数据的收集格式。

(3) 薪酬调查问卷的设计应当考虑被调查者使用的方便性。

(4) 应当给被调查者留出足够的时间答问卷。

(5) 在薪酬调查中,调查者还可以采取问卷调查之外的其他方式来收集信息,如电话访谈、实地访谈等。

(二) 资料的收集和整理阶段

将设计好的调查问卷进行发放,并做好问卷的回收工作。之后把收集的资料进行整理,这包括两方面的工作:一是审核数据资料,确保资料的准确性、及时性、全面性;二是对资料进行分组和汇总。资料的准确性是指数据资料必须准确可靠、符合实际。及时性是资料的时效性限制,调查资料是否在规定的时间内。全面性是指对调查的单位和项目的资料要毫无遗漏地搜集,避免资料残缺不全。

收集资料的方法有查阅政府工资价位指导线,向同业打听,从报纸、杂志或是人力资源协会收集等。当然也可以采用问卷调查法。首先寄给受访的企业一封专函并附上问卷。信中表示,多谢合作,保证资料保密,并解释问卷需注意的地方。通常,问卷中应包括以下三大类资料:

(1) 有关企业的资料:名称、地址、员工人数、企业规模、营业额、经营的行业、企业资产等。

(2) 有关薪酬的资料:基本薪资、福利、调薪措施、薪酬结构、工作时数、假期等。

(3) 有关岗位及员工的类别:岗位类别、员工类别、员工的实际薪酬率、总收入、最近一次的加薪、奖金及津贴。

需要注意的是,在对企业调查时,要全面、深入地了解其薪资结构、福利、分红等细节,以免误解了企业的薪资水准。尤其是听员工转述时,员工所讲的一般是挑自己有利的部分来谈,例如,别的公司起薪多高,但是他们可能没有分红制度或是股票配股,或是没有晋升制度、渠道,或是起薪虽然较高但每月没有奖金等。这些因素一定要先弄清楚,才能认清自己公司所处的水准以及确定自己公司的薪资系统如何变更。

(三) 统计分析阶段

初步审阅调查所得的资料,若无重大的错误及矛盾,则可将资料输入电脑,进行分析,计算出每一岗位最高和最低的薪酬率、加权平均或算术平均额、中位数,然后再将从岗位评价中所获得的岗位等级与薪酬调查中所得的对应薪酬平均数或中位数绘成市场薪酬分布图,也可以利用一条曲线近似地表示市场薪酬的分布状况,称为市场薪酬结构线。最后将资料分析后,归类和编制成图表,作为确立薪酬水平的依据(如图 4-3 所示)。

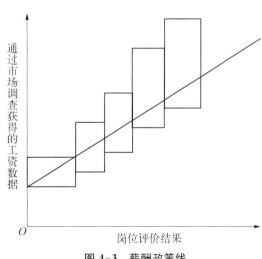

图 4-3 薪酬政策线

> **想一想**
> 薪酬调查的程序包括哪几个阶段,每个阶段的主要内容包括什么?

五、薪酬调查结果的分析

(一) 分析方法

薪酬数据的分析方法一般包括频度分析、趋中趋势分析、离散程度分析和回归分析等。

1. 频度分析

将调查所得到的与每一职位相对应的所有薪酬数据,按数据的大小编制组距式变量数列,然后计算每组的频数,频数是落入每一薪酬范围内的企业数量,示例见表 4-2。哪组的频数越大,说明企业支付薪酬的数额落在那个区间的企业数越多,表示越接近于目前市场薪酬水平。这是一种最简单也最直观的分析方法,一般会使用直方图来显示结果,比如说公司数量用纵轴表示,薪酬浮动范围用横轴表示。

表 4-2 不同薪酬范围内企业数量示例

浮动薪酬范围(元)	企 业 数 量	浮动薪酬范围(元)	企 业 数 量
5 000~5 250	0	6 251~6 500	6
5 251~5 500	1	6 501~6 750	5
5 501~5 750	3	6 751~7 000	4
5 751~6 000	4	7 001~7 250	2
6 001~6 250	7	7 251~7 500	0

2. 趋中趋势分析

具体来说,趋中趋势分析又可以进一步细分为算术平均数、加权平均数、中值等几种数据分析方法。

(1) 算术平均数。算术平均数是统计中最常用的平均指标。它将某一职位的所有调查的企业的薪酬总额加总,除以企业的个数,来计算该职位的平均薪酬水平。这是一种最常见的分析方法。它不考虑在不同的企业中从事某种职位工作的员工人数之间的差异,对所有企业的薪酬数据均赋予相同的权重。

(2) 加权平均数。在这种分析中,不同企业的薪酬数据将会被赋予不同的权重,而权重的大小则取决于某一个公司中在同类职位上工作的员工人数在调查总人数中所占的比重,或者调查企业认为某个被调查企业的薪酬水平对其薪酬决策的重要程度。

(3) 中值。中位数是把某一职位的薪酬数额按数值的大小顺序进行排列,位于中间位置的那个数值就是中位数。如果数据个数是奇数,则取中间的数字;如果数据个数是偶数,则取中间两个数的平均数。

3. 离散程度分析

离散程度是指各种分布值与总体平均值之间的差异的程度。指标值越大,说明差异程度越大;反之,则越小。离散程度分析通常分为标准差分析、百分位分析和四分位分析。

(1) 标准差分析。运用标准差来进行薪酬数据分析,实际上是要衡量某一个薪酬数据与该类数据的平均值之间的差别是否处于一个可以接受的范围之内。标准差分析可以检验各种分布值与平均值之间的差距大小,但是在企业薪酬调查数据分析中并不常用。

(2) 百分位分析。百分位数所代表的是有百分之多少的公司的薪酬水平是低于位于该百分位上的公司的薪酬水平的。例如,如果某企业在薪酬水平方面处于市场的第75个百分位上,这就意味着有75%的企业的薪酬水平都比其低,只有25%的企业薪酬水平比其高。在百分位分析方法中,第50个百分位是中间值。这种百分位分析法在企业的薪酬水平战略定位中是常用的,因为它直接揭示了本企业的薪酬水平在劳动力市场上的地位。

(3) 四分位分析。四分位分析与百分位分析的方法是类似的,只不过在进行四分位分析时,首先将某种职位的所有薪酬调查数据从低到高排列,划分为四组,每组数据中包含数据样本总数的1/4。

百分位法的 N 分位值可以是 $0 \sim 100$ 的任意整数,所以百分位法分出的值理论上可以有 101 个。四分位法也有分位值,我们用 Q 值代替,Q 值可以是 $0 \sim 4$ 中的任意整数,所以四分位法分出的值理论上可以有 5 个。

当 $Q=4$ 时,代表样本数据的最大值。

当 $Q=3$ 时,代表样本数据的 75 分位值。

当 $Q=2$ 时,代表样本数据的 50 分位值。

当 $Q=1$ 时,代表样本数据的 25 分位值。

当 $Q=0$ 时,代表样本数据的最小值。

4. 回归分析

可以利用回归分析来测试两个或者多个变量之间的相关关系,然后利用可以得到的其中一个变量的值(比如销售额)来预测另一个变量的值(比如销售经理的薪酬)。变量之间的相关系数越接近 1.0,则变量之间的相关性就越强。

(二) 薪酬调查结果分析报告

在大规模的薪酬调查中,调查组织者要将最终的薪酬调查分析结果进行整理,并编写调查报告。企业拿到薪酬调查报告后,对企业的薪酬数据进行对比分析,根据企业的需要做出相关分析报告。

(三) 薪酬调查结果的运用

由准确的薪酬调查所收集到的资料,可作如下用途:

(1) 公平地反映市场现行的薪酬水平;
(2) 可以为所有的岗位订立起薪点;
(3) 显示不同岗位等级之间的薪酬差异;
(4) 比较公司现行的薪酬与市场的差异;
(5) 薪酬调查结果可作为调整公司薪酬水平的依据,增加对外的竞争力;
(6) 可以将调查结果向员工及工会解释,说明公司的薪酬政策是公平合理的。

延伸阅读

薪酬调查报告的分析

薪酬调查报告中使用的分位值一般有 90、75、50、25 这四个。如果企业选择 90 分位值,就可以认为企业采取了领先型薪酬策略;如果企业选择保持 50 分位值,则为追随型薪酬策略;企业如果选择低于 50 分位值,则为滞后型薪酬策略。当然还有一种情况,企业对于不同类型岗位选用不同分位值对应,有些岗位领先于市场水平,而有些岗位滞后于市场水平,这样的企业我们就可以认为采用了混合型薪酬策略。很多中小企业,尤其是创业型的企业,刚开始起步时资金缺少,但又特别需要人才,往往会采用混合型的薪酬策略。对于核心关键岗位,不得不用高于市场水平的薪酬去吸引人才,但对于一般岗位,采用 25 分位值的薪酬保障基本够用就行。薪酬一定要结合公司的实际需要,区分选择分位值的对标,而不是简单地一刀切。在对标外部薪酬数据时,可以区分不同类型的岗位做更细致的对标分析,确保核心骨干人才薪酬标准在 50 分位值以上的水平,实现良好保有。

在薪酬调查报告中会把日常统称的薪酬细化为基本工资、固定薪酬、总现金、总薪酬等不同概念,而不同部分的组合形成了薪酬调查报告中 COMP1 到 COMP5 不同的称谓。对于不同概念我们是全部对标,还是有选择性对标,需要在使用报告数据分析时,根据自己的目的考虑清楚。首先,用不同口径的内外部数据去比较,肯定是无效的,所以首先要明确不同概念的真实口径是什么,在企业中又对应哪些薪酬项目。其次,如果设计企业自己的内部宽带薪酬体系,那么一般来说应该以与职级密切挂钩的基本薪酬即 COMP1 为核心比较基准,这样的数据剔除了不同企业间奖金政策和业绩实现差异性的影响,更有意义。再次,如果主要想比较的是公司支付的薪酬水平在市场上的竞争力,那么从员工感受角度,他们主要看的就是一年当中拿到手的总现金情况如何,这时比较好的比较口径可能就是 COMP3。因此,选用哪个口径比较是根据比较的最终目的来确定,准确掌握各项基本薪酬术语的概念和内涵是基本功。如图 4-4 所示。

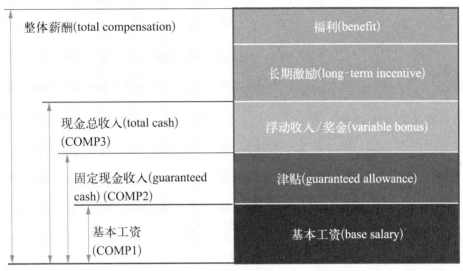

图 4-4 薪酬报告中的细分概念

本章小结

本章首先介绍了薪酬水平的相关概念、薪酬外部竞争性的含义。薪酬水平是指组织之间的薪酬关系,即组织相对于其竞争对手的薪酬水平的高低。薪酬水平的外部竞争性的重要性体现在:对吸引、保留和激励员工具有重要作用;较高的薪酬水平有利于防止员工的机会主义行为,能激励员工努力工作,也能减少企业的监督管理成本,有效地控制成本;有利于树立企业外部形象。

其次介绍了薪酬水平决策的几种类型和薪酬外部竞争性的决定因素。在进行薪酬制度设计时需要考虑的因素有很多,大致可分为劳动力市场因素、产品市场因素、企业特征因素。根据工资水平与市场平均工资水平的不同关系,工资水平决策可分为领先型、跟随型、滞后型和综合型。

最后介绍了薪酬调查的类型、薪酬调查具体实施的详细流程以及薪酬调查结果的分析和应用。薪酬调查指企业通过收集(总体的薪酬)信息来判断其他企业所支付的总薪酬状况这样一个系统过程。薪酬调查的实施包括准备阶段、资料的收集和整理阶段和统计分析阶段。

复习思考题

1. 薪酬水平的概念和薪酬外部竞争性的含义是什么?
2. 薪酬外部竞争性的决定因素有哪些?
3. 薪酬水平决策的类型有哪几种?
4. 薪酬调查的类型有哪些?
5. 薪酬调查实施的流程是什么?
6. 薪酬调查结果如何应用?

案例分析

华为的薪酬一致性

薪酬一致性就是说对所有部门和级别是采用一套架构体系还是区别对待。通常市场上会按照四种评判标准来决定是否有必要采用多套:

(1) 按照运营类型来看,生产类型部门和非生产类型部门之间是否存在比较大的薪酬给予标准和管理方式;

(2) 按照部门来看,是否实施不同的标准,即生产、销售、研发和后勤行政是否一致对待;

(3) 按照城市或者国家划分,针对当地的政策或者环境是否要区别对待;

(4) 按照级别,管理层是否要比非管理层享受到更好的待遇。

华为在按照部门划分和级别划分上,实施了不同的薪酬体系:

(1) 市场定位不同,华为在市场定位上对管理层和非管理层是不同的,决定了其薪酬的不一致性;

(2) 对于华为来说,研发部门是最为重要的,因此在研发部门上也体现出不同于其他部门的薪酬结构设计。

思考题

1. 薪酬的一致性和公平性是什么关系?
2. 华为为什么按部门和级别采取不同的定位?

第五章 绩 效 薪 酬

本章学习目标
- 掌握绩效和绩效薪酬的概念,以及绩效激励的相关理论
- 掌握分层次的绩效薪酬类型包括个人绩效薪酬、团体绩效薪酬和组织绩效薪酬的特征和设计方法
- 了解常见的长期绩效薪酬的设计,包括员工持股、股票期权和虚拟股份

【导入案例】

华为的薪酬管理思想

华为的薪酬管理思想,可简单总结为两句话"以贡献为准绳、向奋斗者倾斜"。

华为的待遇体系基于贡献。当然贡献和目标结果并不完全可视,有长期的、短期的,有直接的、间接的,也包括战略的、虚的、无形的结果。

只有以责任结果为导向才是公平的,关键过程行为考核机制与此没有任何矛盾。关键过程行为与成功的实践经验、有价值的结果是一致的。

任正非提出将华为的员工分为三类,第一类是普通劳动者,第二类是一般奋斗者,第三类是有成效的奋斗者,华为要将公司的剩余价值与有成效的奋斗者分享,因为他们才是华为事业的中坚力量。

第一节 绩效及绩效薪酬的概念

一、绩效

(一)绩效的概念

从管理学的角度看,绩效是组织期望的结果,是组织为实现其目标而展现在不同层面

上的有效输出。

从经济学的角度看,绩效与薪酬是员工和组织之间的对等承诺关系,绩效是员工对组织的承诺,而薪酬则是组织对员工的承诺。一个人进入组织,必须对组织所要求的绩效做出承诺,这是进入组织的前提条件。当员工完成了他对组织的承诺时,组织就实现其对员工的承诺。这种对等承诺关系的本质是等价交换原则,而这一原则正是市场经济运行的基本规则。

从社会学的角度看,绩效意味着每一个社会成员按照社会分工所确定的角色承担他的那一份职责。他的生存权利是由其他人的绩效保证的,而他的绩效又保障其他人的生存权利。因此,出色地完成他的绩效是他作为社会一员的义务,他受惠于社会就必须回馈社会。

管理大师彼得·德鲁克认为:"所有的组织都必须思考绩效为何物?这在以前简单明了,现在却不复如是。策略的拟定越来越需要对绩效的新定义。"因此我们要测量和管理绩效,必须先对其进行界定,弄清楚它的确定含义。目前对绩效的界定主要有以下三种观点。

第一,绩效产出说认为,绩效是员工最终行为的结果,是员工行为过程的产出。这种说法是人们对绩效理解的早期产物,因为绩效刚开始主要是针对一线生产工人或体力劳动者而言的。

第二,绩效行为说认为,绩效是员工在完成工作过程中表现出的一系列行为特征,如工作能力、责任心、工作态度、协作意识等。

第三,绩效综合说认为,绩效是产出与行为的综合。绩效作为产出,即行为的结果,是评估行为有效性的重要方法。但是行为要受外界环境的影响,而且受员工个体内因的直接控制,只看结果必然失之偏颇。

绩效是指组织及个人的履职表现和工作任务完成情况,是组织期望的为实现其目标而展现在组织不同层面上的工作行为及结果,它是组织的使命、核心价值观、愿景及战略的重要表现形式。从行为主体层次来看,绩效可以划分为组织绩效、群体绩效和个人绩效(见图5-1)。从构成维度来看,绩效可以划分为任务绩效和周边绩效。

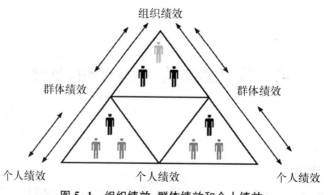

图5-1 组织绩效、群体绩效和个人绩效

(二)绩效的性质

从绩效的内涵来看,绩效必须与组织战略的要求保持一致,应是一个多层次的有机整体,其最终表现形式是工作行为与结果。

绩效的性质具有多因性、多维性和动态性。

第一,多因性。绩效的多因性指的是绩效的好坏高低并不取决于单一因素,而是受主、客观多种因素的共同影响。

第二,多维性。绩效的多维性指的是在分析和评价绩效时需要从多维度、多角度入手。

第三,动态性。环境的动态性和复杂性造成员工的绩效会随时间的推移而发生变化,原来较差的绩效有可能好转,而原来较好的绩效也可能变差。

二、绩效薪酬

(一)绩效薪酬的概念

一般来说,绩效是指单位体在一个既定的时间内对组织的贡献,这个单位体可以是个人或者是团体;薪酬是指员工在组织中投入劳动的报酬,即组织必须付出的人力成本,是"雇员作为雇佣关系的一部分所得到的财务方面的回报和自我尊重的需要",尤其在一个越来越复杂和物质化的社会里,薪酬作为地位的标志越来越突出。结合绩效与薪酬的概念,所谓绩效薪酬,是指将员工的财务回报与其成功的工作绩效联系,以工作绩效作为员工报酬的基础。绩效薪酬是经营策略的职能之一,涉及经营管理的核心及员工激励理论的各个方面,受文化、历史、政治及经济因素的直接影响。

绩效薪酬常用来将业绩和薪酬联系起来,目的在于激励员工更好地工作。绩效薪酬从广义上理解是个人、团队或公司的业绩与薪酬的明确联系,薪酬依据个人、团队和企业业绩的变化而具有灵活的弹性。绩效薪酬从狭义上理解是员工个人的业绩与薪酬的联系,薪酬根据员工的行为表现和业绩进行相应的变化。员工自身的业绩和行为在较大程度能受到自己控制,因此,员工可以控制自己薪酬总量水平的高低,实现薪酬对员工业绩调控的目的。在企业实践中,薪酬的发放是全部按绩效来还是部分参考,就要根据具体的岗位和企业实际来确定。

(二)绩效薪酬设计的基础

绩效可以作为发放薪酬的参考,依据绩效制定薪酬形成了绩效薪酬。绩效薪酬设计包括绩效薪酬的支付形式、关注对象、配置比例、绩效分布、绩效等级和分配方式,以及绩效薪酬增长方式等。

在设计任何绩效薪酬时都必须做出的关键决策是绩效认可,即薪酬在多大程度上建立在绩效的基础上,绩效薪酬的关注对象决定绩效薪酬的多少与怎样建立绩效薪酬等。在此基础上,企业建立绩效管理体系,以使绩效与薪酬有效连接,需要达到以下要求:员工的工作绩效是可以衡量的;员工之间的绩效差别是可以区分的;可以体会到绩效差别和薪酬差别之间的关系;绩效薪酬增长的前景是将激励提高绩效行为的改变,个人和组织绩效之间存在可以建立的某种联系。

> **想一想**
> 绩效和薪酬的关系是什么?

第二节　绩效激励的基本理论

　　激励是心理学术语,它含有激发动机、鼓励行为、形成动力的意义。激励的过程即人需求的满足过程,它始于人们的需求未能得到满足而最终得到满足。由于人有各种不同的需求,所以导致了持续不断、循环往复的激励过程。一旦人的需求之一被满足,新的需求又会开启,并反馈到下一个激励循环过程中。激励用于管理,是指激发员工的工作动机,用各种有效的方法调动员工的积极性和创造性,使员工努力完成组织的任务,实现组织的目标。

　　激励的概念包含了三个组成部分:(1)激励代表一种鼓舞,它促使人们按一种特定的方式行动;(2)个体产生行动的方向是和组织目标保持一致的;(3)个体的努力是满足个体需要或期望的过程。

一、马斯洛需求层次理论

　　1943年美国社会心理学家亚伯拉罕·马斯洛(Abraham H. Maslow)提出需求层次理论,其基本内容是将人的需求从低到高依次分为生理需求、安全需求、社交需求、尊重需求和自我实现需求。马斯洛认为,人类具有一些先天需求,越是低级的需求就越基本,越与动物相似;越是高级的需求就越为人类所特有。同时这些需求都是按照先后顺序出现的,当一个人满足了较低的需求之后,才能出现较高级的需求,即需求的层次。了解员工的需求是对员工进行激励的前提,已经满足的需求就不再具有激励作用。对员工需求进行系统分析,有针对性地提出激励,有助于提高员工对企业的忠诚度。马斯洛理论各层次需求的基本含义如下。

(一)生理上的需求

　　这是人类维持自身生存的最基本要求,包括饥、渴、衣、住、性方面的要求。如果这些需要得不到满足,人类的生存就成了问题。在这个意义上说,生理需求是推动人们行动的最强大的动力。马斯洛认为,只有这些最基本的需求满足到维持生存所必需的程度后,其他的需求才能成为新的激励因素,而到了此时,这些已相对满足的需求也就不再成为激励因素了。

（二）安全上的需求

这是人类要求保障自身安全、摆脱失业和丧失财产威胁、避免职业病的侵袭、解除严酷的监督等方面的需求。马斯洛认为，整个有机体存在一个追求安全的机制，人的感受器官、效应器官、智能和其他能量主要是寻求安全的工具，甚至可以把科学和人生观都看成满足安全需求的一部分。当然，当这种需求相对满足后，也就不再成为激励因素了。

（三）感情上的需求

这一层次的需求包括两个方面的内容：一是友爱的需求，即人人都需要伙伴之间、同事之间的关系融洽或保持友谊和忠诚；人人都希望得到爱情，希望爱别人，也渴望接受别人的爱。二是归属的需求，即人都有一种归属于一个群体的感情，希望成为群体中的一员，并相互关心和照顾。感情上的需求比生理上的需求细致，它和一个人的生理特性、经历、教育、宗教信仰有关系。

（四）尊重的需求

人人都希望自己有稳定的社会地位，要求个人的能力和成就得到社会的承认。尊重的需求又可分为内部尊重和外部尊重。内部尊重是指一个人希望在各种不同情境中有实力、能胜任、充满信心、能独立自主。总之，内部尊重就是人的自尊。外部尊重是指一个人希望有地位、有威信，受到别人的尊重、信赖和高度评价。马斯洛认为，尊重需求得到满足，能使人对自己充满信心，对社会满腔热情，体验到自己活着的用处和价值。

（五）自我实现的需求

这是最高层次的需求，它是指实现个人理想、抱负，发挥个人的能力到最大程度，完成与自己的能力相称的一切事情的需求。也就是说，人必须干称职的工作，这样才会使他们感到最大的快乐。马斯洛提出，为满足自我实现需求所采取的途径是因人而异的。自我实现的需求是在努力实现自己的潜力，使自己越来越成为自己所期望的人物。

美国心理学家马斯洛的需求层次理论有两个基本论点：第一，人是有需求的动物，其需求取决于它已经得到什么，还缺少什么，只有尚未满足的需求能够影响行为；第二，人的需求都有轻重层次，某一层需求得到满足之后，另一层需求才出现，在特定的时刻，人的一切需求如果都未能得到满足，那么满足最主要的需求就比满足其他需求更迫切。马斯洛认为，人类价值体系存在两类不同的需求：一类是沿生物谱系上升方向逐渐变弱的本能或冲动，称为低级需求和生理需求；一类是随生物进化而逐渐显现的潜能或需求，称为高级需求。人都潜藏着这五种不同层次的需求，但在不同时期表现出来的迫切程度是不同的。人的最迫切的需求才是激励人行动的主要原因和动力。人的需求是从外部得来的满足逐渐向内在得到的满足转化。在高层次的需求充分出现之前，低层次的需求必须得到适当的满足。马斯洛还认为，在人自我实现的创造性过程中，会产生一种所谓的"高峰体验"的情感，这个时候是人处于最激荡人心的时刻，是人的存在的最高、最完美、最和谐的状态，这时的人具有一种欣喜若狂、如痴如醉、销魂的感觉。

二、期望理论

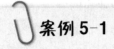

期望协议

MTW公司的销售额从1996年的700万美元跃升到2000年的近4 000万美元,公司还建立了以人为本的文化,员工从当初的50人发展到215人,人员流动率约为行业标准的20%。作为公司总裁兼首席执行官的爱德·奥西认为:MTW成功的基石在于公司和每位员工签订的"期望协议"。

奥西解释,"期望协议"的价值在于换位思考。在此过程中,每一方都说出他的目标,然后由他人再次重复目标。加入MTW公司的每一位员工都要签订一份"期望协议",MTW公司鼓励新员工提出所有的期望。奥西认为,这个过程让员工说出他们心目中最重要的东西。有时,人们想灵活地处理家庭事务、照顾上了年纪的父母或者需要特殊照顾的孩子。

在MTW公司,"期望协议"是一个双向的、随员工的职业发展不断改进的文案,大约每六个月就要做一次回顾,并进行修改。人们有较清晰的使命感,"公司知道你想去的地方,你也知道公司发展的方向"。

期望激励理论是美国行为科学家爱德华·劳勒(Edward Lawler)和莱曼·波特(Lyman Porter)提出的一种激励理论。1967年,波特和劳勒在他们合作的《业绩对工作满足的影响》一文中表示了业绩对满足影响的一种理论模式。这种模式的具体内容是,一个人在做出了业绩后,得到两类报酬。

第一种是外在报酬,包括工资、地位、提升、安全感等。按照马斯洛的需求层次论,外在报酬往往满足的是一些低层次的需求。由于一个人的成绩特别是非定量化的成绩往往难于精确衡量,而工资、地位、提升等报酬的取得也包含多种因素的考虑,不完全取决于个人成绩。

另一种报酬是内在报酬,即一个人由于工作成绩良好而给予自己的报酬,如感到对社会做出了贡献、肯定自我存在意义及能力等。它对应的是一些高层次需求的满足,而且与工作成绩直接相关。

是不是内在报酬与外在报酬就可以决定是否"满足"呢?答案是否定的。我们注意到,其间必然要经过"所理解的公正报酬"来调节。也就是说,一个人要把自己所得到的报酬同自己认为应该得到的报酬相比较。如果他认为相符合,他就会感到满足,并激励他以后更加努力。如果他认为自己得到的报酬低于"所理解的公正报酬",那么,即使事实上他得到的报酬量并不少,也会感到不满足,甚至失落,从而影响他以后的努力。

波特和劳勒提出的期望理论模型认为,激励的第一个因素是个人觉得自己的努力可能导致绩效的概率有多大;第二个因素是他觉得他的绩效产生正面或反面结果的概率;第三个因素是他对结果所赋予的价值。他们指出:一个人努力的程度是由工作所获得报偿的价值和个人感到努力后可能获得报偿的概率决定的,而一个人的工作绩效主要依赖于努力程度,同时还依赖于个人能力、个人的"角色认识"(即对自己工作方向、规范的认识)以及所处环境的限制。一个人的满意感取决于所获得报偿同个人自认为应获报偿的一致性,如前者大于或等于后者,就会提高个人满意感,反之,则会降低个人满意感。同时一个人最后得到的满意程度又将影响以后的价值判断。此外,一个人做出的成绩与效果(绩效)一方面直接影响他自认为应得的报偿,另外一方面影响他今后对该项工作的期望值。

20世纪六七十年代,劳勒-波特激励模式产生了非常大的影响,即使今天仍有相当大的现实意义。劳勒-波特的激励理论告诉人们,不要以为设置了激励目标、采取了激励手段就一定能获得所需的行动和努力,并使员工满意。要形成激励→努力→绩效→奖励→满足,再从满足回馈努力这样的良性循环,取决于奖励内容、奖惩制度、组织分工、目标导向行动的设置、管理水平、考核的公正性、领导作风及个人心理期望等多种综合性因素。

1995年,劳勒推出《最终竞争力》一书,同样引起强烈反响。这本书的核心思想是:通过企业高投入建立的雇主与雇员间的信任合作关系是企业竞争力最终来源,而符合这一要求的方法是高度参与。高度参与法可以替代全面质量管理方法,而且更有优越性,它能为组织提供更大的竞争优势。高度参与法为以多样化、民主化、企业家行为以及对个人的尊重为特征的组织提供竞争优势。它通过强调较少的科层等级、无缝组织、快速适应和转变、横向的工作关系以及对集体的责任心,创造富有意义和满足感的工作,给予组织最底层员工更多的信息、知识、权力和报酬,这也是组织的最终竞争力所在。《商业周刊》评价该书"透彻地分析了复杂的组织变革,挑战传统的管理假定,提出了既具有变革性又具有可操作性的管理方案"。

三、公平理论

小 王 离 去

小王大学毕业后来光电所工作已有5年时间,并曾于年前被所里派到北京参加有关智能大厦建设技术的培训。无论是从学历还是资历来看,小王在公司里都是最好的,况且小王所从事的工作有一定的技术含量,公司里暂时无人可以替代。可公司只给他普通员工的待遇,他觉得不公平,在找领导多次交涉未果后,愤然辞职。小王离去后,公司在一项工程竞标中的投标书被招标方打回,原因是标书不合格,而这项工作此前一直是由小王负责的,现在公司里的其他人都不精通这个,所以公司总经理的工作陷入了困境。

公平理论又称社会比较理论,是美国行为科学家亚当斯(J. S. Adams)在《工人关于工资不公平的内心冲突同其生产率的关系》(1962年与罗森合写)、《工资不公平对工作质量的影响》(1964年与雅各布森合写)、《社会交换中的不公平》(1965)等著作中提出的一种激励理论。该理论侧重研究工资报酬分配的合理性、公平性及其对职工生产积极性的影响。公平理论的基本观点是:当一个人做出了成绩并取得了报酬以后,他不仅关心自己所得报酬的绝对量,而且关心自己所得报酬的相对量。因此,他要进行种种比较来确定自己所获报酬是否合理,比较的结果将直接影响他今后工作的积极性。

一种比较是横向比较,即他要将自己获得的"报偿"(包括金钱、工作安排以及获得的赏识等)与自己的"投入"(包括教育程度、所做努力、用于工作的时间、精力和其他无形损耗等)的比值与组织内其他人做社会比较,只有两者相等时,他才认为公平。当他觉得不公平的时候,他可能要求增加自己的收入或减小自己今后的努力程度,以趋于相等;第二种办法是他可能要求组织减少比较对象的收入或者让自己今后增大努力程度以趋于相等。此外,他还可能另外找人作为比较对象,以达到心理上的平衡。

除了横向比较之外,人们也经常做纵向比较,即把自己目前投入的努力与目前所获得报偿的比值,同自己过去投入的努力与过去所获报偿的比值进行比较。只有相等时,他才认为公平。当他觉得不公平的时候,其工作积极性可能下降。

公平理论对我们有着重要的启示:首先,影响激励效果的不仅有报酬的绝对值,还有报酬的相对值。其次,激励时应力求公平,使等式在客观上成立,尽管有主观判断的误差,也不致造成严重的不公平感。最后,在激励过程中应注意对被激励者公平心理的引导,使其树立正确的公平观,一是要认识到绝对的公平是不存在的,二是不要盲目攀比,三是不要按酬付劳,按酬付劳是在公平问题上造成恶性循环的主要杀手。我们看到,公平理论提出的基本观点是客观存在的,但公平本身是一个相当复杂的问题。

第一,它与个人的主观判断有关。无论是自己的还是他人的投入和报偿都是个人感觉,而一般人总是对自己的投入估计过高,对别人的投入估计过低。

第二,它与个人所持的公平标准有关。上面的公平标准是采取贡献率,也有采取需要率、平均率的。例如,有人认为助学金改为奖学金才合理,有人认为平均分配才公平,也有人认为按经济困难程度分配才适当。

第三,它与业绩的评定有关。我们主张按绩效付报酬,并且各人之间应相对平衡。但如何评定绩效？是以工作成果的数量和质量，还是按工作能力、技能、资历和学历？不同的评定办法会得到不同的结果。最好是按工作成果的数量和质量，用明确、客观、易于核实的标准来衡量，但这在实际工作中往往难以做到，有时不得不采用其他的方法。

第四，它与评定人有关。绩效由谁来评定？是领导者评定还是群众评定抑或自我评定，不同的评定人会得出不同的结果。由于同一组织内往往不是由同一人评定，因此会出现松紧不一、回避矛盾、姑息迁就、抱有成见等现象。

据调查，不公平的感觉是被提到频率最高的引起对工作不满的根源，因而公平理论在企业的薪酬设计中更加突显其重要性。将公平理论应用于薪酬制度，可以得到三种公平的表现形式：内部公平、外部公平和员工个人公平。员工对于企业的不满主要表现为上述三方面的原因，其中内部公平和外部公平是薪酬设计的关键考虑因素，个人公平虽然难以从外部表现来衡量，但对于员工积极性的影响也是实实在在的。

四、强化理论

强化理论是美国的心理学家和行为科学家斯金纳（Burrhus Frederic Skinner）等人提出的一种理论。斯金纳在心理学的学术观点上属于极端的行为主义者，其目标在于预测和控制人的行为而不去推测人的内部心理过程和状态。他提出了一种"操作条件反射"理论，认为人或动物为了达到某种目的，会采取一定的行为作用于环境。当这种行为的后果对他有利时，这种行为就会在以后重复出现；不利时，这种行为就减弱或消失。人们可以用这种正强化或负强化的办法来影响行为的后果，从而修正其行为，这就是强化理论，也叫作行为修正理论。

斯金纳所倡导的强化理论是以学习的强化原则为基础的关于理解和修正人的行为的一种学说。所谓强化，从其最基本的形式来讲，指的是对一种行为的肯定或否定的后果（报酬或惩罚），它至少在一定程度上会决定这种行为在今后是否重复发生。根据强化的性质和目的可把强化分为正强化和负强化。在管理上，正强化就是奖励那些组织上需要的行为，从而加强这种行为；负强化就是惩罚那些与组织不兼容的行为，从而削弱这种行为。正强化的方法包括奖金、对成绩的认可、表扬、改善工作条件和人际关系、提升、安排担任挑战性的工作、给予学习和成长的机会等。负强化的方法包括批评、处分、降级等，有时不给予奖励或少给奖励也是一种负强化。

斯金纳开始只将强化理论用于训练动物，如训练军犬和马戏团的动物。以后，斯金纳又将强化理论进一步发展，用于人的学习上，发明了程序教学法和教学机。他强调在学习中应遵循小步子和及时反馈的原则，将大问题分成许多小问题，循序渐进；他还将编好的教学程序放在机器里对人进行教学，收到了很好的效果。斯金纳的强化理论和弗隆的期望理论都强调行为同其后果之间关系的重要性，但弗隆的期望理论较多地涉及主观判断等内部心理过程，而强化理论只讨论刺激和行为的关系。强化理论的具体应用及行为原则包括：

第一,经过强化的行为趋向于重复发生。所谓强化因素,就是会使某种行为在将来重复发生的可能性增加的任何一种"后果"。例如,当某种行为的后果是受人称赞时,就增加了这种行为重复发生的可能性。

第二,要依照强化对象的不同采用不同的强化措施。人们的年龄、性别、职业、学历、经历不同,需要就不同,强化方式也应不一样。有的人更重视物质奖励,有的人更重视精神奖励,应区分情况采用不同的强化措施。

第三,小步子前进,分阶段设立目标,并对目标予以明确规定和表述。对于人的激励,首先要设立一个明确的、鼓舞人心而又切实可行的目标,只有目标明确而具体时,才能进行衡量和采取适当的强化措施。同时,还要将目标分解成许多小目标,完成每个小目标都应及时给予强化,这样不仅有利于目标的实现,而且通过不断的激励可以增强信心。如果目标一次定得太高,会使人感到不易达到或者说能够达到的希望很小,这就很难充分调动人们为达到目标而做出努力的积极性。

第四,及时反馈。所谓及时反馈,就是通过某种形式和途径,及时将工作结果告诉行动者。要取得最好的激励效果,就应该在行为发生以后尽快采取适当的强化方法。一个人在实施了某种行为以后,即使是领导者表示"已注意到这种行为"这样简单的反馈,也能起到正强化的作用。如果领导者对这种行为不予注意,这种行为重复发生的可能性就会减少以致消失。所以,必须利用及时反馈作为一种强化手段。强化理论并不是对职工进行操纵,而是使职工有一个最好的机会在各种明确规定的备择方案中进行选择。因而,强化理论已被广泛地应用在激励和改造人的行为上了。

第五,正强化比负强化更有效。所以,在强化手段的运用上,应以正强化为主;同时,必要时也要对坏的行为予以惩罚,做到奖惩结合。

强化理论只讨论外部因素或环境刺激对行为的影响,忽略了人的内在因素和主观能动性对环境的反作用,具有机械论的色彩。但是,许多行为科学家认为,强化理论有助于对人们行为的理解和引导。因为,一种行为必然会有后果,而这些后果在一定程度上会决定这种行为在将来是否重复发生。那么,与其对这种行为和后果的关系采取一种碰运气的态度,就不如加以分析和控制,使大家都知道应该有什么后果最好。这并不是对职工进行操纵,而是使职工有一个最好的机会在各种明确规定的备择方案中进行选择。因而,强化理论已被广泛地应用在激励和人的行为的改造上。

对强化理论的应用,要考虑强化的模式,并采用一整套强化体制。强化模式主要由"前因""行为"和"后果"三个部分组成。"前因"是指在行为产生之前确定一个具有刺激作用的客观目标,并指明哪些行为将得到强化,如企业规定车间安全生产中每月的安全操作无事故定额。"行为"是指为了达到目标的工作行为。"后果"是指当行为达到了目标时,则给予肯定和奖励;当行为未达到目标时,则不给予肯定和奖励,甚至给予否定或惩罚,以求控制职工的安全行为。

五、目标设定理论

目标设定理论认为,目标是人们行为的最终目的,是人们预先规定的、合乎自己需要的"诱因",是激励人们的有形的、可以测量的成功标准。

目标管理由美国著名管理学家德鲁克首创,1954年,他在《管理实践》一书中,首先提出目标管理与自我控制的主张,随后在《管理——任务、责任和实践》一书中对此做了进一步阐述。德鲁克认为,并不是有了工作才有目标,而是相反,有了目标才能确定每个人的工作。所以企业的使命和任务必须转化为目标,如果一个领域没有目标,这个领域的工作必然被忽视。因此管理者应该通过目标对下级进行管理,当组织高层管理者确定了组织目标后,必须对其进行有效分解,转变成各部门以及各个人的分目标,管理者根据分目标的完成情况对下级进行考核、评价和奖惩。如果没有方向一致的分目标指示每个人的工作,则企业的规模越大、人员越多、专业分工越细,发生冲突和浪费的可能性就越大。企业每个管理人员和员工的分目标就是企业总目标对他的要求,也是员工对企业总目标的贡献。只有完成每一个目标,企业总目标才有完成的希望,而分目标又是各级领导人员对下属人员进行考核的主要依据。德鲁克还认为,目标管理的最大优点在于它能使人们用自我控制的管理来代替受他人支配的管理,激发人们发挥最大的能力把事情做好。

目标管理是以相信人的积极性和能力为基础的,企业各级领导者不是简单地依靠行政命令强迫下属去干,而是运用激励理论,引导职工自己制定工作目标,自我控制,自觉采取措施完成目标,自动进行自我评价。目标管理通过诱导启发职工自觉地去干,其最大特征是通过激发员工的生产潜能、提高员工的效率来促进企业总体目标的实现。

它与传统管理方法相比有许多优点,概括起来主要有三个方面。

第一,权力责任明确。目标管理通过由上而下或自下而上层层制定目标,在企业内部建立起纵横联结的完整的目标体系,把企业中各部门、各类人员都严密地组织在目标体系之中,明确职责、划清关系,使每个员工的工作直接或间接地同企业总目标联系起来,从而使员工看清个人工作目标和企业目标的关系,了解自己的工作价值,激发大家关心企业目标的热情。这样,就可以更有效地把全体员工的力量和才能集中起来,提高企业工作成果。

第二,强调职工参与。目标管理非常重视上下级之间的协商、共同讨论和意见交流。通过协商,加深对目标的了解,消除上下级之间的意见分歧,取得上下目标的统一。由于目标管理吸收了企业全体人员参与目标管理实施的全过程,尊重职工的个人意志和愿望,充分发挥职工的自主性,实行自我控制,因此,改变了由上而下摊派工作任务的传统做法,调动了职工的主动性、积极性和创造性。

第三,注重结果。目标管理所追求的目标,就是企业和每个职工在一定时期应该达到的工作成果。目标管理不以行动表现为满足,而以实际成果为目的。工作成果对目标管理来说,既是评定目标完成程度的根据,又是奖评和人事考核的主要依据。因此,目标管理又叫成果管理。离开工作成果,就不成其为目标管理。

由于任务管理法既规定了工作任务,又规定了完成任务的方法,而且任务和方法都有标准,职工按标准化的要求进行培训,并按标准化的要求进行操作,工作积极性和创造性受到严重的限制;而人本管理法又过于强调领导对职工的信任,放手让职工自主去工作,这又难以保证任务的完成。目标管理法将两者综合起来,即组织规定总目标,各部门依据总目标规定部门目标,把部门目标分解落实到人,至于如何达到目标则放手让工作人员自己做主。这样,既能保证完成组织的任务,又能充分发挥职工的主动性、积极性,因而目标管理法与任务管理法和行为管理法相比,是更为优越的管理方法。

目标管理提出以后,便在美国迅速流传。在第二次世界大战后,各国经济由恢复转向迅速发展的时期,企业急需采用新的方法调动员工积极性以提高竞争能力,目标管理可谓应运而生,于是被广泛应用,并很快为日本、西欧和其他国家的企业所仿效,在世界范围内蔚然成风。

目标管理可能看起来简单,但要把它付诸实施,管理者必须对它有很好的领会和理解。第一,管理者必须知道什么是目标管理,为什么要实行目标管理。如果管理者本身不能很好地理解和掌握目标管理的原理,那么,由其来组织实施目标管理也是一件不可能的事。第二,管理者必须知道公司的目标是什么,以及他们自己的活动怎样适应这些目标。如果公司的一些目标含糊不清、不现实或不协调一致,那么主管人员想同这些目标协调一致,实际上是不可能的。第三,目标管理所设置的目标必须是正确的、合理的。所谓正确,是指目标的设定应符合企业的长远利益,和企业的目的相一致,而不能是短期的。所谓合理,是指设置目标的数量和标准应当是科学的,因为过于强调工作成果会给人的行为带来压力,导致不择手段的行为产生。为了减少选择不道德手段去达到这些效果的可能性,管理者必须确定合理的目标,明确表示行为的期望,使得员工始终具有正常的"紧张"和"费力"程度。第四,所设目标无论在数量还是质量方面都具备可考核性也许是目标管理成功的关键。任何目标都应该在数量上或质量上具有可考核性。如果目标管理不可考核,就无益于对管理工作或工作效果的评价。

正因为目标管理对管理者的要求较高,且在目标的设定中总是存在这样、那样的问题,使得目标管理在付诸实施的过程中,有时容易流于形式,在实践过程中有很大的局限性。

六、委托-代理理论

委托-代理理论的创始人包括威尔逊、罗斯、福尔摩斯、毛里斯、赫德和格罗斯曼等。委托-代理理论是契约理论的重要发展,是基于两个基本假设提出的。第一,委托人对随机输出没有直接贡献;第二,代理人行为是不容易被委托人直接观察到的。委托-代理理论认为,委托-代理关系普遍存在于经济生活中。一般而言,委托人会事先确定报酬机制,以激励代理人做出相应的行为选择,以实现自身收益的最大化。

企业代理理论认为，企业管理者是企业股东(投资者)的代理人，委托人(股东)委托其经营管理企业。这里，委托人和受托人存在一种契约关系，但这种契约是不完全的，反映在委托者与受托者是作为不同类型的财产所有者组成企业的，在什么情况下做什么、得到什么，这些都不是完全清楚的。因此，受托人或者经营管理者是否采取主动、积极的态度，可能成为决定企业经营成败最重要乃至最关键的因素。

但是，由于契约的不完全性，委托人与代理人存在信息不对称，可能会导致道德风险，即管理者注重短期利益，无视企业的永续经营目标。然而，针对公司的战略发展、经营管理等问题进行决策是企业管理者最重要的工作，通常这些决策所带来的影响是长期的。针对高级管理人员的短期行为和企业长期效益之间存在的矛盾，委托人与代理人之间通常需要经过一系列的博弈，从而建立一种能有效激励与约束企业管理者的契约，使委托人与代理人的目标函数尽可能在同一时间达到一致，使代理人更愿意努力工作，实现委托人的意愿，减少机会主义行为和委托监督成本。在所有权与控制权分离下，股东与管理者之间始终存在利益冲突，导致了委托-代理问题和高管人员激励约束问题的产生。解决这个问题的有效措施是激励管理者自觉选择有利于股东的行动，因此建立标准化的现代公司制是企业委托-代理的前提，尽管目前大多数企业没有建立规范的现代公司制，但它是企业发展的必然趋势，因此，委托-代理理论思想依然可以用来指导企业建立管理者的长期激励机制。

在现实经济中，委托-代理关系是非常普遍的。例如，雇主与雇员、股东与经理、医院与医生、被告与律师等。在这些例子中，前者是委托人，后者是代理人。委托人委托代理人处理与自己有关的一些事务，并支付相应的报酬。但是，由于代理人的利益往往与委托人的利益并不一致(有时甚至可能完全不同)，因此，对委托人来说，一个至关重要的问题就是：如何确保代理人按照自己的要求行事？这就是所谓的委托-代理问题。如果委托人对代理人的行为及其可能造成的后果有充分的了解，即具有完全的信息，则解决委托-代理问题就不会有太大的困难。他可以与代理人签订一份详细的合同，规定代理人应尽的责任，并对代理人的行为进行严格的监督，如果发现代理人有违约之处，就按照合同规定对其实施处罚。在这种情况下，委托-代理关系就不会出现严重的问题。但是，在现实生活中，委托人对代理人的情况往往缺乏足够的了解。委托人很难有足够的时间和精力来监视代理人的一举一动。即使有这样的时间和精力，也可能缺乏必要的知识和能力，更何况在许多场合，监督本身也许都不可能。

在这种信息不完全、委托人无法对代理人行为进行直接监控的条件下，委托人有什么办法能够确保代理人不偷懒、不耍滑、严格按照合同的规定来为自己利益服务呢？实际上，委托-代理问题也可以被看成一种外部影响。代理人不按合同规定尽责尽力而偷懒或"干私活"的行为对委托人造成了损害，却没有对这种损害进行补偿或因这种损害而受到惩罚。和其他外部影响一样，由于信息不完全而引起的委托-代理问题也会给市场机制的正常运行带来困难，从而造成低效率的结果。解决委托-代理问题的一个方法是采用"木马计",将委托人自己的利益"植入"代理人的利益之中,或者"搭载"到代理人的利益之上,当代理人为自己的利益而采取行动时,同时也就是在为委托人的利益服务。

> **想一想**
> 请思考以上不同的激励理论并进行比较。

第三节 分层次的绩效薪酬类型

员工绩效有个人绩效与团队绩效之分,相应的绩效薪酬也有个人绩效薪酬与团队绩效薪酬两种模式。个人绩效薪酬是根据个体绩效水平给予劳动回报,它强调奖励个人的工作绩效,给予差别化的薪酬。在实践中,基于个人绩效基础的薪酬制度能有效地促进员工的积极性、创造性和主动性,越来越多的企业采用了这一模式。团队绩效薪酬作为支持团队合作方式的激励模式,是指不以员工个人绩效为基础而实施影响员工报酬的绩效薪酬方式,在实践中,企业一般会根据团队绩效和企业绩效来实施集体绩效薪酬。

绩效薪酬是关注个人还是关注团队?绩效薪酬关注对象的确定受到企业文化价值观和不同发展阶段的战略等因素的影响,如绩效从个人层面上得到衡量,那么每个人得到的绩效薪酬是建立在自己绩效基础上的,个人绩效在企业中得到最大化体现,有利于强化个人的行为与结果,但可能不太能满足团队协作和最大化团队绩效的要求。绩效薪酬也可以通过向一个团队或单位的每个员工提供一种群体绩效薪酬,即基于团队、业务单位或整个组织的绩效;还可以先衡量团队或单位的绩效来确定绩效薪酬总额,然后依据员工个人绩效对绩效薪酬总额进行划分,员工获得的绩效薪酬是基于团队和自身的绩效。

一、个人绩效薪酬

(一)个人绩效薪酬的特点

1. 个人绩效薪酬模式的优点

(1)在适宜的环境下,个人绩效薪酬可以起到良好的激励效果。所谓环境适宜,一方面是指整个社会宏观环境较为稳定;另一方面是指企业内部工作任务独立性强,易于独立完成。在这样的情况下,员工的个人努力与工作绩效能紧密联系,使员工明显察觉到,通过他们自身适当的行为确实能为其带来令人满意的工作结果,从而对员工工作产生极大的激励作用。

(2) 个人绩效薪酬有助于吸引和留住成就导向型的员工。根据员工个人的工作实绩计酬,高绩效者拿高薪酬,低绩效者拿低薪酬,让员工感到收入差别的压力,从而产生追求高绩效的成就感,进而引导和树立一种重绩效的企业文化,以吸引和留住成就导向型的员工。

(3) 个人绩效薪酬也有助于给员工带来强烈的个人公平和成就感。在适宜的环境下,员工通过自己的劳动创造出可量化的工作成绩,获得有价值的奖励,会感觉到企业对自己劳动的尊重。

2. 个人绩效薪酬模式在实践中体现的问题和弊端

(1) 个人绩效薪酬模式在实践中体现为对团队精神的挑战。因为个人绩效付薪重视个体的业绩,经常导致竞争行为,而不是合作行为,有损团队合作精神。

(2) 个人绩效薪酬模式本身的实施具有狭隘性。个人绩效薪酬模式十分强调个人绩效与薪酬的紧密联系,但是在实际操作中,个人绩效的绝对量化非常困难或者是不可能的。

(3) 鼓励员工注重短期效益,损害企业长期利益。在衡量绩效时,企业往往侧重的是可量化的绩效,如销售量、销售收入、产量等,使之与员工的薪酬挂钩,而忽视了其他能影响企业长期效益的因素。

(4) 对绩效的衡量标准会因环境的变化而变化,与员工的努力脱节。当市场的情况由增长转为衰退时,员工尽管付出了更多的努力,但往往达不到以前制定的标准,从而得不到更多的薪酬,于是不满情绪就会产生。

(二) 计件工资

计件工资制是指按照生产的合格品的数量(或作业量)和预先规定的计件单价来计算报酬,而不是直接用劳动时间来计量的一种工资制度。计件工资制是间接用劳动时间来计算工资的制度,是计时工资制的转化形式,指需按已确定的定额和计件单价支付给个人的工资。它的一般表现形式有:超额累进计件、直接无限计件、限额计件、超定额计件等。在实际生产经营中,要实行计件工资制,企业生产需具备相应的客观条件,如需要有明确的方法以计量产品的数量,需要有明确的标准以确认产品的质量,并需制定合理的劳动定额标准和相应的统计制度等。

计件工资可以提高工人工作的积极性,但单价的制定又是个关键。万一工厂机器维修、调试设备等就会浪费很多时间,远远没有计时工资稳定。

1. 实行计件工资制的条件

实行计件工资制的工种或单位应具备一定的条件:

(1) 能准确计量产品数量;

(2) 有明确的质量标准,并能准确检验;

(3) 产品的数量和质量主要取决于工人的主观努力;

(4) 具有先进合理的劳动定额和较健全的原始记录;

(5) 生产任务饱满，原材料、燃料、动力供应和产品销路正常，并需要鼓励其增加产量。

2. 如何计算计件工资

计件工资具有直接无限计件工资、有限计件工资、累进计件工资、超额计件工资等多种。计件单价，指实行计件工资制时，企业为职工完成的每件合格产品（或某项作业）规定的工资支付标准。计件单价是根据工作物等级、相应的计时工资标准和劳动定额计算出来的，是支付计件工资的主要依据。所以计件单价是否科学合理，主要取决于正确确定工作物等级和劳动定额。

计件单价的公式如下：

（1）按产量定额计算。

$$计件单价=该工作物等级的单位时间的工资标准$$

（2）按工时定额（单位时间的产量定额）计算。

$$计件单价=该工作物等级的单位时间的工资标准×单位产品的工时定额$$

集体计件的公式如下：

（1）按产量定额计算。

$$计件单价=集体计件单位定员内全体人员的工资标准之和$$

（2）按工时定额（定员内全体人员单位时间内产量定额）计算。

$$计件单价=集体计件单位定员内全体人员单位时间的工资标准之和 \\ ×定员内全体人员单位时间内的产品工时定额$$

（三）佣金制

佣金制常用于销售员工。企业销售人员的薪资大部分是根据产品的销售额所得的佣金，具体形式主要有以下八种。

1. 纯佣金制

纯佣金制指的是按销售额（或毛利、利润）的一定比例进行提成，作为销售报酬，此外销售人员没有任何固定工资，收入是完全变动的。纯佣金制的销售报酬制度在美国有20%左右的企业采用，国内的企业运用得也较多。计算公式如下：

$$个人收入=销售额（或毛利、利润）×提成率$$

纯佣金制的实施需要一系列的条件，具体包括已有人获得众所周知的高额收入，收入一旦获得，就有一定的稳定性和连续性；从开始工作到首次提成的时间无须太长。纯佣金制适用的产品应是单价不特别高但毛利率又非常可观的产品。

纯佣金制最大的优点就在于销售报酬指向非常明确，能激励销售人员努力工作。它还将销售人员工资成本的风险完全转移到销售人员自身，大大降低了公司运营成本的压力。当然,其弊端也是很明显的:完全的佣金行为导向使得销售人员热衷于进行有利可图的交易,而对其他不产生直接效益的事情不予重视,有时甚至会损害公司的形象;纯佣金制带给销售人员的巨大风险和压力,减弱了销售队伍的稳定性和凝聚力;易于助长销售人员骄傲自大、不服从管理、不尊重领导的倾向。

2. 基本制

基本制指将销售人员的收入分为固定工资及销售提成两部分,销售人员有一定的销售定额,当月不管是否完成销售指标,都可得到基本工资即底薪;如果销售人员当期完成的销售额超过设置指标,则超过以上部分按比例提成。基本制实际上就是混合了固定薪金制和纯提成制的特点,使得销售人员收入既有固定薪金做保障,又与销售成果挂钩;既有提成的刺激,又给员工提供了相对固定的收入基础,使他们不至于对未来收入的情况心里完全没底。正因为基本制兼具了纯薪金制和纯提成制的特点,所以成为当前最通行的销售报酬制度,在美国约有50%的企业采用。用公式表示如下:

个人收入=基本工资+(当期销售额-销售定额)×提成率

或:

个人收入=基本工资+(当期销售额-销售定额)×毛利率×提成率

在实际工作中,有些公司名义上实行的也是工资加提成的收入制度,但是规定如果当月没有完成销售指标,则按一定的比例从基本工资中扣除。例如,某公司规定每月每人的销售指标为10万元,基本工资1 000元,当月不满销售指标的部分,则按1%的比例扣款。这实际上是一种变相的全额提成制,因为它除了指标前后比例不一定一致以外,性质都是一样的。

3. 瓜分制

瓜分制是指事先确定所有销售人员总收入之和,然后在本月结束后,按个人完成的销售额所占总的销售额的比例来确定报酬,从而瓜分收入总额。公式表示如下:

个人月工资=团体总工资×(个人月销售额÷全体月销售额)

或:

个人月工资=团体总工资×(个人月销售毛利完成额÷全体月售毛利完成总额)

团体总工资=单人额定工资×人数

瓜分的人数起码多于五人,否则易于串通作弊,从而达不到鼓励内部竞争、提高工作效率的目的。瓜分制的优点在于操作简单、易学易懂、成本相对固定却照样能鼓励竞争。其主要弊端是员工理解较为困难,引发的较为激烈的内部竞争不利于部门之间的工作协调。

4. 浮动定额制

浮动定额制指的是将每月的销售定额(当月的销售总额除以销售人员人数所得的人

均销售额)乘以一定比例,如果某员工的个人实际完成销售额在定额以下,则只拿基本工资,如果完成的销售额在浮动定额以上,则超过定额部分按一定比例提成,外加基本工资。公式表示如下:

$$个人工资 = 基本工资 + (个人当期销售额 - 当期浮动定额) \times 提成率$$
$$当期浮动定额 = 当期人均销售额 \times 比例$$

其中,设定的比例一般为 70%～90% 较为合适。采用浮动定额制时要确保如下两条:第一,每个销售员的销售机会比较均衡;第二,参与浮动定额制的销售人员人数尽可能多。

浮动定额制可以综合反映市场行情,减弱环境的剧烈变化对销售人员收入的影响;操作起来比较简单,可以减少误差程度;能够充分鼓励内部员工竞争,大大提高工作效率,有助于控制成本。但是浮动定额制引发的激烈的内部竞争有损内部的团结合作。

5. 同期比制

同期比制指的是每人与上一年同期比较销售额,如果比上一年差,则予以处罚,处罚程度与下降比例挂钩。

实施同期比制主要是防止销售人员由于工作时间较长、资格较老而出现"老油条"的工作态度;或者是不安心于本职工作,在外兼职而导致销售额下降。它不适合由于市场状况整体恶化而导致的销售额下降。其最大优点就在于见效快,但缺点也很明显,容易产生矛盾,而且由于操作时前后换算困难,因此,采用同期比制往往只能持续几个月时间。

6. 落后处罚制

规定凡销售额倒数第一名、第二名、第三名……予以罚款。

落后处罚制是针对公司销售员中出现较多的松懈、不认真努力工作的情况而采取的一种治乱之法。其优点是处罚面小,影响面大,能对其他人起到警示作用。缺点是易于使后进人员产生消极心理,甚至与管理者对抗或离开公司,所以这种方法主要应用于国有企业。

7. 排序报酬制

所谓排序报酬制,即把所有销售人员的报酬或工资各自固定,统计出当月各位销售员的销售额,最后按照第一名、第二名、第三名……的顺序发放工资。

实施排序报酬制应注意将最后一名的工资与倒数第二名的工资拉开较大的差距,以防止出现吃大锅饭的情况。该法所调动的积极性与收入差距正相关。

计算公式:

$$个人工资 = 最高个人工资 - (高低工资差距 \div 当期人数) \times (名次 - 1)$$

当市场形势急剧变化而无法确定销售定额、提成率时,可以考虑排序报酬制。

排序报酬制剔除了市场变化对销售的影响,使职工的收入有保障,又鼓励了适度的竞争;对于销售队伍的稳定和提高销售员的忠诚度有好处。但是在原有的销售额已经很高的情况下,将很难鼓励新的突破。

8. 谈判制

所谓谈判制,是在基本制(基本工资加提成)的基础上对据以提成的销售收入与提成定额之间的差距予以调整,销售人员按调整后的标准获得报酬。

采取谈判制可以克服产品销售价格弹性过大、企业难以控制的缺点,一定程度上预防了销售人员为成交而故意压低价格的现象发生。因为提成标准与实际价格和计划价格之间的系数密切相关,如果销售人员故意以低价成交,那么这一系数必然随之减小,这样销售员即使完成很多销售额,也很难拿到提成或提成很少,销售人员必然会权衡利弊,使企业的价格维持在合理的水平上。

 延伸阅读

业务代表薪酬制度

业务代表是企业的一线人员,合理的薪酬体系能充分调动业务代表的工作积极性,原先干多干少一个样、干与不干一个样的大锅饭制度已经被干多拿得多、干少拿得少的制度彻底更替,至于业务人员到底该拿多少,企业在发薪水的时候究竟发多少,需要企业建立一套行之有效的薪水制度。

1. 高底薪+低提成

平均底薪高于同行,以适当或略低于同行的提成发放奖励。该制度主要在外企或国内大企业中采用。

该制度容易留住具有忠诚度的老业务代表,也容易稳定一些能力相当的人才,但是该制度往往对业务代表的学历、外语水平、计算机水平有一定的要求,所以门槛相对高些。

2. 中底薪+中提成

该制度以同行的平均底薪为标准,以同行的平均提成发放提成,主要在国内一些中型企业运用,对于一些能力不错而学历不高的业务代表有很大的吸引力。业务代表考虑在这样的企业长期发展,主要受中国传统的中庸思想影响,比上不足比下有余。

3. 少底薪+高提成

该制度以低于同行的平均底薪甚至以当地的最低生活保障为底薪标准,以高于同行业的平均提成发放奖励,主要在国内一些小型企业运用。该制度不仅可以有效促进业务代表的工作积极性,而且企业也无须支付过高的人力成本,对于一些能力很棒、经验很足而学历不高的业务代表有一定的吸引力。

最具创新的是国内某保健品企业,该企业采取服务营销体系,其薪水制度为:该城市最低生活保障＋完成业务量×制定百分比(10%)。

这种薪水制度,往往造成两种极端:能力强的人吃撑着,能力弱的吃不着。

4. 分解任务量

这是一套比较新的薪水发放原则,能够公平地给每个业务代表发放薪水,彻底打破传统的底薪＋提成制度。

某公司共10个业务代表,制定的销售任务为50万元,那么每人的平均任务是5万元,当业务代表刚好完成属于自己的任务额5万元时,就拿到平均工资3 000元,具体发放方式有一个数学公式可以计算:平均薪水×完成任务÷任务额＝应得薪水。

按照上面的例子来计算,当一个业务代表完成10万元的销售额,那么应该得到的薪水就是6 000元。这种薪水制度去繁就简,让每个业务代表清楚地知道可以拿多少钱,可充分激励优秀的业务人员,并且可以让滥竽充数的业务人员混不下去。

5. 达标高薪制

顾名思义,这是一个达到标准就可以拿到高工资的薪水制度。对于业务人员来说,有一个顶点可以冲刺,这个顶点并非遥不可及,应当让10%左右非常有能力的业务人员拿到,这样才能激发更多的业务人员向目标冲刺。

某销售公司采取达标高薪制,给业务代表开出的薪水是10 000元/月,销售人员必须达到20万元的销售业绩才能拿到这1万元的薪水,业务代表平均距离20万元中间的差距,按照8%扣除,比如完成了10万元,实际薪水只能发放2 000元。

具体发放方式有一个数学公式可以计算:

最高薪水－(最高任务额－实际任务额)×制定百分比＝应得薪水

这里的"制定百分比"非常关键,应略大于最高薪水除以最高任务额的数值。

6. 阶段考评制

该薪水制度采取的也是底薪＋提成制度,常规按月发薪水,但有一项季度考核指标,采取季度总结考核的方式。具体操作方式是每月发放薪水的时候,提成不完全发放。比如提成只发放3%,剩下的5%要到3个月后,按照总业绩是否达标进行综合考评,然后再发放3个月的累计提成薪水。

该方式能有效杜绝业务人员将本应该完成的业绩延后,或提前预支下个月的业绩,并且有效减少有能力的业务人员干不满3个月就走人的情况发生。对于业务人员来说,每3个月都有一笔不少的"额外"薪水,相当于一年多发了4次薪水,对业务人员也是一种不小的鼓励。

二、团队绩效薪酬

(一) 团队绩效薪酬的优点和特点

团队绩效薪酬是指不以员工个人绩效为基础实施旨在影响员工报酬的绩效薪酬方式,一般根据团队层次或者整个企业层次来实施集体绩效薪酬。在团队绩效薪酬的实际操作中,经常使用的形式是利润共享计划和增益分享计划。

1. 团队绩效薪酬的优点

(1) 促进合作,提高团队精神。在团队绩效薪酬下,个人对自身需求的实现缺少足够的独立控制能力,相反,因为集体绩效薪酬制度的理论和实践原则是强调奖励集体而非个人的绩效,个人绩效与奖励有赖于团队和整个企业的成功。

(2) 个人绩效与组织使命密切联系。一个设计良好的团队绩效薪酬方案会因为企业整体生产率的提高而奖励员工,实现个人绩效与组织使命的密切联系。

(3) 这是一种双赢的制度。实施团队绩效薪酬的企业中,因为个体收益与组织的财务收益是紧密联系而且高度一致的,所以员工在尽可能创造合作绩效的时候,也创造了良好的个人绩效。

2. 团队绩效薪酬的特点

第一,团队绩效薪酬制度设定与量化指标的设计,需要和团队整体的目标相配套,这个目标最好是可量化、可评估的目标。

第二,根据不同团队的职能特点,设定相契合的绩效考察模式和条件。

第三,在团队绩效考察中设定个人和团队领导之间的权重配比关系,按照不同岗位和级别设定不同的分配权重,从而自上而下地形成完整的绩效薪酬制度。

第四,设计团队薪酬制度需要充分考虑团队类型和工作模式,根据工作量、里程碑目标、业绩指标等考察条件进行团队整体的绩效设定。

团队层面的绩效薪资包括收益共享、利润共享、员工持股等,能够强化和鼓励员工为部门或组织的最大利益升华个人目标。那些希望形成较强团队意识的组织的一种做法,就是通过把团队绩效和个人报酬相联系,调动员工为团队的成功做出额外贡献的积极性。

> 想一想:
> 团队绩效薪酬和个体绩效薪酬有什么不同?

(二) 斯坎伦计划

20世纪30年代中期,美国曼斯菲尔德钢铁厂的工会主席约瑟夫·斯坎伦提出了一项劳资协作计划,指出如果雇主能够将因大萧条而倒闭的工厂重新开张,工会就同工厂一同努力降低成本。20世纪40年代中期,斯坎伦又提出了一种以工资总额与销售总额的比例数来衡量工资绩效的办法。后来,斯坎伦计划不断得到补充和完善,成为人力资源薪酬管理的一种经典模式。

斯坎伦计划从人事方面着手进行改革,就是改变组织成员的态度评价准则、作风、行为以及人与人之间的关系。这种方法假定人是推动变革或抵抗改革的主要力量。贯穿于这种方法中的一条线是组织成员之间的权力再分配。这种权力的再分配可以通过鼓励下级人员独立决策和开辟沟通意见的渠道来实现。斯坎伦计划的基本原则包括以下四点。

第一,一致性。这意味着组织要将目标或任务明确地阐述给员工,使员工的参与和组织的目标紧密联系。

第二,能力。斯坎伦计划对员工能力有较高层次的期望,认为员工在计划的驱使下会产生变革的需要,并具备改善工作过程的愿望和基本能力。

第三,参与制。为让员工更好地了解建议的流程,组织要设立专门的建议委员会,员工提出改进的建议上交这些建议委员会,再由委员会挑选合适的提交管理高层决策,其功能主要是把握建议计划的实际运行和评估活动。

第四,公平性。组织的成功并不是某一个人或某一个群体的功劳,而是建立在员工、客户和投资者三方共同努力的基础上,他们会共同分享这一计划的成果。

斯坎伦计划具有三个最重要的特征。

第一,强调参与性的管理。管理人员和员工应该不分彼此,给员工一种公司属于自己的感觉,让每个人都明白个人的薪酬的增加是建立在彼此坦诚合作的基础上的,并将公司的薪酬激励和员工的建议系统结合在一起。公司的每个部门都有一个由管理人员和员工代表组成的员工委员会,并为员工提供提出改进建议的机会,鼓励员工向公司提出提高生产力的建议。

第二,员工委员会负责执行激励计划,包括对改进建议进行价值评估、应用奖金计算公式和重新设计奖金计算公式等。

第三,应用斯坎伦计划的公司都采用适应本公司的奖励分配计算公式。

斯坎伦计划中的奖金计算公式如下:

$$\begin{aligned}奖金 &= (单位销售收入工资含量标准 - 实际单位销售收入工资含量) \\ &\quad \times 销售收入 \times 分配系数 \\ &= (按标准计算的工资总额 - 实际工资总额) \times 分配系数\end{aligned}$$

斯坎伦计划是许多公司广泛采用的劳资计划。这项计划鼓励下级人员承担更多的责任,与下级部门共同享有治理的职权。斯坎伦计划既可以用于企业,也可以用于某个部门,比较适用的部门是生产部门和销售部门,特别是成本控制领先的行业,公司所有员工,从经理到工人,从主管人员到办事人员都参与提出节约成本、改进生产和管理的方法,而员工随着参与决策程度的提高,抱怨情绪也相应减少,对组织的忠诚度和满意度也不断提高。

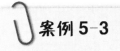

案例 5-3

斯坎伦计划计算案例

某公司去年商品值为 10 000 000 元，总工资额为 400 000 元，目前的商品产值为 9 500 000 元。

标准工资成本为 9 500 000×(400 000÷10 000 000)=380 000 元，实际只有 330 000 元。

$$节约成本=380\ 000-330\ 000=50\ 000\ 元$$
$$员工奖金=50\ 000\times 0.75=37\ 500\ 元$$

其余的 25% 则是公司预留的储备金，以供日后所需。

（三）拉克计划

拉克计划由经济学家艾伦·拉克(Allen Rucker)于 1933 年提出，是收益分享计划的一种。拉克计划与斯坎伦计划相似，区别就在于它所关注的不仅是劳动成本的节约，而且是整个生产成本的节约。

拉克计划采用一个价值增值方式来计算企业的劳动生产率。企业的价值增值等于企业的销售额减去其购买原材料和其他各种供给、服务的成本。然后企业可以用价值增值与雇佣成本的比例来衡量企业的劳动生产率，这一比率被称为拉克比率。企业利用当期的拉克比率与基期的或者预期的拉克比率相比较，如果当期的拉克比率高于基期的或者是预期的拉克比率，就代表企业的劳动生产率获得了提高，可以将生产率提高部分带来的收益在企业和生产团队的员工之间进行分享。

收益分享部分计算公式：

$$收益分享总额=（当期的拉克比率-基期的拉克比率或预期的拉克比率）\\ \times 当期的雇佣成本$$

$$拉克比率=（销售额-购买原材料成本-供给成本-服务成本）/雇佣成本$$

（四）其他团队绩效薪酬

1. 现金现付制

现金现付制(current profit sharing)一般指将实现的利润按照预定部分分给员工，将绩效薪酬与工作表现直接挂钩，即时支付、即时奖励，需要注意的是要把基本薪酬与绩效薪酬分开。现金现付制一般每季度或每年发一次现金奖励。

2. 递延式滚存制

递延制(deferred profit sharing)是将利润中应该发给员工的部分转入该员工的账户，

作为他们退休后的收入。这对跳槽形成一定的约束,但员工看不到眼前的利益,反而降低了激励的效果。

3. 现付与递延结合制

即以现金支付一部分应得的绩效薪酬,余下部分转入员工账户,留待将来支付。这种方式既保证了对员工有现实的激励作用,又对员工日后比如退休后的生活提供了一定的保障。

第四节 长期绩效薪酬

案例 5-4

沃尔玛利润分享计划

沃尔玛是全球最大的私人雇主,领导和员工及顾客之间呈倒金字塔的关系,顾客放在首位,员工居中,领导则置于底层。

沃尔玛认为"接触顾客的是第一线的员工,而不是坐在办公室里的官僚"。领导就是给予员工足够的指导、关心和支援,让员工更好地服务顾客。下属对上司也直呼其名,营造上下平等、随意亲切的气氛,有的只是分工不同。

领导者要在待人接物所有方面都关注人的因素,了解员工的为人及其家庭,还有他们的困难和希望,表现出对他们的关心。沃尔玛对员工利益的关心有详尽的实施方案。公司将"员工是合伙人"这一概念具体化为三个互相补充的计划:利润分享计划、员工购股计划和损耗奖励计划。

1971年,沃尔玛开始实施第一个计划,保证每个在沃尔玛公司工作了一年以上以及每年至少工作1 000个小时的员工都有资格分享公司利润。沃尔玛运用一个与利润增长相关的公式,把每个够格的员工的工资按一定百分比放入这个计划,员工离开公司时可以取走这个份额的现金或相应的股票。另外,沃尔玛还对有效控制损耗的分店进行奖励,使得沃尔玛的损耗率降至零售业平均水平的一半。

一、员工持股计划

曾经热播的电视剧《乔家大院》中有这样一节:乔致庸为留住马荀,答应给学徒满四年继续留任的伙计一厘身股,可见"股权激励"古已有之。国内股权激励发展最早可追溯到20世纪80年代开始的股份制改造,20世纪90年代实行了经营层激励试点,再到管理层收购（MBO）盛行，一直到2016年《上市公司股权激励管理办法》（以下简称《办法》）出台。

员工持股计划是一种由员工持有本企业股权或股票的股份制形式。20世纪50年代，美国经济学家路易斯·凯尔索认为，生产要素只有资本与劳动两种。现代市场经济和科技进步使资本投入对产出的贡献越来越大，少数拥有资本的人却能获得大量财富，这势必造成资本的急剧集中和贫富差别的迅速扩大，产生严重的分配不公，成为影响社会稳定和生产力发展的隐患。凯尔索为此提议，建立一种使产权分散化、让员工都能获取生产性资源、实现劳动收入和资本收入促进经济增长和社会稳定的制度。员工持股计划就是实现这一目标的一种方案。

美国实施员工持股计划获得了巨大成功。据美国的一项专题调查证明，实行员工持股的企业与未实行员工持股的同类企业相比，劳动生产率高出30%左右，利润大约高出50%，员工收入高出25%～60%。目前，员工持股已经成为一种国际趋势。20世纪90年代末，英国约有1 750家公司、200万员工参加了政府批准的员工持股计划。法国工业部门企业员工持股率超过50%，金融业中有的企业已达90%以上。德国把实施员工持股作为吸引员工参与管理、保留人才、促进企业发展的一项基本制度。日本绝大多数上市公司实行了员工持股。在新加坡、泰国、西班牙等国家，员工持股也十分流行。员工持股计划形式多样，各具特色。按照员工持股的目的，主要可分为福利型、风险型和集资型。

（一）福利型员工持股

福利型员工持股有多种形式，目的是为企业员工谋取福利，吸引和保留人才，增加企业的凝聚力；将员工的贡献与拥有的股份挂钩，逐步增加员工股票积累；并把员工持股与退休计划结合起来，为员工的未来积累多种收入来源。诸如，将实行员工持股与社会养老计划结合起来，员工每月拿出一部分工资购买企业一定比例的股权；向员工（主要是退休雇员）和高级管理人员提供低价股票、实行股票期权、进行企业与员工利润分享等方式，也属于福利型的员工持股。

（二）风险型员工持股

风险型员工持股的直接目的是提高企业的效率，特别是提高企业的资本效率。它与福利型员工持股的区别在于，企业实施风险型员工持股时，只有企业效率增长，员工才能得到收益。

（三）集资型员工持股

集资型员工持股的目的在于使企业能集中得到生产经营、技术开发、项目投资所需要的资金，要求企业员工一次性出资数额较大，员工和企业所承担的风险也较大。

各种类型的员工持股各有特点和利弊，三者都有激励员工的作用，不同之处在于福利型员工持股侧重于把员工持股同养老和社会保险结合起来，为员工增加收益，从而解除员工退休后的后顾之忧，起到激励员工长期为企业尽心尽力工作的作用；不足之处是易使员工产生福利收益固定化的思想，不利于发挥其应有的激励作用。风险型员工持股，主要通过员工出资购买或以降薪换取企业股份，并规定较长期限内不能转让兑现来建立风险共担、利益共享的机制；但风险过大，时间过长，可能使员工对预期的收益目标失去信心。集资型员工持股初衷是企业通过员工出资来缓解资金不足的矛盾，实现个人利益与企业发展的结合；它在那些经营缺乏资金，一时又难以通过贷款解决的中小企业采用较多，实施前要充分考虑风险性和员工的承受力。

员工持股管理暂行办法

为规范、引导上市公司实施员工持股计划及其相关活动，中国证监会对上市公司实施员工持股计划相关问题进行了研究并起草了《上市公司员工持股计划管理暂行办法（征求意见稿）》。

二、股票期权

（一）股票期权的概念

股票期权是指某公司授予一定对象可以在一定时间内，以一定价格购买一定数量公司股票的权利。事实上，股票期权就是一份法律合同，使得被授予人可以购买公司股票并确定购买股票价格，行使期权的条件、时间以及整个期权的有效期。20世纪90年代初，我国开始引入期股期权激励制度，自2005年的股改实施以来，许多上市公司纷纷采用股票期权制度对本公司管理人员和技术人员进行激励。

在期权激励方案中，广泛采用财务状况指标作为衡量奖励规模的基本准则。最近，非财务状况因素引起了人们的重视，诸如顾客的满意度、技术的提高、组织或雇员的认同等。实际上，通常公司既采用组织目标也采用个体目标，多数情况下这些目标有财务的、非财务的，或者二者兼具。较为典型的是建立薪酬委员会，其成员主要有董事会成员和外部专家，公司高级管理人员的激励支付由委员会决定，下一层人员的激励支付则由高级管理人员决定。类似电力设施公司这种股票股息较高的公司，也已经开始将经理股票期权与股息挂钩，同时规定只有在行使期权时，经理人员才能获得股息。按国际惯例，期权计划必须有2至5年的行权期和10年左右的有效期，从而规避短期行为，实现长期激励。

股票期权变现的办法、经营者的股票期权的变现时间和方式比较灵活。一方面可以在任期届满时一次性变现股票期权，另一方面可以在任职期间对其进行考核，合格后每年按一定比例变现股票期权。在兑现股票期权时，以经营者责任和权利对等为原则，并根据合同规定的标准以及相关要求进行严格考核后，才能兑现股票期权；如不符合合同的标准和要求，将不能兑现，并且适度扣减抵押金。

（二）股权激励与员工持股计划

股权激励办法中，被激励者并非通过公允价购买股票，公允价与实际购买价之间的差价就是激励的来源。具体来说，股权激励规定了两种形式：一种形式叫期权，即可以用现在的价格在未来某一时间购买股票，其内在逻辑是预计将来股价会上涨，以这个差价进行激励；另一种形式叫限制型股票，即将股票以低于当前市场价格的价格卖给被激励者，这也是用差价做激励。员工持股计划的管理办法规定与上述不同，其获得股票的股价是市场价，员工一样可以在市场上以市场价购买股票，那么激励效果从哪里来呢？员工持股计划通常会有配套措施，如控股股东可以向员工赠送股票，比如员工按照市场价买一股，控股股东再赠送一股，这种激励效果就与期权或限制型股票的激励效果一致了。另外一种情况是，员工买一股，同时可以向公司借钱再买几股，借的钱不收利息或只收定息。这相当于公司为员工加了杠杆，假定将来股票有高盈利，被激励员工还本付息之后获得盈余就达到了激励效果。

此外，两者的激励对象略有不同。员工持股计划主要是面向基层员工，《关于上市公司员工持股计划管理暂行办法》中规定，员工持股计划的参与对象为公司员工，包括管理人员。股权激励的对象包括上市公司的董事、监事、高级管理人员、核心业务和技术人员，以及公司认为应当激励的人员，主要是激励高管和核心的业务和技术人员。

三、虚拟股份

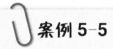

案例 5-5

晋商票号身股制

晋商开创身股制，允许伙计和掌柜将自己的个人劳动力转化为资本，形成人力资本（身股），与出资人的货币资本（银股）共同享有平等的分红权，被尊为企业股权激励鼻祖。

身股获得资格：包括掌柜等高级管理者，许多优秀的伙计也有获得顶身股的机会。从记录来看，顶身股的员工基本占员工总数的 1/4～1/3。

身股数量：大部分伙计只能顶 1～3 厘身股，管账和寄信的伙计可以顶 4～7 厘，从事管理工作的掌柜顶 8～10 厘，个别也有 12、13 厘者。

分红模式：普遍采用银股和身股平等分红模式，避免因规模扩大带来的收益的摊薄。

分红数量：在票号经营鼎盛的 20 世纪初，单个账期（4 年）内最多分红 2 万两。当时，一个七品县令一年的俸银不超过三四十两，以顶 10 厘身股的票号掌柜为例，其年收入为县官收入的 120～150 倍。

> 调整机制：伙计在经营中出现过失，轻则降低身股，重则取消顶身股资格；有重大过失，开除出号；业绩突出，在财年结束会给予奖励，提高身股数量。

（一）股份虚拟的构成

股份虚拟由虚拟价值股份和风险股份两大部分构成。虚拟价值股份由岗位股份、工龄技能股份和岗位责任股份三个部分组成。岗位股份是以职工所在的岗位设备的原值按一定比例划分的股份额，这种比例是根据职工购买风险股金的能力确定的，一般是设备原值的5%至10%，这是虚拟价值股份的原始基体，职工上交风险股金后即"买断"所在岗位的使用权；工龄技能股份是以每个职工（包括管理人员）参加企业工作的时间长短而确定的股份额，每一工龄年递增若干股，员工中途离厂重新计算工龄，既体现了经验的价值，也体现了技能的价值；岗位责任股份是以每个管理人员所在岗位的重要程度和管理范围的责任大小而设立的股份额，是每个管理人员投入企业的管理要素所产生的报酬额，体现了知识和技术要素的价值。

风险股份是按每个员工岗位股份、工龄技能股份和岗位责任股份之和的一定比例上交企业的现金股金，是根据每个员工投入企业生产要素的质量、价值、作用而以现金形式上交企业的资本金和应得的收益比例。

（二）股份虚拟的实质

股份虚拟作为一种激励工具，只是通过合理利用资产权属的人格化、具体化界定的方式而强化经营者和劳动者对国有资产保值增值的责任，并不改变生产资料的所有制性质。股份虚拟的实质是职工对国有资产所有权的虚拟。岗位股份和责任股份对岗不对人，股权不能转让，上岗者对其岗位股份只有使用权和收益权，没有所有权，不能分割后变为个人财产，不能作为遗产继承，只在本企业有效，职工离岗时，其股份被企业收回，由下一任继任者再持有；同时承担风险，一旦企业亏损或破产，职工所持股份自然就贬值，甚至失去依托而失业。职工和管理人员权利平等，有着共同的利益和责任。

（三）股份虚拟管理的特点

股份虚拟不仅仅是针对经理等企业经营管理人员，还包括企业不同操作层次、各个岗位的全体员工。全员参加、全方位展开、全过程贯彻、岗位股份全面虚拟、风险金全员上交、责任全面落实，是股份虚拟管理的突出特点。从管理者到职工，从技术人员到一线职工，纵向到底，横向到边，人人都有岗位股份、技能股份和风险股份。人人处于责任状态，事事处于受控状态，实现了全员的、全过程的、全岗位的股份虚拟管理。股份虚拟管理作为一种经营管理方式，是通过合理利用资产权属的人格化、具体化界定的方式而强化经营者和劳动者对企业资产保值增值的责任，并不改变生产资料的所有制性质。

> **延伸阅读**
>
> ### 上市公司股权激励办法
>
> 《关于修改〈上市公司股权激励管理办法〉的决定》已经于 2018 年 1 月 15 日由中国证券监督管理委员会 2018 年第 1 次主席办公会议审议通过,经国务院同意,自 2018 年 9 月 15 日起施行。

本章小结

本章首先介绍了绩效和绩效薪酬的相关概念,以及绩效激励的经典基本理论。目前对绩效的界定主要有以下三种观点:产出说、行为说和综合说。绩效薪酬是指将员工的财务回报与其工作绩效联系,以工作绩效作为员工报酬的基础。

其次介绍了分层次绩效薪酬,包括个人绩效薪酬和团体绩效薪酬的相关类型和设计。个人绩效薪酬是根据个体绩效水平给予劳动回报,它强调奖励个人的工作绩效,给予差别化的薪酬。在实践中,基于个人绩效基础的薪酬制度主要表现为计件工资、佣金制等。团队绩效薪酬作为支持团队合作方式的激励模式,是指不以员工个人绩效为基础而实施影响员工报酬的绩效薪酬方式。在实践中,基于团队绩效基础的薪酬制度主要表现为斯坎伦计划、拉克计划和其他团队绩效薪酬。

最后介绍了长期绩效薪酬,包括员工持股、股权激励和虚拟股票等模式的分析和应用。

复习思考题

1. 绩效和绩效薪酬的概念是什么?
2. 经典的绩效激励理论有哪些?
3. 个人绩效薪酬的特点和主要类型是什么?
4. 团体绩效薪酬的类型有哪些?
5. 长期绩效薪酬的几种类型有哪些?具体如何应用?

案例分析

企业要利润,员工要收入

如何设计具有激励性的薪酬绩效模式成为当下企业最关心的问题之一,企业要利润增长,员工要收入提高,那么到底如何设计薪酬绩效模式才能让企业在不增加额外的人力成本上,利润持续增长,达到企业与员工共赢的良性循环?

一家建筑公司,员工工资五年来没有变化,员工普遍要求涨工资,否则就跳槽离职,迫于压力,企业决定答应所有员工工资上调15%。但是工资上调了,员工并没有满意,工作激情并没有提高。

思考题

(1) 企业要利润,员工要收入,两者之间如何协调?

(2) 该建筑公司所有员工上调15%,为什么没有达到预期的效果?

第六章 薪酬预算与沟通

本章学习目标
- 了解薪酬预算的目标和关键决策,并掌握薪酬预算的方法
- 掌握薪酬控制的对象和途径,使企业能有效地设计薪酬体系
- 能够认识到薪酬沟通的重要性,并掌握薪酬沟通的具体步骤

【导入案例】

　　M企业经历十几年艰辛创业和发展,已成长为一家集技术投融资、项目建设和项目托管于一体的综合性专业环境工程公司。M公司的人员也由最初的十几人发展到现在的300多人。由于发展速度很快,部门也逐渐增加,组织架构也处于经常的调整之中,投资公司、子公司、独立托管项目部也在短短几年内相继成立和运营。在企业快速成长过程中,领导很困惑:成立一个投资公司/子公司/项目部,各负责人就会说人不够,逼着我签字招人,而且人总是不够。人力资源部门也拿不出很好的建议,能压就压,压不住就逼到我这里来了。财务中心年底利润核算,看不到预期利润。企业内部出现了营销中心"签单很热闹"、财务中心"资金运营紧张"、总经办"工资成本逐年水涨船高"、员工抱怨"收入偏低"的现象。下属和管理人员抱怨:"公司真小气,销售额越来越高,怎么发的工资没见涨多少?"财务部门也抱怨:"管理费用太高,能发的工资就这么多,总经办怎么不控制人员?"人力资源部门更是觉得冤枉:"公司要扩展业务,我能不花钱招人进来吗?再说平均工资涨得很少啊!"

第一节 薪酬预算概述

一、薪酬预算的目标

　　薪酬预算是企业管理者对企业未来薪酬支出的一种预测,其中包括企业薪酬的支出

预测和企业薪酬的增长预测,这种预测是为了在人工成本支出方面进行权衡和取舍。因此,薪酬预算是薪酬管理一个非常重要的环节,也是企业经营计划和组织规划的重要组成部分。薪酬预算是薪酬控制的重要环节,科学的薪酬成本控制体系都是由薪酬预算开始的。准确的预算可以保证企业在未来一段时间内的薪酬支出受到一定程度的协调和控制。薪酬预算的目标有:

一是合理控制员工流动率,同时降低企业的劳动力成本,保证实现企业所有者的收益最大化目标。预算计划将被设定为企业薪酬管理一个既定的标准的目标,用来衡量预算期间的实际开支是否超出了企业的预算范围。公司编制薪酬预算后,可以在经营活动中很好地调控管理者的决定及决策,避免了管理者在工资、奖金等方面任意发挥。

二是有效影响员工的行为。员工的流动率受雇佣关系中诸多因素的影响,而薪酬水平是其中非常重要的一个影响因素;员工的绩效表现对于企业而言也是至关重要的。

二、薪酬预算的关键决策

(一)薪酬调整比例

不论是固定调薪还是普调,都可以进行薪酬预算。固定调薪的百分比和调薪时间是固定的,非常容易预估具体的金额。按照普调的方案也可以进行预估,比如,普调方案中规定,试用期内员工不参加年度普调,这时候就可以预估参与普调的员工比例。

(二)薪酬调整时间

调薪时间点的预估也是与薪酬预算直接挂钩的,根据调薪方案中的生效时间预估薪酬调整时间点。比如,公司规定,每年6月份进行调薪申请、审批,每年7月份生效。在进行薪酬预算的时候就是在7月份进行调薪。

(三)薪酬调整人数

在公司中,部门、岗位不是一成不变的,会根据公司的战略调整而发生变化。这种变化会体现在年度人力资源预算中,即新增了哪些部门/岗位、取消了哪些部门/岗位、合并了哪些部门/岗位等。员工人数变化肯定会影响薪酬预算,比如,公司预算中新增网管一名,预计在5月份入职,在进行薪酬预算时就要在5月份增加预计入职的这名网管的预算。

进行薪酬预算时切忌操之过急,一定要考虑周全后再操作,包括社保基数年调、公积金基数年调、最低工资调整等都要考虑进去,在相应的月份进行预算金额调整。

三、薪酬预算的环境

影响企业确定薪酬预算的因素有很多,只有在做好合理分析的基础上才能做合理的薪酬预算方案,一般从外部环境和内部环境两个方面来分析。

(一)公司外部环境

公司在制订薪酬标准的时候会考虑外部薪酬水平,通过与外部市场的薪酬水平对比来确定自己公司在劳动力市场上的定位。公司有了准确的薪酬定位，才能为编制薪酬预算打好基础。市场行情可用市场工资率来表示。如果企业员工的薪酬水平低于市场工资率，则容易造成企业人才的外流。所以，在确定企业薪酬总额时，必须通过薪酬调查，了解同行企业的薪酬水平，并进行比较分析，确保同类岗位的薪酬水平不低于同行企业，适当增加具有企业特征的保险、福利和一些非经济性报酬，使本企业的薪酬形式丰富，且更具吸引力。

1. 调查对象

薪酬调查时选择调查对象很重要，这时候要秉持"只选对的，不选贵的"，也就是要选择有可比性的公司，而不能一味追求"高端大气上档次"的公司。一般选择的调查对象有以下四类：（1）同行业、同类型的公司；（2）其他行业但有相似岗位的公司；（3）在同一地区进行招聘的公司；（4）在雇佣员工方面是竞争对手的公司。

2. 岗位选择

进行薪酬调查不一定必须将全公司所有岗位调查一遍，这要看这次薪酬调查的具体目的，如果是针对全员的调薪或者薪酬结构调整，可以进行全岗位调查；如果只是针对管理层的，就只需要调查管理岗位。进行薪酬调查的时候不仅要关注岗位名称，更要关注岗位工作内容是否具有可比性。岗位可比性可以从以下方面进行对比：工作性质、难易复杂程度、岗位责权利、任职资格、劳动强度、工作环境等。还是那句话，选择调查的岗位必须具有可比性。

3. 调查内容

大家都知道薪酬调查肯定要调查基本工资、绩效工资、奖金、津贴等，但除了这些，我们还应该调查年终奖、股票期权、公司福利等。

（二）公司内部环境

公司内部环境与公司现阶段执行的薪酬政策及招聘计划有关，企业内部环境的变动情况主要源于员工队伍本身发生的变化，如员工数量的增减以及员工的流动。正常来说，公司内部每年会有晋升的员工需要加薪升职，也会有普调的员工，还有降薪降职甚至解除劳动合同的员工。员工发生变化会直接影响公司的薪酬。比如，公司内部每年有两次调薪的机会，这两次调薪的人员百分比和调薪百分比都要体现在薪酬预算当中。技术的进步也会对薪酬预算的内部环境产生较大影响，企业总体技能水平的提高或降低足以发挥出不亚于其他因素的影响作用。

另外，公司新增加的待招聘岗位或者员工流失导致的待招聘岗位都会影响公司薪酬，比如，新增加的岗位是之前没有的，因此新岗位的预计入职月份、预计薪酬标准等都要计入薪酬预算。

（三）其他环境分析

1. 企业支付能力

衡量企业支付能力的指标主要有人事费用率、劳动分配率、损益平衡点等。

(1) 人事费用率。

计算公式为：

$$人事费用率 = \frac{人工费用}{销售额}$$

由上式可见，如果企业的销售额较大，销售业绩较好，那么人工费用也可以相应增加，因为企业的支付能力较大；如果企业的销售额较低，那就不应该盲目增加人工费用的支出。这里，人工费用不仅包括员工的基本薪酬、奖金、津贴和福利，也包括录用、培训员工所发生的一切费用。

在实际中，可以根据过去数年的经营实绩求出人工费用与销售额的合理比率，再根据比率求出合理的适合企业承受能力的人工费用。

例如，假设人工费用比率为17%，某企业现有人员100名，每人月均薪酬800元，计划上升率为10%，则其人工费用总额变化如下：

现行人工费 = 100×800×12 = 96（万元）

目标人工费 = 100×800×1.1×12 = 105.6（万元）

所以，该企业的目标销售额为：

目标人工费÷(人工费÷销售额) = 105.6÷17% = 621.2（万元）

而目前销售额为：

96÷17% = 564.7（万元）

可以看出，如果该企业主管决定调薪10%，那么它的销售额也应提高10%（621.2÷564.7），这样才能吸收因调整薪酬而增加的人工成本。

(2) 劳动分配率。

计算公式为：

$$劳动分配率 = \frac{人工费用}{附加价值}$$

附加价值 = 销售额 − 外部购入价值（材料+外托加工费）

根据劳动分配率，可以求出合理的人工费率，公式为：

$$合理人工费率 = \frac{人工费用}{销售额} = \frac{附加价值}{销售额} \times \frac{人工费用}{附加价值}$$

$$= 目标附加价值率 \times 目标劳动分配率$$

根据劳动分配率，还可以求出合理的薪酬调整比率。例如，某公司上年度人工费为1 191万元，附加价值为4 390万元，到本年度第一季度人工费为322万元，附加价值为1 212万元，若四月份开始调薪，则合理的调整幅度如下：

上年度劳动分配率 = 1 191÷4 390 = 27.13%

本年度劳动分配率 = 322÷1 212 = 26.57%

由此可见,上一年度和本年度第一季度的分配比率相差不大,若第二季度的分配率定为26.57%,月平均附加值为450万元,则有:

目标人工费用＝目标劳动分配率×目标附加价值
$$=450×26.57\%=119.57(万元)$$

则该公司月平均薪酬调整额为13.39万元(目标人工费用－第一季度月平均人工费用＝119.57－107.3＝12.27万元),调整幅度为11.4%。

(3) 损益平衡点。

计算公式为:

$$损益平衡点 = \frac{固定费用}{1-\frac{流动费用}{销售额}} = \frac{固定费用}{临界利益率}$$

$$临界利益 = 销售额 - 流动费用$$

$$临界利益率 = \frac{临界利益}{销售额}$$

例如,假设某公司的固定费用(含人工费1 200万元)为2 000万元,临界利益率为40%,则损益平衡点的销售额为2 000÷40%＝5 000万元。因此人工费用支出不得超过销售额的24%(人工费用÷销售额＝1 200÷5 000)限度,否则企业将亏损。如果主管决定利润目标为600万元时,其销售额和人事费用率就发生如下变化:

销售目标＝(固定费用＋利润目标)÷临界利益率＝6 500(万元)

人事费用率＝人工费用÷销售目标＝1 200÷6 500＝18.5%

所以,该企业若实现600万元的利润,则人工费应控制在18.5%以内。

2. 员工基本生活费用

员工的基本生活费用是企业"非支付不可的费用",是合理的企业人工费用的下限。如果企业的薪酬水平低于员工的基本生活费用,员工的工作积极性就会急剧下降,企业也无法生存下去。因此,企业支付的薪酬必定高于员工的基本生活费用。

一般来说,员工的基本生活费支出由消费品物价指数、货币购买力、基本生活品的项目等因素确定。还应注意,基本生活费用应随物价和生活水平的变动而变动。要及时了解政府发布的物价指数情况;注意地区之间生活水平的差异;生活水平的确定要客观,不能无限制上升,否则将使总体薪酬水平不断增加。

想一想

1. 为什么要进行薪酬预算?
2. 影响薪酬预算的环境因素有哪些?

案例 6-1

薪酬预算：人力成本控制的"撒手锏"

很多民营企业发展速度很快，业务、人员、销售收入、组织结构、分公司/办事处发展都很迅速。一开始企业更看重的是占领市场，管理粗放，对人力成本的控制比较模糊，常常是年初摸摸口袋看有多少钱，年底再摸一摸口袋看还有多少钱。随着业务的相对稳定和品牌的提升，公司把利润看得重要了，而不再只关注规模、收入。高科技企业对知识型人才的依赖性越来越强，这时，人力成本的支出成为企业支出的一个重要方面。民营企业领导迫切地想看到："我的钱到底用在了什么地方，人力成本上我能支付多少？达到公司最高业绩目标时能发多少？达到公司最低目标时，我又能发多少？"因此，薪酬预算便成为重中之重，它是人工成本控制的重要方式之一，属于人工成本的事前控制。

很多公司常犯的最严重错误就是力图把不同系统的薪酬放在一起，看上去似乎是"集团式管理"，标准化，其实是不太合理也不太公平的，集团控制什么，控制到哪一个层级，都必须分别对待。对月度奖的标准，公司完全可以是一套系统，其他的季度奖金、年终奖、成本节约奖等不必完全控制。集团只需控制下属公司/项目部的薪酬总额，而不必精确到某个人发多少。

对 M 企业目前的薪酬进行分析，发现该企业的总公司 DY、投资公司 HY（规模 20 人左右）、设备公司 NP（60 人左右）、独立运作的项目部 GP（运营某大型工业园的废水处理，20 人左右）的整个薪酬都在总公司核算和发放。该公司采用薪酬预算五步法。

第一步：确定薪酬类型。

(1) 年薪类；(2) 提成类；(3) 其他类（与效益不直接挂钩）。

第二步：各薪酬类型的具体人员划分。

(1) 年薪类人员划分，如总经理、副总经理、总工、技术中心经理/副经理、营销中心经理/副经理、商务中心经理/副经理、工程中心经理。

企业的高层管理人员、影响企业盈利的业务核心人员（营销中心、技术中心、商务中心、工程中心）正职实行年薪制。考虑到部门内部的协调性和配合性，对副职岗位（营销中心副经理、技术中心副经理、商务中心副经理）也采取年薪制，让副职与正职共同努力，做好配合和分管工作。

(2) 提成类人员划分，如 B1 营销中心业务员/营销助理、B2 技术中心部长、B3 技术中心设计员、B4 调试技术员、B5 化验员、B6 商务中心预算员、B7 研发中心维修部全体人员。

上述把 B 类人员分为 B1/B2/B3/B4/B5/B6/B7 类人员，以便做各 B 类人员的薪酬预算，因为要考虑 B1/B2/B3/B4/B5/B6/B7 人员的年度总额的市场竞争性、月标准工资的延续性、月标准工资和提成的比例关系，以后逐年在保证年度收入逐步增加的同时加大提成的比例，降低月标准工资的占比。这是 M 公司薪酬策略的一个重要方面。B 类人员没有年终奖。

（3）其他类（与效益不直接挂钩）人员划分，如 C1 总经理助理、总经办全体管理人员、财务部全体人员、商务中心采购人员、网络管理员，C2 后勤工人，C3 工程中心管理人员。

比如技术中心的网络管理员，因为该岗位是对整个公司负责的，不享受技术中心提成分配，虽然该岗位在技术中心工作。C1/C2/C3 人员对公司价值大小不一样，他们享受的年终奖总额不同，所以对 C 类进行了 C1/C2/C3 的分类。

第三步：A、B、C 类人员薪酬结构。

薪酬结构包括月标准工资、津贴、年终奖、提成、其他四部分，其中标准工资包含岗位工资和绩效工资。

A 类：年薪。

B 类：标准工资（岗位工资＋绩效工资）、津贴、提成、其他。

C 类：标准工资（岗位工资＋绩效工资）、津贴、年终奖、其他。

第四步：薪酬预算的方法和内容。

依据公司年度经营目标、历史工资水平、B 类人员提成类人员管理办法、最高/考核/最低毛利额目标值、各类人员的年薪总额收入相对比例（如年薪占工资总额的比例）、工资总额的计提比例（工资总额与毛利额的比例）测算确定各类人员的薪酬总额的预算。

薪酬总额预算内容有标准工资总额，津贴总额（住房、电话、夜班、出差等），其他（加班、福利等）总额，提成，年终奖。

津贴和其他类的总额预算是企业相对固定的支出，不与企业的效益直接相关，故对这两项支付单独做预算。薪酬预算主要是测算工资总额（标准工资、提成、年终奖）的分类预算，工资总额预算的确定是依据毛利额的一定比例 R（工资计提比例）提取，体现员工与企业同享成功、共担风险。

净利润是公司年初做年度财务预算必须保证的，有了人力成本预算和净利润的"硬"指标，领导和财务中心可以更好地控制其他费用的支出。

标准工资总额预算方法有两种：

（1）自上而下的测算：依据工资总额预算（R 与毛利额计算出来）减去年薪制人员薪酬总额、提成类人员的提成总额、年终奖总额，余下部分即为标准工资总额，基于此再确定A/B/C人员的工资占比（如A类总额占工资总额的比例）。

（2）自下而上的测算：参照历史工资水平（各类人员的年度收入）、市场水平、历史A/B/C人员的工资占比确定A/B/C人员的年度总额进行标准工资总额预算。

这两个过程需要反复多次的测算才能确定一个合理的薪酬预算总表，特别对于第一次做薪酬预算的企业。

第五步：各类人员的薪酬总额预算。

（1）年薪类人员。依据公司年度经营的最高/考核/最低目标确定最高/考核/最低的年薪发放总额。依据年薪制岗位的重要性确定合理的标准年薪。

实际年薪＝完成经营业绩对应的标准年薪×年度考核系数（季度考核平均值）

（2）提成类人员。依据B类人员现有的职务、标准工资总额、年度薪酬水平、B类提成类人员管理办法、公司业绩目标，分别测算出B1/B2/B3/B4/B5/B6/B7人员的年薪总额。

（3）其他类人员年薪预算。依据历史平均值和增长比例确定C类人员的标准工资总额，重点是确定C类人员年终奖总额预算。为了体现年终奖与公司效益挂钩，依据经营业绩确定年终奖总额。

最高业绩目标为2个月C类人员标准工资，考核业绩目标为1个月C类人员标准工资，最低业绩为0。

经过以上的薪酬预算，公司领导、人力资源部、财务中心、各业务部门都清楚地知道公司的人力成本是如何构成的，各部门做到什么程度的业绩需要的人力成本是多少，薪酬预算不再神秘和不可控，一切都在预算之中。这样，案例中描述的困惑不存在了，而薪酬预算则变成了推动各级管理者、员工工作的动力。

资料来源：刘醇，《人力成本控制从薪酬预算开始——企业薪酬预算案例分析》，《人力资源管理》2007年第10期。

课堂训练

案例中薪酬预算的"撒手锏"是什么？

第二节 薪酬预算的方法

一般来说，薪酬预算的方法有三种：自上而下法、自下而上法，以及上下结合法（即前面两种方法的结合）。

一、自上而下法

这种方法首先确定公司的整体薪酬预算总额，由企业的高层主管决定企业整体的薪酬预算额和增薪的数额，然后将整个预算数目分配到每一个部门。各部门按照所分配的预算数额，根据本部门内部的实际情况，将数额分配到每一位员工。这是先有一个薪酬预算包，不管后面如何编制预算，数额都不能超出这个包。比如，公司薪酬预算总额为1 000万元，那最终的薪酬预算数额不能超出1 000万元。这种预算方法的好处显而易见，公司非常容易控制薪酬成本；但缺点也不容忽视，因为公司"卡死"了预算金额，因此留给管理人员的可操作空间很小，不利于激发员工积极性。由此可见，自上而下法中的预算额是每一个部门所能分配到的薪酬总额，也是该部门所有员工薪酬数额的极限。

至于部门经理将这笔薪酬总额如何分派给每一个员工，也有不同的方法。部门经理可以按企业所定的增薪准则决定员工分配的薪酬数额，根据员工的不同的绩效表现来决定增薪率的高低，或者采取单一的增薪率，不过，这样会导致底薪较高的员工的薪酬增加较多，而底薪较低的员工实际得益较小。

二、自下而上法

顾名思义，"下"指员工，"上"指各级部门，以至企业整体。自下而上法是指从企业的每一位员工在未来一年薪酬的预算估计数字，计算出整个部门所需要的薪酬支出，然后汇集所有部门的预算数字，编制企业整体的薪酬预算。

通常自下而上的方法比较实际，且可行性较高。部门主管只需按企业既定的加薪准则，如按绩效加薪、按年资或消费品物价指数的变化情况等调整薪酬，分别计算出每个员工的增薪幅度及应得的薪酬金额。然后计算出每一部门在薪酬方面的预算支出，再呈交给高层的管理人员审核和批准，一经通过，便可以着手编制预算报告。这种方法与第一种正好相反，公司不会先确定整体薪酬预算总额，而是要求各部门自行估算薪酬数额并上报公司汇总，公司根据各部门编制并上报的薪酬预算数额编制整体薪酬预算。这种预算方法的好处是各部门负责人可操作空间大，灵活性高，容易激励员工增强员工满意度；但这种方法也有缺点，因为公司没有整体掌控薪酬预算总额，因此预算出来的结果很可能较实际偏高，不容易控制公司的薪酬成本。

三、上下结合法

该方法兼具前两种方法的特点，既有公司整体的薪酬预算总额，也需要各部门自行估算薪酬预算数额。

一般说来，自下而上法不易控制总体的人工成本；自上而下法虽然可以控制总体的薪酬水平，却使预算缺乏灵活性，而且确定薪酬总额时主观因素过多，降低了预算的准确性，不利于调动员工的积极性。

由于两种方法各有优劣,通常企业同时采用这两种方法。首先决定各部门的薪酬预算额,然后预测个别员工的增薪幅度,并确保其能配合部门的薪酬预算额。如果两者之间的差异较大,也要适当调整部门的预算额。

选择了合适的预算方法之后,还要制定薪酬预算表,以便统计与分析。薪酬预算表有两种类别:一种是部门薪酬总额预算表,如表6-1所示;另外一种是个人薪金预算表,如表6-2所示。企业应根据不同的情况灵活加以运用。

表6-1 部门薪酬总额预算表

部门名称	岗位数目	员工人数	目前薪酬总额	人均薪酬总额	部门工作绩效	预测增额(%)	预测薪酬总额	预测人均薪酬总额

表6-2 个人薪金预算表

姓名	部门	岗位名称	受聘日期	最近一次调薪		工作表现	目前薪金	预测增长(%)	预测薪金
				日期	数额				

课堂讨论

薪酬预算自上而下、自下而上和上下结合的方法都有什么优缺点,每种方法的主要操作方法是什么?

延伸阅读

制定企业薪酬预算六步法

第一步,分析企业的经营目标及支付能力。

在做薪酬预算时,第一步也是最重要的一步,就是先分析企业的经营战略目标和当期的经营目标。企业的经营战略决定了企业整体上对人力资源的需求情况,进而影响企业的薪酬总额预算。企业的当期经营目标也会对薪酬预算产生直接影响。在薪酬预算之前,企业当期的具体经营目标,如销售收入、成本、费用、净利润等,是决定薪酬总额的基础。在明确了企业战略目标和当期经营目标后,就可以有明确的依据分析企业的薪酬总额支付能力。

一般来说,衡量企业薪酬总额支付能力的指标选取薪酬费用率、薪酬收入率和薪酬利润率三个,其中,薪酬费用率＝薪酬预算总额/企业费用预算总额,薪酬收入率＝薪酬预算总额/企业收入预算总额,薪酬利润率＝企业利润总额预算/薪酬总额预算。

第二步,分析企业历史薪酬数据、人员流动情况及外部市场变化情况。

在分析了企业经营目标和支付能力的基础上,做薪酬总额预算,需要进一步分析企业的历史薪酬数据、人员流动情况及外部市场变化情况,尤其是人员流动情况及外部市场变化情况每年都不同,需要进行详细分析。企业的历史薪酬数据应该是一个基础,薪酬具有一定的刚性和延续性。

人员流动是每个企业都存在的,人员流动分析是对人力资源需求和供给的预测,主要包括总人数的变化、员工晋升比例、新增员工数量、员工离职数量等。分析外部市场的变化情况,主要是关注企业所处的市场人力资源供求情况、同行业企业的人力资源变化情况,同时还要分析市场同等职位的整体薪酬水平。

第三步,制定企业薪酬策略。

在企业经营目标、支付能力、历史薪酬数据分析、人员流动分析和外部市场薪酬水平分析的基础上,企业必须要确定自身的薪酬策略。企业薪酬策略包括了薪酬水平策略,如领先型、跟随型、滞后型等;另外,薪酬策略也要明确薪酬的激励策略,即重点激励的岗位、人员,以及激励的具体方式;薪酬策略还包括薪酬结构的调整策略,即薪酬的具体构成、分布、比例,部门分布、比例,薪酬分级、分层、幅宽等。

第四步,确定薪酬总额预算及年度调整幅度。

在企业经营目标、支付能力、历史薪酬数据、人员流动和外部市场薪酬水平已进行分析,并明确了企业自身薪酬策略的基础上,就可以确定薪酬总额预算及年度调整幅度了。

可以根据企业的销售收入、企业成本、企业费用、企业利润等直接确定一个大的比值,参照企业历史薪酬数据、人员流动和外部市场薪酬水平,依据薪酬策略的指导,就可以确定薪酬总额。薪酬总额确定后,再根据企业经营目标的增长情况,适度调整薪酬总额增长幅度,或者是薪酬总额的最大值。

第五步,将薪酬总额分配到部门及员工。

对于确定后的薪酬总额预算,可以根据薪酬激励策略,参照原来各部门在薪酬总额中所占的比重、各部门的业绩,来初步分配各部门的薪酬总额预算。在将薪酬总额分配到各部门时,需要考虑不同的薪酬构成造成的不同结果,如有的企业绩效工资在薪酬总额中所占的比例比较高,就需要预留出足够的额度用作提成、奖金等绩效工资的发放。

在将薪酬总额预算初步分配到部门后,还需要将薪酬预算分配到员工。这是一项更加细致的工作。要对每个员工确定调整规则,如依据能力进行薪酬调整、依据绩效进行薪酬调整等。

第六步,结合部门/员工需求及预算申请对薪酬预算进行反复调整并最终确定。

以上的步骤所执行的薪酬预算方法有自上而下的过程,也有自下而上的过程,但在薪酬预算制定的实践工作中,这是一个反复的过程。从企业战略目标出发的这一预算思想最终还需要与企业内的部门负责人和员工的实际需求去碰撞,反复权衡;而且,在这个过程中,两种需求的数据肯定存在一定的差距,甚至有时是较大的差异,所以,在薪酬预算的过程中就需要反复测算,不断进行调整,最终使从企业出发的数据和从员工需求出发的数据趋于一致,才能作为最终的薪酬预算结果。综合起来看,薪酬预算是企业经营目标、支付能力与外部市场碰撞后,在企业内部分部门、分人员逐层落实的过程。

课堂训练

总结一下薪酬预算包括哪六个步骤。

第三节 薪 酬 控 制

薪酬控制是指企业对支付的薪酬总额进行测算和监控,以维持正常的薪酬成本开支,避免给企业带来过重的财务负担。薪酬是企业人工成本的主要组成部分。为了达到对企业成本的有效控制,遵循薪酬管理的经济化原则,企业应通过各种科学的方法和指标,对薪酬水平和薪酬支付过程实施协调和控制,把对薪酬控制体系和指标的设计作为整个薪酬管理系统设计中必要的组成部分。

一、薪酬控制的难点

对于任何一个企业来说,对日常经营活动(包括薪酬管理)进行监督和控制都不是一件轻松的事情。实际的控制要受到多种因素的制约甚至阻碍,而这种情况之所以会出现,主要是因为控制行为本身的复杂性所致。这种复杂性主要表现在以下三个方面。

(一)控制力量的多样性

在一定程度上,每个人都有控制他人的欲望。在企业中,每个人都为实现企业的整体目标而完成自己的手头工作,同时也为实现个人目标而进行种种努力;他们不可避免地要因为受控而承受来自企业和其他员工的压力,同时也在向他人施加一定的压力。概括来说,企业里的控制力量主要有以下三种:企业里现有的正式控制体系、来源于小团体或特定个人的社会控制以及员工的自我控制。为了对企业里的各项事宜(包括薪酬)进行有效监控,通常要把这三种控制力量整合在一起,对员工发挥相同方向的作用。但事实上,真正实现这种和谐的可能性是小之又小的,员工在大多数时候都必须在各种冲突力量之间进行选择,这也是企业里的控制体系为什么总是处于次优状况的重要原因。

(二) 人为因素的影响

企业的控制体系在不同的时候、处在不同的环境下、面对不同的对象会发挥出不同的作用。举例来说,如果各项工作职责的设计和履行之间彼此独立,工作周期本身又比较短,那么控制体系的作用效果就比较明显;如果从事工作的是一名新员工,对于控制力量本身有着较强的需求,控制的效果也应该不会太差。但是,如果某项工作职责在最终结果出来以前要求在职者接受多年的培训、在很长的时间里与不同的岗位打交道,那么对其进行监控就不会有很明显的效果。这种情况下,借助于社会控制和自我控制的力量往往能够收到更为理想的效果。

(三) 结果衡量的困难性

在企业的日常运营过程中,对一些工作行为(如管理人员经营决策的正确与否)进行观察往往是很困难甚至是不大可能的。

二、薪酬成本的评估与控制

薪酬成本评估与控制是在确定了薪酬总额的基础上,对企业支付的薪酬成本进行评估和核算,并采用各种有效的方法对过高的薪酬成本进行控制,适当调整各项薪酬之间的比例关系,使薪酬的分配达到最优、最经济的状态。

(一) 薪酬成本的评估

薪酬成本评估包括两方面:一方面是将薪酬成本与企业的其他财务指标进行比较,由此可以看出企业薪酬支付的总体水平;另一方面,企业的薪酬是由各种形式的薪酬构成的,一般可量化的基本经济性报酬包括基本工资、奖金、津贴和福利。这几种薪酬形式各有各的特点,对企业薪酬支付和人工成本费用的影响各不相同。因此,在薪酬控制阶段,必须对薪酬的各项成本进行评估,弄清这几项基本薪酬在企业薪酬支付中的数量和比例是否合理,是否需要调整。

通常可采用下列计算方法来估计公司的人工成本,每种方法可以提供不同的资料。

(1) 每个员工年均薪酬总额。计算公式为:

$$每个员工年均薪酬总额 = 企业年度薪酬总额 \div 企业员工人数$$

(2) 薪酬占销售额的百分率。计算公式为：

$$薪酬占销售额的百分率 = 企业薪酬总额 \div 企业的销售额 \times 100\%$$

(3) 薪酬占营运成本的百分率。计算公式为：

$$薪酬占营运成本的百分率 = 企业薪酬总额 \div 营运成本 \times 100\%$$

(4) 福利支出比率，即福利项目的开支占全部薪酬的百分数。计算公式为：

$$福利支出比率 = 福利项目的开支 \div 薪酬总额 \times 100\%$$

当福利支出比率过高时，说明奖金与津贴的比例较小，企业的薪酬结构的激励效果必然欠佳。这时要加以适当地调整，增加奖金的比重，减少福利开支。

(5) 每年员工福利的总支出。将每个员工的福利额相加，便得到了公司的总体福利开支。可将公司总体福利开支数额与市场上其他公司的福利水平加以比较，确定合理的福利开支。

(6) 近几年总薪酬及平均薪酬的转变及趋势。考察近几年企业薪酬的变化趋势，计算其变化的速率。

例如，某公司在 2017 年、2018 年、2019 年三年的薪酬总额分别为 135 万元、147 万元、201 万元。则其三年的平均薪酬水平为：

$(135 + 147 + 201) \div 3 = 161(万元)$。

薪酬变化率分别为：

$(147 - 135) \div 135 \times 100\% = 8.9\%$；

$(201 - 147) \div 147 \times 100\% = 36.7\%$。

这说明公司的薪酬逐年上升的比例明显加大，需要引起主管人员的注意。

(二) 薪酬水平的控制

延伸阅读

中央企业工资总额管理办法

《中央企业工资总额管理办法》于 2018 年 12 月 11 日经国务院国有资产监督管理委员会第 158 次主任办公会议审议通过，自 2019 年 1 月 1 日起在央企全面施行。明确对中央企业工资总额实行分类管理、分级管理，明确规定中央企业工资总额预算主要按照效益决定、效率调整、水平调控三个环节决定。从宏观层面完善国家、企业和职工三者工资分配关系，加大出资人向中央企业董事会授权的同时，也同步对责任落实和制度配套进行了规定。

由于薪酬的敏感性与刚性,薪酬总额的控制一直是企业薪酬管理的老大难问题。在企业经营过程中,薪酬控制的对象在很大程度上指的是对于劳动力成本的控制,大多数企业里也都存在着正式的薪酬控制体系。一般情况下,企业的劳动力成本可以用下面的公式表示:

$$劳动力成本 = 雇佣量 \times (平均薪酬水平 + 平均福利成本)$$

劳动力成本主要取决于企业的雇佣量以及在员工基本薪酬、可变薪酬和福利与服务这三个方面的支出。

1. 通过控制雇佣量来控制薪酬

众所周知,雇佣量取决于雇佣的员工人数和他们相应的工作时数。通过这两个管理要素来控制薪酬是最简单和最直接的一种方法。

(1) 人数控制。适当裁员是在企业薪酬成本居高不下、人工费用难以控制的情况下使用的控制方法。用裁员的方法来控制薪酬必然对企业的定员和编制产生影响,所以必须按从紧的原则重新核定人员编制。

首先,应根据企业预期达到的经营规模来确定人数。其公式为:

$$年度经营规模适度定员数 = 年度人工成本预算限额 \div 预计年度人均人工费用$$

其次,在人员编制上,应以工作的满负荷为标准,合并掉工作时间不满负荷的岗位,对剩余的岗位进行重新设计和薪酬定级,让员工凭绩效、技能竞争上岗,裁去工作绩效差且技能缺乏的员工,削减因支付这部分人员的薪酬而发生的人工费用。

(2) 延长工作时间。很显然,在薪酬支付水平一定的情况下,企业里的员工越少,企业的经济压力也就越小。如果薪酬水平保持不变,每位员工的工作时间延长,那么企业就有利可图了。所以延长工作时间也是一种控制薪酬的方法,适当延长工作时间,就增加了工作量,提高了工作效率。这样做,不仅有利于控制公司的人工成本,而且可以使员工增加紧迫感,如果不努力工作将有可能失去工作机会。但企业在延长工作时间时要注意一定的度,不要超过国家法定工时,如果加班工作一定要支付加班费。

2. 通过对平均薪酬水平和结构进行薪酬控制

薪酬控制可以通过薪酬水平和薪酬构成的调整以及有目的地设计企业的福利计划实现。此处的薪酬水平主要是企业总体上的平均薪酬水平。薪酬结构则涉及基本薪酬、可变薪酬和福利支出等这样一些薪酬的构成以及各个具体的组成部分所占的比例。

(1) 平均水平的控制。冻结薪酬法是指在企业人工成本过高时,使员工的薪酬水平保持不变,冻结原计划增长的工资。暂时的薪酬冻结使公司的实力增加,节省下来的一部分资金可用于提高产品的质量或开辟新的营销网络。其最根本的一点是稳定了员工的心情,保证了公司生产的连续性,从而为公司战胜竞争对手提供了机会和支持。

延缓增薪法和冻结增薪法的目的是一致的,都是在不降低现有薪酬水平的基础上,通过对薪酬增长的控制来达到控制薪酬的目的。只是企业在延缓增薪时必须向员工做明确的说明,保证企业在摆脱困境、经济效益好转后再予以提薪。

(2) 薪酬结构的调整。与基本薪资和一些必要的福利相比,奖金和津贴由于其弹性比较大,可以适当削减和控制。如果企业人工费用过高,影响到企业经济效益的发挥,薪酬管理人员就应适当调高获得奖金的标准,压缩奖励的范围,尽量控制奖金的支出,并且适当削减一些弹性比较大的津贴项目。

具体措施主要有:要求员工少请假、缩短假期;缩小医疗保险范围,或者要求员工自己担负一部分医疗费用;调整差旅费支出,禁止乘坐一等舱位;减少公共娱乐活动等。

3. 利用一些薪酬技术对薪酬进行潜在的控制

薪酬水平可以通过以下薪酬技术来进行控制。

(1) 最高薪资水平与最低薪资水平。一般来说,每个企业会规定每个薪酬等级的最高薪资水平与最低薪资水平,其中最高薪资水平对薪酬控制的意义比较大,它规定了该职位在组织里能获得的最高价值。

(2) 薪酬比较比率。在薪酬控制中经常用到的一项统计指标是薪酬比较比率。这一数字可以告诉企业管理者特定薪酬等级的薪酬水平中值。

$$薪酬比较比率=实际支付的平均薪酬水平\div 某一薪酬区间中值$$

(3) 成本分析。成本分析的数字说服力最强。在薪酬调整前企业经常会对调整带来的经济影响进行细致全面的分析,以了解事情的全貌。

如何控制企业薪酬总额是许多企业关心的问题,而薪酬总额控制的关键就是先确定合理的薪酬总额,然后再以这个总额为标准,对薪酬实施控制。当然,企业薪酬总额的高低还与企业的薪酬策略有关。如果在产品成本中,薪酬部分所占比例很少;或者管理或生产效率很高,从而可以使单位产品的人工成本很低;或者产品具有独占性,售价高,可将高薪酬转嫁于消费者,那么可以实行高薪政策,以高的薪酬水平吸引高新技术人员,增强企业实力。如果企业的员工收入稳定、工作稳定、不愿离职;或者除基本薪资之外,还有各种可观的津贴和福利;或者企业管理健全、员工相处融洽、精神愉快,那么可以实行低薪政策,降低生产成本,提高产品竞争力。

> **课堂讨论**
>
> 比较以上各种薪酬水平控制的方法,讨论其优缺点和适用的条件。

第四节 薪酬沟通

案例 6-2

王经理是一家一级资质地产企业的工程部经理,该集团也是当地最大的地产企业,总资产约 30 亿元。该企业高速成长,目前手中有 220 万平方米的土地储备。

工程部是集团公司的重要业务部门,共有员工 14 人。王经理平时工作敬业努力,对员工的业务指导也能到位。新财年之初,公司终于打破涨薪的坚冰,在几年未普调薪酬之后,决定在今年给大家涨薪,但是最终结果出来之后,却令大家很失望,普调 5% 的比例和大家的心理预期相去甚远。员工普遍表现出了抱怨,甚至有员工开始离职,投奔给出更高薪酬的企业,在短短的两个月内有六名骨干离开了公司。

工程部经理面临巨大的压力,当人力资源总监找其谈话的时候,他说:"我也与他们进行了沟通,他们因个人原因问题离开,我也没办法。"很明显,六名骨干大多是因不满公司的薪酬而离职的,工程部经理认为薪酬政策是由公司制定的,他也无能为力。最后,工程部经理想到了调换岗位。

薪酬沟通是企业薪酬管理中不可或缺的组成部分,也是企业激励机制中极为重要的一项内容。它贯穿于企业薪酬管理的整个流程中,贯穿于薪酬方案由制定到实施、控制、调整的全过程。案例 6-2 是一个典型的有关薪酬沟通的案例,是一个很考验主管管理技巧的工作,想想把这个沟通做好,让企业满意,让员工满意,的确很难,需要一定时间的练习和提升。就像案例中的王经理一样,直接向领导把双手一摊,认为薪酬政策是公司制定的,他也没有办法。这肯定不是解决问题的方式,要想解决问题,主管就得做好薪酬沟通。

一、薪酬沟通的重要性

薪酬沟通是指为了实现企业的战略目标,管理者与员工在互动过程中通过某种途径或方式将薪酬信息、思想情感相互传达交流,并获取理解的过程。也就是说,薪酬沟通主要指企业在薪酬战略体系的设计、决策中就各种薪酬信息(主要指企业薪酬战略、薪酬制度、薪酬水平、薪酬结构、薪酬价值取向等内容以及员工满意度调查和员工合理化建议),跟员工全面沟通,让员工充分参与,并对薪酬体系执行情况予以反馈,再进一步完善体系;同时,员工的情感、思想与企业对员工的期望形成互动,最终达成共识,共同努力推动企业战略目标的实现。

事实上,企业在刚刚开始设计和制定薪酬方案的时候,就应考虑如何就该方案与员工进行沟通。在通常情况下,薪酬沟通本身往往开始得很早,远在新的薪酬战略开始实施以前,不仅如此,它还需要贯穿于薪酬方案的整个生命周期当中。无数事实证明,良好的企业必然存在着良好沟通。正如美国著名未来学家奈斯比特指出的那样:"未来的竞争是管理的竞争,竞争的焦点在于每个社会组织内部成员之间及其外部组织的有效沟通上。"随着全球化市场竞争的加强,企业对员工的依赖越来越强,且已认识到薪酬体系的精心设计和良好沟通已经成为有效激励员工、提高组织盈利率的关键要素。

首先,薪酬沟通能够为员工创造良好的工作"软"环境,使员工生活和工作在一种人际关系和谐、心情舒畅的工作氛围中,激发员工的工作热情,吸收并留住人才。

其次,薪酬沟通可以把企业价值理念、企业目标有效地传导给员工,把企业目标分解成员工个人成长目标,使企业和员工融为一体,引导员工行为与企业发展目标一致,从而极大地调动员工的积极性与热情,使企业效益得到提高。

再次,薪酬沟通具有预防性。在企业与员工或外界沟通的过程中,可以发现企业中存在的矛盾,便于及时调整各种关系,消除员工的不满情绪,解决企业内部存在的矛盾,促进企业平稳快速发展。

最后,薪酬沟通是一种激励中隐含约束的机制。薪酬沟通不仅具有激励员工的作用,同时通过沟通这座桥梁可以让员工清楚地知道哪些是企业期望的,哪些是企业禁止的,指明了员工努力的方向。

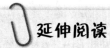
延伸阅读

年终调薪怎么调

员工对于薪酬的不满意是一个非常普遍的现象。由于人们总是存在看重自己价值、抬高自己能力而贬低他人价值贡献的倾向,所以有些人不是觉得自己的付出与薪酬获得的绝对值不匹配,就是觉得与他人的薪酬差距没有体现出相对价值的大小。每到年终,许多企业又要面对"加薪"的呼吁之声,然而调薪却并不能真正解决问题,反而是"摁下葫芦起了瓢":对一批人的调薪常常引发另一批人的抱怨,他们感觉公司只是喜欢给"哭闹的孩子吃糖",让埋头苦干的员工吃了亏;而那些得到调薪的员工,其实也未见得就满意,反而认为自己只是"争取到了本来就应得的回报而已"。于是,对薪酬实行救火式管理的企业就陷入一种恶性循环:薪酬水平越来越高,人工成本直线上升,员工的工作积极性不但没有提高,反而对薪酬的抱怨越来越多。尤其是核心员工,当他们感觉公司并不能真正按照为公司创造价值大小给付薪酬时,就会率先萌生离职的念头。这种救火式薪酬管理折射出企业的两大失误:一是没有考虑企业到底应该为谁支付高额薪酬,二是没有对如何实现薪酬公平性进行深度思考。

一、薪酬制度的政策性倾斜

有效率的薪酬制度所吸引的人才、倡导的行为以及奖励的技能一定是与企业战略发展导向一致的。企业的管理者可以通过确认组织中薪酬最高的那部分员工（相对于市场上的薪酬水平，而不仅是与企业内部相比）所具有的性格特征、表现出的行为与能力是否与实现战略目标的需要相一致来判断薪酬制度的有效性。

1. 关注核心人才

薪酬管理的目的主要是使企业能够将组织的有限资源聚焦于对组织核心人力资源的投入，同时能兼顾企业多数人的公平与感受，从而达到留住并激励核心员工、支撑组织战略实现的目的。组织的核心人力资源应具有三个特征。

首先是岗位价值高。岗位价值在不同的战略导向下会存在较大差异，以生产制造企业为例，在市场领先战略模式下，市场开发及销售岗位就成为企业关键增值岗位，而差异化战略要求员工具有更加敏锐的市场嗅觉与营销能力，新产品开发岗位也成为企业关注的重点。

其次是业绩好。具备组织核心人力资源候选资格的人才必须能够长期保持良好的业绩水平，在岗位上持续为组织提供高质、足量的稳定产出。

最后是能力强。能力强是承担高价值岗位责任的前提，也是保持良好业绩的基础，但现有能力水平只是能力强的一个方面，想成为组织的核心人力资源还必须具备进一步开发与提升的潜能。

岗位价值高、业绩好、能力强的人才对组织的贡献度明显高于其他人员，企业要能够及时将组织的薪酬政策向这些核心人才倾斜。

2. 激励关键行为

不同的战略导向对各岗位的绩效要求、行为要求也不尽相同。一般来说，处于初创期、成长期的企业薪酬设计中会侧重短期行为指标；而处于成熟期的企业则更加侧重员工的长期行为，侧重对长期指标的奖励。因此，企业在对以上岗位明确薪酬定位的同时，还要合理设计其薪酬结构及岗位绩效指标，以最大限度、最长期有效地激发员工的工作热情，保证各岗位绩效指标对组织战略的支撑作用。

刚刚谈到的是薪酬定位的倾斜，但是否对核心人才倾斜就能够达到保留人才的目的呢？根据多次在企业开展薪酬满意度调查的经验，员工对薪酬不满意的主要原因不在于绝对值偏低，而在于相对值偏低，引发员工流失的主要原因也是薪酬的相对不公平。

二、薪酬公平性——参照系的选择

薪酬公平感的源头是员工与自己所选择参照系的比较。根据员工选择的参照群体不同，可分为外部公平和内部公平。管理者的薪酬决策就是在外部公平与内部公平之间的权衡。

1. 外部公平

注重外部公平,选择高于市场水平的薪酬,在人力资源市场上就会具有较高的竞争力。外部公平为导向的薪酬策略主要通过分选效应和激励效应两种方式促进组织效率。分选效应是指用高薪酬吸引高素质或更尽职的员工来企业,通过提供高于市场的薪酬,可以迅速从市场中获得自己想要的人才。激励效应是指高薪酬水平能够激发目前任职人员付出更多的努力,其主要体现在员工害怕失去目前较高薪酬水平的就业机会,会提高努力程度,加倍努力工作,降低企业的监督成本。

很多企业面对产品市场的竞争压力,会采取低于市场工资率的薪酬水平以降低成本,谋求在产品价格上的竞争优势。但是为此要付出较高的员工离职率和招聘成本的代价,并在保持产品质量方面会面临更多的困难。

为了降低成本负担,企业可以只对战略目标贡献大的核心岗位实施高薪酬策略,而对于其他相对次要的岗位则采取较低的工资水平。在企业面临薪酬资源紧张的情况下,采取这种策略一方面吸引并留住了对组织至为关键的核心人才,另一方面也不会导致过高的人工成本。

2. 内部公平

内部公平是企业内部员工之间薪酬水平比较所获得的满足程度。公平感与员工技能、资历、绩效、职责、工作负荷、工作量等因素密切相关。由于员工的价值判断准则不同,以上因素在不同企业薪酬决策中的重要程度也不尽相同。

注重内部公平的组织往往具有较低的薪酬差距,以激发员工之间的协作与知识共享,进而对组织绩效产生促进作用。内部公平为导向的薪酬策略获得成功至少应解决好两个问题:

(1) 组织战略与员工价值判断的共识。企业的战略重点与员工的价值判断之间往往难以形成有效统一,会存在一定的冲突,甚至可能发生员工的价值判断准则与企业战略重点背离。比如,在改制前的国有企业中,大部分员工认为薪酬决策中应该充分考虑资历、员工对企业的累计贡献等因素。但是,由于企业面临市场的激烈竞争,为实现战略目标需要对具有高学历、创新精神的员工增加激励。如果以大部分员工的判断准则作为确定薪酬的依据来追求内部公平,虽然会获得较高的员工满意度,但就会与组织战略目标相违背。

(2) 同岗位群体员工之间价值判断准则的共识。不同利益群体都会在各自利益的驱动下,主张采用对自己最有利的指标作为确定薪酬的关键要素。生产人员强调应加大工作环境、工作负荷等指标的权重,而研发人员则会认为技能水平才是决定薪酬最为重要的因素;年龄大的员工强调资历的重要性,年轻员工则认为绩效才是决定薪酬的依据。

在这种组织情景下就需要以掌握企业关键资源的那部分员工的价值判断准则作为薪酬设计的主要依据,并对公司倡导的价值观进一步明确,使员工将之内化于心。只有这样才能保证企业的效率与和谐,确保薪酬管理为战略服务。

薪酬制度对企业背景具有极强的依赖性,不存在一个放之四海而皆准的薪酬制度。明确的战略定位是薪酬制度设计的前提,兼顾内部公平是薪酬制度设计考虑的重要因素,关注企业价值链增值点的转移是薪酬制度设计成功的关键。

年终调薪时,领导在清晰了组织战略及明年经营目标后,必须制定有针对性的调薪策略,并兼顾员工上年的绩效表现,实现对企业核心人力资源的有效投入,从而达到留住核心员工的目的。

资料来源:http://www.oh100.com/ahsrst/a/201705/288566.html。

二、薪酬沟通的特点

薪酬沟通作为一种有效的激励机制具有以下特征。

(一) 强激励性

企业在设计、决策及实施薪酬体系中,与员工进行有效的沟通,收集、征求员工意见和建议,让员工全面参与,从而形成人性化的薪酬制度,可以充分体现企业的人文关怀,使员工得到尊重,需求得到满足,满意度大大提高,从而产生一种主人翁责任感,能极大地调动其投入工作的积极性。因此,薪酬沟通具有较强的激励性。

(二) 互动性

薪酬沟通是一种双向沟通而非单向沟通,是一类有反馈的信息沟通。企业管理者薪酬信息传递给员工,员工对薪酬管理满意与否,到底是哪些方面不满意,以及对薪酬管理的建议传递给管理者,进而为制定新的或改善现有的薪酬体系打下基础,从而形成一种良性互动。

(三) 公开性

薪酬沟通使企业薪酬不再是个"暗箱",而是公开、透明的。每个人都可以知道他们想知道的关于薪酬的一切,如自己薪酬的构成、为何拿这么多、其他人的详细情况。不仅薪酬制度透明化,而且绩效管理制度、绩效考核指标也透明化、公平化、标准化,使员工知道薪酬高的人自有其高的理由,薪酬低的人也自有不足之处。

由于某些原因,管理者和员工之间有一定的心理距离,这种心理距离影响到沟通的平等性,不利于产生互动公平感知,因此建立双向的沟通机制就成为必要。管理者将薪酬结果及时反馈给员工,准确地为员工提供薪酬分配职位晋升的相关信息,及时肯定员工的工作业绩是一种有效的激励方式。员工和上级接触沟通,增加对薪酬制度和薪酬体系的了解,以及对薪酬结构、薪酬等级确定方法的认可,可以增加对组织的信任感,改善薪酬管理效果。管理者和员工的交流应在公开、互动的氛围中进行。

（四）动态性和灵活性

当前竞争环境的不确定性在增加，企业薪酬方案的调整频率已变得越来越高，所以薪酬沟通不能静止不动，必须时刻保持自身的动态性和灵活性，紧随企业战略变化和组织变革，成为维系企业和员工间心理契约的纽带。比如，当新的奖金方案是以质量和客户满意度为基础时，企业就必须能够持续不断地向员工提供有关企业质量改进措施和客户服务方面的信息，而员工也有权进行询问并要求组织提供反馈。

三、薪酬沟通的主要方式

（一）书面沟通

将薪酬设计的理念导向（如薪酬体系的价值导向、薪酬设计原则、薪酬框架、薪酬套改方案等）以书面方式公布，或者以内部通知的方式正式公布。

（二）面谈交流

各级管理者在书面通知的基础上，可以通过与下属员工谈话的方式进行薪酬交流。交流可以包括与员工个人密切相关的薪酬调整以及职业发展等内容。针对薪酬发生变化的不同类型员工进行个性化的沟通，以了解员工的思想动态，对有情绪的员工要做到耐心解释，做好思想安抚工作；对涨薪的员工，可以从组织认可和发展期望的角度来进行沟通，以达到激励目的。

四、薪酬沟通的主要沟通内容

薪酬标准的背后隐含着企业的价值标准和激励导向，因此，通过薪酬沟通要明确公司的价值标准，可以围绕如下问题进行：

（1）企业的薪酬战略是什么，领先型、滞后型还是跟随型战略？目标是什么，吸引、保留还是激励？侧重内部公平还是外部公平？

（2）企业的付薪要素是什么，岗位、资历、能力还是业绩？

（3）薪酬标准是如何制定的？如何将付薪要素设计到薪酬体系中？

薪酬沟通不能仅将沟通局限于薪资水平、涨降幅度，还要牵引员工站在发展的角度，长期动态地看待薪酬体系。

（1）站在组织发展的角度，要牵引员工认识行业的大环境和发展方向，了解外部市场人才情况和薪酬管理状况，理性地看待薪酬变化。

（2）站在个人发展的角度，要牵引员工看到个人的发展是如何与组织的发展结合起来的，需要强调的是，薪酬不是一成不变的，如果个人能力、个人绩效提升了，薪酬也有机会得到提升。

五、薪酬沟通的步骤

有效的沟通都应该是双向的，薪酬和奖金方面的沟通也不例外，员工不应仅是听者。

不管是员工的业绩评价、薪酬奖金情况还是职业发展的内容，员工都应该参与。同时，薪酬沟通还是个上司对下属进行辅导的机会，管理人员不要自己滔滔不绝，而应懂得聆听，鼓励员工表达看法和感受，然后给予认可或提出建议，帮助员工持续改进；要自然坦诚地交流员工个人发展的话题，这样才能建立起有效的双向沟通和反馈，既有利于薪酬体系的逐步完善，又能增强员工的受重视感和对公司的归属感。一般来说薪酬沟通有如下六个步骤。

（一）确定沟通目标

沟通目标的确定是指就什么进行沟通及通过沟通要达到怎样的目的。当企业制定了新的薪酬体系或是对原有薪酬体系进行了改动时，企业的薪酬政策及薪酬体系的执行方式通常也需要进行相应的变革。而薪酬沟通不仅能够传达有关薪酬的最新信息，还能影响员工的态度和行为方式，使他们按照组织希望的方式行事。因此，企业就薪酬问题进行沟通的目标既在于把新的薪酬体系告知所涉及的员工和管理者，更在于要把新的薪酬体系推销给整个企业，得到组织的认可和接受。这一目的能否实现，将直接影响新的薪酬体系的设计和执行结果。薪酬沟通的目标主要包括以下三个方面：第一，确保员工完全理解新的薪酬体系；第二，改变员工对于自身薪酬决定方式的既有看法；第三，鼓励员工在新的薪酬体系之下做出最大的努力。

（二）搜集相关信息

在沟通目标确定后，下一个步骤是要运用问卷调查法、目标群体调查法、个体访谈法等从决策层、管理者及普通员工中间搜集他们对现有体系的评价，以及对未来变革的设想和期望。只有把这些信息和薪酬沟通目标结合在一起，才可以确保企业和员工的需要都得到关注和满足。另外，询问员工对于薪酬体系的观点、看法及相关态度，本身已经表明了企业对员工所想所思的重视。同时，员工也能由此获得参与感，并增强对企业的承诺，这些对于企业经营的成功都是十分重要的。

（三）制定沟通策略

在搜集到有关员工对薪酬体系的态度和心理感受的信息之后，可以着手在既定的目标框架之下制定薪酬沟通的策略，主要是就有效控制员工对于薪酬体系的预期和态度、提高员工满意度方面进行沟通。薪酬沟通策略的实施步骤为：首先，在薪酬体系开始运作之前，向员工具体解释新体系的目的及将会采取的步骤。其目的在于告知每一个人，企业有信心取得成功，而员工做出的卓越成绩也定会得到丰厚的回报。其次，与关键的人员进行一系列会谈，就新薪酬体系进行沟通，并争取他们的支持。最后，与员工保持持续的沟通，确保他们对新薪酬体系的执行具有一定的参与意识，能够了解到具体的运作环节，并对其执行情况保持关注。

（四）选择沟通媒介

当企业开始着手确定沟通媒介时，一般会面临着多种备选方案。这些媒介可以被划分为几大类：视听媒介、印刷媒介、人际媒介及电子媒介。在企业的日常经营中，当需要确定沟通媒介时,很重要的一点是要综合考虑特定媒介的沟通效果和相应的研发成本。概括而言,最有效的薪酬沟通手段应该给沟通双方提供大量面对面的互动机会,同时可以传达充分个人化的信息,切实满足单个员工或团队的个别需要。只有这样,才能使组织内部的薪酬沟通最大化发挥功效。

(五)举行沟通会议

在任何薪酬沟通方案中,最重要的步骤可能是正式沟通会议的筹办和举行。这种会议一般安排在薪酬沟通流程的末期,目的在于就整个薪酬方案进行解释和推销工作。在一次典型的薪酬沟通会议上,企业一般会就薪酬方案的各个方面进行解释,包括工作评价、市场数据调查和分析、薪酬等级的确定、奖金方案的制定、绩效评价体系及薪酬管理方面的问题。同时,员工大多还会得到自己的职位说明书和一份详细的薪酬等级分布表,以及有关组织的团队奖金方案、绩效评价系统和薪酬管理体系等的书面说明。

(六)评价沟通结果

薪酬沟通的最后一个步骤是要就整个沟通流程的效果进行评价。企业进行评价的维度可以包括:薪酬沟通的目标是否现实;搜集到的有关员工态度和心理感受的信息的效度如何,是否足以说明问题;选择的沟通媒介是否有效;举行的薪酬会议是不是切题;员工是否理解他们接收到的信息;企业内部成员对于薪酬和福利方案的理解达到了怎样的程度;管理者和员工之间的沟通状况是否让人满意;决策层传达的信息和他们采取的做法之间是否一致;员工是否认为绩效和报酬体系之间存在联系等。

借助这些问题,企业可以对沟通前后的具体状况进行比较,从而不仅能够对本次沟通效果做出中肯的评价,还可以给以后提供诸多有价值的经验和教训,这对企业进一步提高沟通和管理效率也是不无裨益的。依据这些信息,组织得以对薪酬的整体战略和具体举措加以改进,提高整体上的效用水平。

问与答

问:薪酬沟通的步骤一般有哪些?

答:确定沟通目标、搜集相关信息、制定沟通策略、选择沟通媒介、举行沟通会议、评价沟通结果。

六、薪酬沟通的主要误区

(一)缺乏明确的薪酬原则

我们知道,任何管理体系都需要具备一定高度的战略性理念来指导和控制实践操作,就是通常所谓的原则或哲学。薪酬管理也不例外,它既属于人力资源管理中操作性较强、务实为主的部分，又和吸引、留住、激励人才等事关企业长远发展的战略目标密切相关。因此，薪酬管理需要从战略的高度、有前瞻性地来规划设计薪酬系统，以此匹配业务的计划和组织的发展。比如，公司薪酬的市场定位是按市场行情付薪，或者是根据员工的资质水平、岗位对公司的重要性，还是按员工的业绩水平和贡献程度付薪？抑或多个因素综合考虑？各因素的权重又该如何权衡和分配？这些问题的答案能直接影响公司在招聘、留人和激励方面的效果，当然需要公司高管层乃至决策层董事会来谨慎规划和明确设立。

薪酬原则可以涵盖：是选择领先型、滞后型还是跟随型的薪酬战略，是侧重于吸引、保留还是激励人才的薪酬目标，内部公平性和外部竞争性上如何兼顾，以及薪酬水平的市场定位、薪酬的构架、薪酬和业绩的关联等。薪酬沟通需要明确、清晰的薪酬原则。

（二）只进行口头解释

如果薪酬或奖金体系不复杂，就不必书面化，简单的口头解释足矣。这种情形在发展中的中小企业里更为普遍。由于公司刚站稳脚跟或处于初期阶段，忙于增产扩销、开拓市场、发掘客户，人力资源体系有待规范系统地设立；加之企业规模尚小，组织结构简单而层级较少，常常薪酬和奖金制度也相对滞后和简单。管理层就忽略了健全、完善、合理的分配制度的重要性，往往不做书面化、规范化的工作，认为只要发钱时跟员工讲一下就可以了。

这种做法往往会带给员工不确定和不稳定的感觉。没见到正式的制度，也没成文的文件，看不到明确的考评依据和确切的计算细节，不清楚下次的评定方式会不会变，不肯定还有没有这奖金，也不知道上司这次的激励承诺会不会兑现……如果员工的心里有这么多的"不清楚"和"不明确"，而仅仅是领导心知肚明，那么这钱就拿得不明不白，薪资或奖金的激励效果也大打折扣。所以，薪酬和奖金方面的政策是个郑重的话题，即使复杂程度低也有必要规范化和成文化，还应明确易懂并充分沟通。比如，调薪加薪的原则和流程应该有正规的书面沟通；奖金发放时，要提供依据显示相关的考核和计算的信息。

（三）不谈员工的职业发展

大家都知道业绩评估和薪酬是紧密挂钩的，公司考评什么，员工就会在什么方面努力，取得公司期望的绩效。所以，很多管理人员在和下属谈薪酬时都能对其过去的成绩进行评价。但仅这样是不够的，不提或少提员工个人发展的话题，可能是因为对此有所避讳，似乎讨论个人发展就是鼓动员工不安于本职工作，是违背公司的利益；也可能是管理人员本身不善驾驭有关职业发展的话题，不知如何交流沟通。不管是何种缘由，管理层应该认识到薪酬和奖金是不仅为了"肯定过去"，更是为了"激励未来"。避而不谈员工的个人职业发展是没有用的，要知道，就算公司不和员工谈，员工也会自己"琢磨"，与其不知道且无法控制员工肚子里的"小算盘"，还不如开诚布公地和员工一起探讨如何共同"激励未来"，如何在企业的战略目标和员工的职业发展之间寻求一种"共赢"的局面。

（四）谈话就是走过场的套话

由于时间紧迫，谈话变成一刀切和走过场的套话。正规的薪酬或奖金沟通一般选在两类日子：员工加入公司的满周年日期，或是全公司统一地集中在某一天或几天内。若公司员工人数达到一定规模，显然采用前一种方式就会带来操作上的烦琐和费时。多数公司都采用后者，且通常选在公司的一个财年结束后，以便于结合公司的上年业绩和下年目标进行薪酬调整和奖金考核。而这种方式最易带来的弊端是：在薪酬沟通的那段日子，主管们的工作量剧增，时间不够用。这样，能分给每个员工的关注就少些，谈话内容偏于标准化、应付任务和走形式。于是，沟通的质量就会受影响。

可以采取的对策有：将适用于大众的部分内容（如企业和所在部门的全年业绩、第二年的目标、本次调薪的原则和方案等）进行标准化和书面化，事先用内部通知等方式正式进行公告。在此基础上再和员工个别谈话，就可以把更多的时间留给与员工个人密切相关的业绩评价、薪酬奖金情况、职业发展等内容；同时也便于员工本人提前对谈话有所准备，有疑问的可借机澄清，有建议的可从容提出。如此量身定制、个人化的沟通，才能更有针对性和高效。

（五）多层上司一起和员工沟通省时高效

有的企业总经理会亲自和每个员工进行一年一度的薪酬和奖金沟通，以示重视和关注，但要对员工的工作成绩进行贴切和细致的评估，只有其直线上司才更适合。譬如，跟某个基层操作工谈话，生产线领班和生产部经理再加上总经理一起"三堂会审"。在层层领导的唬人阵势下，不但员工本人难以畅所欲言，只怕中层的干部也不敢放开了评论。如此安排，时间是省了，但大大牺牲了效果，反而欲速则不达。

（六）沟通中员工只做听众

有效的沟通都应该是双向的，薪酬和奖金方面的沟通也不例外，员工不应仅是听者。不管是员工的业绩评价、薪酬奖金情况还是职业发展的内容，员工都有话可讲，也应该讲。同时，薪酬沟通还是个上司对下属进行辅导的机会，管理人员不要自己滔滔不绝，而应懂得聆听，鼓励员工表达看法和感受，然后给予认可或提出建议，帮助员工持续改进，也自然坦诚地交流员工个人发展的话题。这样才能建立起有效的双向沟通和反馈，既有利于薪酬体系的逐步完善，又能增强员工的受重视感和对公司的归属感。

（七）告知员工其个人信息就够了

企业中各员工的薪酬，往往是不相互公开的，但大家普遍认可分配制度、薪酬政策的信息要公开、透明。具体到单个员工，只把和当事人相关的信息告诉他，是不是就算"充分沟通"了？这里涉及对"相关"这个概念的判断和一个"度"的掌握问题。或许，后勤部门的司机不需要对市场部主管的佣金激励方案了如指掌；但工作关系密切些的职位之间呢？比如，同在一个业务部门的员工，既有做市场销售的"前线"员工，也有做客服或行政支持的"幕后"人员，对这两类职位的员工进行考核的角度、方式、运用的主要绩效指标（KPI），和为他们设计的薪酬和奖金方案往往有相当大的差异。但这两类员工同处一个部门，面对共同的客户，是一起为共同的部门业绩目标并肩作战的"战友"，那就很有必要让他们了解彼此的业绩考核和薪酬方案。

延伸阅读

国有企业工资总额控制下的薪酬设计

国有企业作为国家经济发展的代表和支柱力量,在现有体制下,其工资总额由政府及上级单位严格管控,尤其对部分过高收入行业的国有企业,国家实行工资总额和工资水平双重调控政策。刚性的工资总额控制是国有企业薪酬分配方案必须面对的问题,国有企业应通过完善的薪酬体系设计,进一步激发组织活力,提升组织和个人的效能。

本章小结

薪酬预算是企业管理者对企业未来薪酬支出的一种预测,其中包括企业薪酬的支出预测和企业薪酬的增长预测。影响企业确定薪酬预算的因素有很多,一般从外部环境和内部环境两个方面来分析。薪酬预算的方法有三种:自上而下法、自下而上法,以及前面两种方法的结合——上下结合法。

实际的薪酬控制要受到多种因素的制约甚至阻碍,而这种情况之所以会出现,主要是因为控制行为本身的复杂性所致。可以通过控制雇佣量来控制薪酬,通过对平均薪酬水平和薪酬结构进行薪酬控制,利用一些薪酬技术对薪酬进行潜在的控制。

薪酬沟通是指为了实现企业的战略目标,管理者与员工在互动过程中通过某种途径或方式将薪酬信息、思想情感相互传达交流,并获取理解的过程。薪酬沟通的具体步骤包括:确定沟通目标、搜集相关信息、制定沟通策略、选择沟通媒介、举行沟通会议、评价沟通结果。

复习思考题

1. 薪酬预算的目标是什么?
2. 薪酬预算的影响因素有哪些?
3. 制定薪酬预算的方法有哪几种?
4. 薪酬控制的难点在哪里?
5. 薪酬控制的具体措施有哪些?
6. 薪酬沟通的重要性体现在哪些方面?
7. 薪酬沟通的具体措施是什么?

如何进行薪酬沟通

1. 外部薪酬真的具备诱惑力吗?

员工因公司的薪酬调整没有达到预期而离职,一般也不是马上就表现出来的反应,通常是在薪酬政策公布之后一段时间才做出的决定。在正式提出离职之前,聪明的员工早已经通过各种渠道找到了新"东家",而员工选择新"东家"的最常见的理由就是薪酬水平比现在高。

那么,面临员工的这种选择,主管应如何和员工沟通?

主管的头脑中至少有这样一个框架:

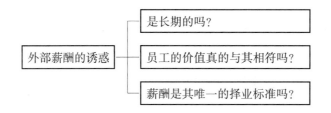

(1) 新"东家"给出的薪酬是长期的吗?

管理学理论认为,一个企业想要从另一个企业挖一个人才,只要给出高于其原来薪酬的50%以上的薪酬。例如,一个员工在原来企业的薪酬是年薪8万元,那么挖角企业只要给出高于8万元的50%即12万元,就可以比较轻松地动摇这个员工的心,让他产生离职的冲动。面临这种情况,主管要问的第一个问题是:新"东家"给出的薪酬是长期的吗?所谓是否长期,可以从企业发展的历史以及发展的潜力来看,尤其是在房地产行业,经常是很多企业如雨后春笋般涌现,又有企业成批地倒下甚至消失。因此,主管要帮员工分析一下:新"东家"是否具备长期支付能力? 这12万元年薪是新"东家"的真实想法还是短期行为? 很多房地产企业想在这个行业里捞一把就走,当它捞够了,撤出了这个行业,你怎么办? 再换一家从头再来吗? 你每从头再来一次,之前的知识经验和技能的积累都会归零,这对求职者是一个很大的机会成本损失。另外,还有一些行业,经常出现开工不满的情况,忙的时候忙死,闲的时候闲死,忙闲严重不均。

(2) 员工的价值真的与其相符吗?

我们知道,一个企业雇佣一个员工,看重的是该员工的知识、技能和经验的积累程度,招聘员工希望他们能够完成企业所期望的目标。很容易理解的一个现实是,高激励背后一定是高目标,天下没有免费的午餐,没有哪个企业愿意支出高额人工成本却不求高回报。

实际上,越是大企业,用人成本越低,为什么?大企业吸引人才的途径比较丰富,除了薪酬之外,还有品牌、知名度、企业文化、激励机制、晋升机制、培养发展机制,这些完善的机制对求职者的吸引力远远超出了薪酬的本身,而小企业则不具备这些,只能拿高薪酬吸引求职者,但往往高薪背后是高目标、高要求。

那么,主管就要和员工分析,他的能力是否和高额的薪酬背后的目标相匹配,如果不匹配,那就要考虑是否积蓄能量,等时机成熟之后再选择跳槽。

(3) 薪酬是其唯一的择业标准吗?

从薪酬理论来讲,有内部薪酬和外部薪酬之分。内部薪酬是非物质激励,如培训、企业文化、承担重要任务等,外部薪酬才是员工经常看到的物质部分。一个人选择一个职业的标准是什么?薪酬一定不是唯一的标准,晋升机会、领导重视、良好的组织氛围、完善的激励机制更要得到重视,因为没有这些东西的支撑,所谓的高薪很可能是水中花、镜中月,要么拿不到,要么企业因你没有达到要求而辞退你。

2. 主管的职责有哪些?

发现员工因为薪酬的原因而离职之后,主管该如何履行自己的管理职责?这里也有一个思考框架。

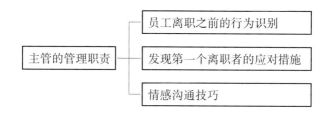

(1) 员工离职之前的行为识别。

打算离职的员工都会有一些行为表现出离职倾向。比如,原来开会很喜欢发言,现在坐在那里一言不发了;原来听到电话,都是就地接起,而且声音很大,生怕别人不知道他业绩做得好,现在一来电话,就跑出去接,表情神秘;原来月月全勤,现在一会儿家里这个人病了,一会儿自己不舒服了,作息时间明显不规律。当员工出现这些行为的时候,作为管理者,你应该怎么办?可以找他们聊聊,看有无挽回的可能;或者做一下评估,评估这个员工到底怎么了。这个工作就不要依赖人力资源部了,这是主管自己的责任,第一时间和员工沟通,赢得主动权。

(2) 发现第一个离职者的应对措施。

当第一个离职者出现的时候,主管应第一时间和员工沟通,一些准备离职的员工都看着管理者,在观望。所以,管理者不要放过这个机会,给员工开个会,把离职员工的情况以及上面的沟通过程和员工讲讲,稳住员工的心思,保持团队士气。

(3) 情感沟通技巧。

假设公司张三走了,那么他很可能会回来拉别人走,这个时候,主管不要被动等待,发现张三走,动机又不纯,马上约张三在外面见面,或者在离职交流的时候要有一定的威严,同时进行情感沟通,通过情感沟通防止离职范围扩大。

3. 公司可以提供哪些支持?

作为管理者不是单打独斗,背后是公司,关键时刻要会利用资源,请公司帮助,这个方面也有一个思考框架。

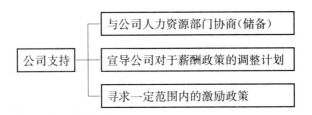

(1) 在员工有离职倾向或离职风险比较明显的情况下,要和人力资源部协商,进行人才储备,制定储备计划。

(2) 请人力资源部门帮助宣导公司的薪酬计划,有些政策已经制定,但是并没有宣导到位,由人力资源部从专业的角度和公司层面进行宣导,会更加有利于稳定人心,鼓舞士气。

(3) 既然大的政策已经确定,并无更改的可能,主管是否可以向公司申请一些体系之外的政策支持?如特殊奖励、项目奖励,或者部门费用,可以动用这个小政策激励人才,稳定大局。

综合以上几个方面,面临被动局面的时候,作为管理者,要有完善的思考框架,多方寻求支持,从公司员工双赢的角度,帮助员工走出负面情绪的困扰,重新士气高昂地投入工作!

资料来源:http://arts.51job.com/arts/78/375163.html。

思考题

请思考管理者在实践中薪酬沟通的要点是什么。

第七章 员工福利

本章学习目标

- 了解福利的概念及发展历程
- 知晓福利的种类以及各种福利的标准
- 知道员工福利规划的步骤
- 熟悉员工福利规划的两个关键问题
- 理解福利沟通的必要性
- 阐述员工福利管理的三个环节

【导入案例】

某互联网企业的薪酬福利

员工福利是企业薪酬管理体系中的重要环节,对于增强员工凝聚力和归属感、提升企业软实力具有重要作用。国内某互联网企业的业务包括核心电商业务、云计算、移动媒体和娱乐以及其他创新项目。其愿景是构建未来的商务生态系统,让客户相会、工作和生活在其平台,并持续发展百年以上。

该企业福利总共包含财富保障、生活平衡和健康保障三大方面。其中,财富保障又涵盖了社会保险(养老、医疗、工伤、失业、生育保险)、住房公积金、蒲公英计划、彩虹计划、iHome置业计划和小额贷款6项;生活平衡涵盖集体婚礼、公司日、年陈、中秋礼包、带薪假期、年休假、特色短途假、团队建设及outing、孕妇休息室、员工餐饮、幸福班车、健身房和iBABY子女教育13项;健康保障涵盖年度体检、身心健康热线、孕期关怀短信、健康大讲堂和沙龙、补充医疗保险、补充生育保险、重疾就医协助和健康服务中心8项。

第一节 员工福利概述

一、福利的概念与作用

(一) 福利的概念

有关"福利"最早的表述,可以追溯至1920年,英国经济学家亚瑟·塞西尔·庇古(Arthur Cecil Pigou)在其巨著《福利经济学》中进行了详细阐述。作为剑桥学派的代表人物,庇古被誉为"福利经济学之父"。他指出,福利由效用构成,效用就是满足,人性的本质就是追求最大的满足即最大的效用,也可以说追求最大的福利。基于此,他提出了国民收入极大化和收入均等化两个福利概念。随后,众多经济学家,诸如尼古拉斯·卡尔多(Nicholas Kaldor)、约翰·希克斯(John R. Hicks)、保罗·萨缪尔森(Paul A. Samuelson)、威廉·杰克·鲍莫尔(William Jack Baumol)、肯尼斯·约瑟夫·阿罗(Kenneth J. Arrow)等都对庇古提出的"福利"概念进行不断扩充与完善,丰富了福利经济学。

综合学者的不同观点,"福利"主要包括个人福利和社会福利两种形式。所谓个人福利,不仅有来自物质生活的快乐和幸福,也有从精神活动得到的快乐和幸福,而社会福利则是个人福利的总和。员工福利是企业人力资源薪酬管理体系中的重要组成部分,是企业或其他组织以福利的形式提供给员工的报酬。这里的"福利"包括退休福利、健康福利、员工服务等多项内容。需要区分开的是,"员工福利"与"基本薪酬"并不相同。"基本薪酬"是由于员工受雇于某组织,并对其提供劳务,进而获得的多种形式的酬劳,在我国企业中常常包括基本工资、岗位工资、职务工资等内容,在形式上有时薪、月薪和年薪等。而"员工福利"作为一种补充性报酬,有的以货币形式直接支付,但更多的是以实物或服务的形式支付。因此,福利是企业为了更好地留住和激励员工而采用的非现金形式的报酬,包括保险、期权、培训、带薪休假、子女教育、健康服务等多种形式。

(二) 福利的作用

首先,对企业而言,福利有助于留住和激励员工,增强企业凝聚力。尽管员工福利可能会导致企业成本增加,但是很多知名企业仍想尽办法为员工提供各种形式的福利。企业通过为员工提供诸多必要的、供选择的福利,能够在招聘环节吸引更多优秀的、高素质的员工,而入职后众多有价值的福利则是为了更好地保留员工,激发员工的工作积极性。企业之所以不遗余力地提高员工福利待遇,最初是由于第二次世界大战之后,不少企业实行工资和物价管制,员工流失现象较多,企业为了更好地留住员工,不得不考虑在直接薪酬之外新增其他薪酬方式,这也就是最初福利计划的由来。目前,在各种招聘环节,企业都会将员工福利作为重要的宣传点进行讲解,除了提高企业知名度,更重要的是通过这种方式招聘更多优质的员工。试想一下,在相同岗位和相同基本薪酬的前提下,应征者会更加关注未来的生活保障和发展前景。企业的生存与竞争,最终是文化的比拼。企业文化对于推动长远发展具有重要作用,福利计划有助于营造和谐的企业文化,强化员工的忠诚度,提高员工的幸福感和满意度,减少缺勤率和离职率。

其次,对员工而言,福利有助于激发积极性,提升归属感。从目前的员工福利类型来看,既有国家层面的法定福利,也有企业层面的专项福利。但是无论哪一种福利,初衷都是为了最大限度地满足员工的需求,增强员工在企业的归属感,充分体现企业对员工的重视,展现员工价值。依据马斯洛需求层次理论,员工福利满足了其在生理上和安全上的最低层次的物质需要。例如,医疗保险可以保障员工得到更好的就医条件,养老保险可以使员工在退休之后不再为生活而担忧,失业保险可以减少由于失业给员工带来的经济损失等。这既是员工工作最基本的生活保障,也是他们获得公平感的主要方式。有些企业为了更大限度地激发员工的积极性,在福利中引入员工持股计划,不仅使得员工成为企业的所有者之一,更重要的是体现了员工的个人价值和成就感,使得其更专心地为企业工作,提高了员工凝聚力,巩固了企业与员工之间的雇佣关系。

延伸阅读

马斯洛需求层次理论

亚伯拉罕·哈罗德·马斯洛(Abraham Harold Maslow, 1908—1970),美国社会心理学家、比较心理学家,人本主义心理学(humanistic psychology)的主要创建者之一,第三代心理学的开创者。

马斯洛需求层次理论是在其1943年发表的《人类动机的理论》(*A Theory of Human Motivation*)一书中提出的理论,基本内容是将人的需求从低到高依次分为生理需求(physiological needs)、安全需求(safety needs)、社交需求(love and belonging needs)、尊重需求(esteem needs)和自我实现需求(self-actualization needs)。

根据上述五个需求层次,可以划分出五个消费者市场。

(1) 满足最低需求的市场。消费者只要求产品具有一般功能即可。类似于水、呼吸、食物、睡眠、分泌等任何一项得不到满足,人类个人的生理机能就无法正常运转。换言之,人类的生命就会因此受到威胁。从这个意义上说,生理需求是推动人们行动最首要的动力。马斯洛认为,只有这些最基本的需要满足到维持生存所必需的程度后,其他的需求才能成为新的激励因素,而到了此时,这些已相对满足的需求也就不再成为激励因素了。

(2) 满足安全需求的市场。消费者关注产品对身体的影响,如人身安全、健康保障、道德保障、家庭安全等。马斯洛认为,整个有机体是一个追求安全的机制,人的感受器官、效应器官、智能和其他能量主要是寻求安全的工具,甚至可以把科学和人生观都看成满足安全需求的一部分。当然,这种需求一旦相对满足后,也不再成为激励因素。

(3) 满足社交需求的市场。消费者关注产品是否有助于提高自己的交际形象,如友情、爱情、性亲密等。人人都希望得到相互的关心和照顾,感情上的需要比生理上的需要来得细致,它和一个人的生理特性、经历、教育、宗教信仰都有关系。

(4) 满足对产品有与众不同要求的市场。消费者关注产品的象征意义,如自我尊重、信心、成就、对他人尊重和被他人尊重等。人人都希望自己有稳定的社会地位,要求个人的能力和成就得到社会的承认。尊重的需求又可分为内部尊重和外部尊重。内部尊重是指一个人希望在各种不同情境中有实力、能胜任、充满信心、能独立自主。总之,内部尊重就是人的自尊;外部尊重是指一个人希望有地位、有威信,受到别人的尊重、信赖和高度评价。马斯洛认为,尊重需求得到满足,能使人对自己充满信心,对社会满腔热情,体验到自己活着的价值。

(5) 满足对产品有自己判断标准的市场。消费者拥有自己固定的品牌,需求层次越高,消费者就越不容易被满足。如道德、创造力、自觉性、问题解决能力、公正度和接受现实能力等,这些是最高层次的需要,是指实现个人理想、抱负,发挥个人的能力到最大程度,达到自我实现境界的人,接受自己也接受他人,解决问题能力增强,自觉性提高,善于独立处事,要求不受打扰地独处,完成与自己的能力相称的一切事情的需要。也就是说,人必须干称职的工作,这样才会使他们感到最大的快乐。马斯洛提出,为满足自我实现需要所采取的途径是因人而异的。自我实现的需要是在努力实现自己的潜力,使自己越来越成为自己所期望的人。

马斯洛提出人的需求有一个从低级向高级发展的过程,这在某种程度上是符合人类需求发展的一般规律的。他指出人在每一个时期,都有一种需求占主导地位,而其他需求处于从属地位,这一点对于管理工作具有启发意义。

二、福利的发展史

回顾国内外有关员工福利的发展历程,可以大致将员工福利的发展历程划分为三个阶段,即初创阶段、快速发展阶段和改革创新阶段。可以说,员工福利是社会生产力发展到一定阶段的产物,也是伴随着社会生产关系的不断变化而发生改变,具体来看:

(一) 初创阶段

员工福利的初创阶段主要是以劳工保护、学徒教育和培训,企业年金,社会保障制度等为主要形式。

1. 劳工保护、学徒教育和培训

其实最早的员工福利可以追溯至英国工业革命时期,当时伴随着产业革命带来的大量社会财富的增加,出现了劳工问题。由于产业革命极大提升了生产力,导致劳动者的劳动强度加大,也就不可避免地出现了工伤事故、疾病等问题,使得员工忧心忡忡。在经济竞争机制的作用下,个体生产者失去了生产资料,沦为雇佣劳动者,大量的农村人口涌入城市,而当时的工作环境较为恶劣。有报道称:1833年,埃尔德莱有一个织工,一家7口,4个人工作,但全部收入在扣除房租、工具等后所剩只有每星期2先令,这点钱要供全家人的吃穿。因此,他们的伙食是早上喝粥,中午土豆拌盐,晚上也是这样,最多加一点麦片粥。这种情形在当时的英国很普遍。这就推动了一系列法案的提出,如英国罗伯特·皮尔爵士在1802年提出的《健康与道德法案》,德国在1839年提出的《普鲁士儿童保护法》,英国在1872提出的《矿山法案》、1883年提出的《工厂法》,美国在1938年提出的《公平劳动标准法》。其中,最著名的应该是英国罗伯特·欧文在1799年至1829年开展的社会主义实验(新拉纳克工厂实验),他把工人的工作时间缩短为10小时,禁止不满9岁的童工劳动,提高工人工资,工厂暂时停止时工资照付,改善工人的生活和劳动条件,设立工厂商店向工人出售比普通市场价格便宜的消费品,开办工厂子弟小学、幼儿园和托儿所,建立工人互助储金会。通过这种方法,英国议会终于在1819年第一次通过了限制工厂中女工和童工劳动日的法案。

2. 企业年金

企业年金是一种补充性养老金制度,是指企业及其员工在依法参加基本养老保险的基础上自愿建立的补充养老保险制度。1875年,美国运通公司设立退休金计划,这标志着企业年金制度的建立,该企业年金计划要比由国家运营的社会保障计划早了60年。随后的1880年,巴尔的摩俄亥俄铁路公司第二个设立了退休金计划。在团体保险的时间方面,1912年,纽约公平人寿保险社(Equitable Life Assurance Society of New York)签发了第一份团体人寿保险单,为该公司的雇员提供了人寿保险保障。企业年金的出现主要是为了更好地解决企业老员工的顺利退出问题,这样能够进一步鼓励员工对企业的忠诚,增强企业的凝聚力和活力。美国企业年金的大发展出现在1940年左右;到1993年,企业年金计划覆盖了美国57%的企业雇员;截至2000年,美国全部企业年金资产已经达到83 000亿美元。

延伸阅读

美国企业年金制度——401k退休计划

401k计划也称401k条款,是指美国1978年《国内税收法》新增的第401条k项条款的规定,1979年得到法律认可,1981年又追加了实施规则,20世纪90年代得到迅速发展并逐渐取代了传统的社会保障体系,成为美国诸多雇主首选的社会保障计划,适用于私人营利性公司。

401k 退休计划不是全民福利计划,而是美国在 20 世纪 80 年代对私人企业退休金制度进行改革的产物,这一退休计划取代了过去由雇主一方单独为雇员提供退休福利的局面,形成了雇主与雇员共同负担退休福利的格局。因 401k 退休计划涉及退休投资延税的问题,税务局专门制定条例,相关内容在 401k 部分,因此这一退休计划也被称为 401k 退休计划。该计划是美国最为普遍的就业人员退休计划,受惠者主要是私人企业的雇员,2011 年美国 60% 的接近退休年龄的家庭拥有 401k 退休计划。

虽然社会安全金仍是大多数美国人退休后最主要的收入来源,401k 退休计划不是普及到私营企业每一个人的退休福利计划,也不是政府主导的全民社会福利计划,但是它起到了相当大的辅助作用。根据美国劳工部的数据,2017 年美国有逾 1 亿人参与了 401k 及类似的养老计划,资产规模超过 6.5 万亿美元。401k 计划为美国人提供了养老保障,同时也聚集了社会财富,为资本市场和经济发展提供了可观的长期资金,可谓利国利民。

3. 社会保障制度

社会保障制度建立的标志是 19 世纪 80 年代,德国相继颁布《个人疾病保险法》(1883 年)、《工伤事故保险法》(1884 年)、《老年和残障保险法》(1889 年),这也是世界上第一个建立起来的社会保障体系、现代世界第一套国家福利方案、第一批社会福利立法。该制度由当时具有"铁血宰相"之称的俾斯麦(Bismarck)提出。他不仅通过王朝战争结束了德国长达数百年的分裂局面,完成了德国的统一,他还是推动德国由封建社会向近代社会转型的"建筑师"。德国通过上述三个保险法案的原则是:实施强制推行和投保原则、三方分摊保险费、覆盖工薪劳动者、劳动者投保有年限规定、享受保险待遇需具备一定条件、雇主负担职业伤害社会保险的资金来源和退休金按退休前工资计发。德国之所以推出相关福利制度,主要是出于当时的时代背景,伴随着工业革命在欧洲国家的兴起、工业技术和城市化水平的推进,欧洲部分贵族和资本家积累了巨大的财富和权力,但也产生了大批的失业者和流民,工人们生活艰苦,社会矛盾进一步激化,贫富悬殊问题加大,动摇了欧洲各国的统治基础,迫使俾斯麦提出改革,以缓解工人阶级的对立情绪。

(二)快速发展阶段

现代福利制度起源于英国的《贝弗里奇报告》。该报告主张的社会福利可以被概括为"3U"思想:普享性原则(universality),即所有公民不论职业,都应被覆盖以预防社会风险;统一性原则(unity),即建立大一统的福利行政管理机构;均一性原则(uniformity),即每一个受益人根据其需要,而不是收入状况,获得资助。在员工福利的快速发展阶段,主要体现为住房补贴、利润分享计划和员工持股计划等方式。

1. 住房补贴

英国应该是世界上最早建立住房保障的国家,从20世纪70年代,英国政府对住房政策就进行了一系列改革,对提高居民住房自有率、改善和提升居民住房状况、促进经济和社会发展发挥了积极作用。1980年,英国保守党为帮助提供住房自有率撤销了对金融市场(住房抵押贷款)的管制,实施"购买权"(RTB)、"低成本住房自有"(LCHO)计划,宽松的住房金融环境刺激了居民的购房热情。20世纪80年代,英国制定了《住宅法》,开始兴建政府公寓,并以优惠的价格出租给贫民。1985年的《住房协会法》建立了完整的住房协会制度,住房协会成为英国民间住房互助组织,其管理和建造的住房用于出租且只收取成本租金。1988年和1989年的《住房法》规定,允许住房协会引入私人资金来修建住房。同期,其他发达国家也采取了相应措施。1937年,美国通过了《联邦住房法》,为低收入家庭修建公共住房制定长远计划,为地方住房机构的低房租工程和清理贫民窟工程提供贷款。由此可以看出,在该阶段,住房保障的主要方式就是通过立法的形式强化对住房权利的保障。各国政府通过兴建福利性公寓,以优惠的价格出租给低收入家庭或者无房户,并向低收入家庭提供住房补贴、住房福利贷款,充分调动了金融机制,向购买住房的居民提供了低息贷款、抵押贷款等服务。

2. 利润分享计划

早在19世纪中叶,法国就有部分企业开始实施利润分享计划。美国宝洁公司于1885年也开始实施利润分享方案。利润分享计划主要通过直接发放现金(将红利以现金形式支付)、递延式(将应派发的红利按规定转入员工个人账户,到达规定储存期限前不能支取)这两种方式。通过利润分享计划,极大改善了企业和员工的劳资关系,提高了企业工作效率;而交由信息机构管理的利润分享收入计划则往往作为个人储蓄性退休金计划。通过利润分享计划,使员工都关注公司的利润,公司利润的大小直接影响员工的收益。

3. 员工持股计划

20世纪50年代,美国著名律师路易斯·凯尔索(Louis Kelso)开始倡议该种方案。主要形式是将员工持股计划作为向员工提供资本信贷的手段,即在公司财务上给员工赊账,使其获得资本所有权,然后员工利用这种资本所有权的收益来偿还赊账。现在的员工持股计划主要是企业所有者与员工分享企业所有权和未来收益权的一种制度安排。员工通过购买企业部分股票(或股权)来拥有企业的部分产权,并获得相应的管理权。实施员工持股计划的目的是使员工成为公司的股东。1974年,美国开始将员工持股纳入法律规范,由国会通过了员工退休金计划保障法,虽然不是作为一种退休金计划来设定的,但落实到立法时它是以退休金计划的形式出现的。美国员工持股计划不只是从经济上针对退休进行安排,还要完成三项使命:一是提供激励机制,二是为员工的退休提供保障,三是实行资本积累。

(三) 改革创新阶段

20世纪末期以后，知识经济与经济全球化的时代背景使得如何对员工进行有效管理成为人力资源管理的核心问题。而员工福利作为企业一项重要的人工成本，其规划与管理日益受到重视。然而，员工福利的迅速发展也给企业带来一系列的问题，如成本攀升、企业对员工福利的投入并不被员工认可等。迫于新经济发展的巨大压力，西方企业开始针对原有福利制度存在的问题进行一系列改革与创新。

该阶段的员工福利更加注重以人为本的管理理念，并且体现了较强的个性化特征。西方国家在员工福利项目开发上，实行跟随企业战略、紧随员工需求、突出体现服务的动态化管理。首先，真正做到福利跟随战略，福利管理摆脱以往企业不得已而为之的被动局面，主动设计出别具特色的福利政策，来营建自身的竞争优势。其次，是替员工着想、为员工服务。近年来，西方国家从满足员工的需要出发，不断推出新的员工福利项目，如牙病保险、视力保险、照料孩子服务、护理老人服务、法律事务保险、咨询服务、员工援助等，这些新项目对提高满意度、提高工作效率发挥了积极作用。美国很多企业定期举行员工家庭日、聚餐、休假旅游、员工娱乐比赛、亲子活动等活动，充分协调了工作与生活关系，起到增进员工之间的感情、增强企业的凝聚力、缓解员工压力、提高员工工作效率、降低员工流失率等作用。在个性化的选择上，重视员工的选择，注重与员工的沟通，满足员工的个性化要求已成为趋势。20世纪70年代起，在西方国家流行"自助餐式的福利计划"，又称"菜单式福利计划""弹性福利计划"，是向员工提供一个可供选择的福利项目清单，允许员工在企业规定的时间和金额范围内根据自己的需要和偏好选择其中的一部分。企业按本人选择的福利组合提供福利，并每隔一段时间，给员工一次重新选择的机会，以满足员工不断变化的需要。

三、福利的种类

伴随着经济发展及企业各项制度的健全，目前我国企业针对员工的福利类型多种多样。福利的主要类型也依据划分标准不同而存在差异。比如，按功能划分，员工福利包含企业安全和健康福利、企业设施性福利、企业文娱性福利、企业培训性福利、企业服务性福利；若按企业的价值或目标划分，员工福利则主要有风险保障型福利（企业年金、企业健康福利、企业救助福利等）和物质激励型福利（时间奖励、现金奖励、服务奖励等）；若按给付形式划分，员工福利则包括现金型福利与非现金型福利。

本书依据员工福利是否具有法律强制性，将员工福利划分为法定福利和非法定福利两大类。其中，法定福利是指国家通过立法强制实施的对员工的福利保护政策，而非法定福利则是指企业向员工提供的除工资收入和法定福利之外的一系列福利（见图7-1）。

(一) 法定福利

1. 养老保险 (endowment insurance)

养老保险全称是社会基本养老保险，是国家依据相关法律法规规定，为解决劳动者在达到国家规定的解除劳动义务的劳动年龄界限或因年老丧失劳动能力而退出劳动岗位建

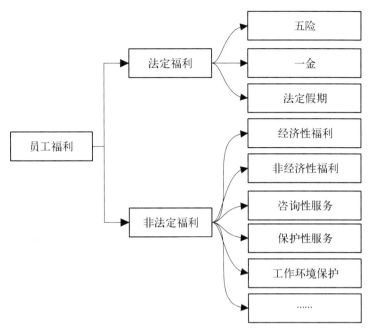

图 7-1 员工福利类型

立的一种保障其基本生活的社会保险制度。其根本目的在于保障老年人的基本生活需求,为其提供更加稳定的生活来源。在众多社会保险项目中,老年保险所占的份额最重,对社会的稳定发挥了重要作用。

职工养老保险的缴费包括用人单位承担的养老保险缴费和职工本人承担的养老保险缴费两部分。其中,国家规定用人单位应该根据本单位职工工资总额的比例缴纳基本养老保险费用。此部分费用全部进入基本养老保险统筹基金账户。现在企业的缴费比例一般不能超过企业工资总额的20%,具体比例由各地区的政府确定,如果有少数的省、自治区或直辖市离退休人数较多,养老保险费用的负担比较重,需要超过企业工资总额的20%,要报与人力资源和社会保障部、财政部批准。从2006年1月1日开始,职工养老保险的个人账户缴费,统一从职工个人缴费工资的11%降低到职工个人缴费工资的8%,个人账户全部由职工个人缴费形成,单位承担的缴费不再划入个人账户中。缴费工资也就是缴费工资基数,一般是上年度职工个人的月平均工资。按照国家统计局规定月平均工资列入工资总额统计的项目中计算,其中包括工资、奖金、津贴、补贴等收入,但不包括用人单位承担或支付给员工的社会保险费、劳动保护费、福利费和用人单位在与员工解除劳动关系时支付的一次性补偿,计划生育费用等其他不属于工资的费用。

2. 医疗保险(medical insurance)

医疗保险一般是指基本医疗保险,是为了补偿劳动者因疾病风险造成的经济损失而建立的一项社会保险制度。我国在20世纪50年代初建立的公费医疗和劳保医疗统称为职工社会医疗保险,它是国家社会保障制度的重要组成部分,也是社会保险的重要项目之一。1993年,党的十四届三中全会决议中明确指出,要建立社会统筹与个人账户相结合的新型职工医疗保险制度。1998年国务院颁布的《关于建立城镇职工基本医疗保险制度的决定》,标志着全国建立城镇职工基本医疗保险制度,并规定:城镇所有用人单位,包括企业(国有企业、集体企业、外商投资企业、私营企业等)、机关、事业单位、社会团体、民办非企业单位及其职工,都要参加基本医疗保险。乡镇企业及其职工、城镇个体经济组织业主及其从业人员是否参加基本医疗保险,由各省、自治区、直辖市人民政府决定。基本医疗保险费用由用人单位和职工共同缴纳。用人单位缴费率应控制在职工工资总额的6%左右,其中30%进个人账户,职工的缴费费率一般为本人工资收入的2%。2019年3月25日,国务院办公厅印发《关于全面推进生育保险和职工基本医疗保险合并实施的意见》指出,全面推进生育保险和职工基本医疗保险合并实施,是保障职工社会保险待遇、增强基金共济能力、提升经办服务水平的重要举措。其主要政策是统一参保登记、统一基金征缴和管理、统一医疗服务管理、统一经办和信息服务、确保职工生育期间的生育保险待遇不变和确保制度可持续。通过上述举措,有效提升了管理综合效能,降低了管理运行成本。

3. 失业保险(unemployed insurance)

失业保险是指国家通过立法强制实行的,由用人单位、职工个人缴费及国家财政补贴等渠道筹集资金建立失业保险基金,对因失业而暂时中断生活来源的劳动者提供物质帮助以保障其基本生活,并通过专业训练、职业介绍等手段为其再就业创造条件的制度。1999年1月22日国务院颁发的《失业保险条例》规定,失业保险基金由城镇企业事业单位、城镇企业事业单位职工缴纳的失业保险费,失业保险基金的利息,财政补贴,依法纳入失业保险基金的其他资金组成。而失业保险待遇是由失业保险金、医疗补助金、丧葬补助金和抚恤金、职业培训和职业介绍补贴等构成。失业保险待遇中最主要的是失业保险金,失业人员只有在领取失业保险金期间才能享受到其他各项待遇。2011年7月,人力资源和社会保障部印发的《关于领取失业保险金人员参加职工基本医疗保险有关问题的通知》指出,领取失业保险金人员参加职工医保的缴费率原则上按照统筹地区的缴费率确定。缴费基数可参照统筹地区上年度职工平均工资的一定比例确定,最低比例不低于60%。失业保险经办机构为领取失业保险金人员缴纳基本医疗保险费的期限与领取失业保险金期限相一致。领取失业保险金人员参加职工医保的缴费年限与其失业前参加职工医保的缴费年限累计计算。2015年2月25日,国务院总理李克强主持召开国务院常务会议,确定将失业保险费率由现行条例规定的3%统一降至2%。从2016年5月1日起,失业保险总费率在该基础上可以阶段性降至1%~1.5%,其中个人费率不超过0.5%。

4. 工伤保险(employment injury insurance)

工伤保险是指劳动者在工作中或在规定的特殊情况下,遭受意外伤害或患职业病导致暂时或永久丧失劳动能力以及死亡时,劳动者或其遗属从国家和社会获得物质帮助的一种社会保险制度。1951年2月26日,劳动部颁布了《劳动保险条例》,确立了中国的工伤保险制度。1996年劳动部根据劳动法的有关规定发布了《企业职工工伤保险试行办法》(劳部发〔1996〕266号)。2003年4月27日国务院颁布了《工伤保险条例》,共分8章64条,自2004年1月1日起施行。2010年12月12日,国务院颁发586号令,对《工伤保险条例》若干条目进行了修改,并自2011年1月1日起施行。2015年7月22日,人力资源和社会保障部、财政部发布了《关于调整工伤保险费率政策的通知》(人力资源和社会保障部发〔2015〕71号),按照《国民经济行业分类》(GB/T4754—2011)对行业的划分,根据不同行业的工伤风险程度,由低到高,依次将行业工伤风险类别划分为一类至八类(见表7-1)。不同工伤风险类别的行业执行不同的工伤保险行业基准费率。对于各行业工伤风险类别对应的全国工伤保险行业基准费率,一类至八类分别控制在该行业用人单位职工工资总额的0.2%、0.4%、0.7%、0.9%、1.1%、1.3%、1.6%、1.9%左右。通过费率浮动的办法确定每个行业内的费率档次。一类行业分为三个档次,即在基准费率的基础上,可向上浮动至120%、150%,二类至八类行业分为五个档次,即在基准费率的基础上,可分别向上浮动至120%、150%或向下浮动至80%、50%。各统筹地区人力资源和社会保障部门要会同财政部门,按照"以支定收、收支平衡"的原则,合理确定本地区工伤保险行业基准费率具体标准,并征求工会组织、用人单位代表的意见,报统筹地区人民政府批准后实施。基准费率的具体标准可根据统筹地区经济产业结构变动、工伤保险费使用等情况适时调整。2016年5月1日起各地要继续贯彻落实国务院2015年关于降低工伤保险平均费率0.25个百分点和生育保险费率0.5个百分点的决定和有关政策规定,确保政策实施到位。生育保险和基本医疗保险合并实施工作,待国务院制定出台相关规定后统一组织实施。

表7-1 工伤保险行业风险分类

行业类别	行 业 名 称
一	软件和信息技术服务业,货币金融服务,资本市场服务,保险业,其他金融业,科技推广和应用服务业,社会工作,广播、电视、电影和影视录音制作业,中国共产党机关,国家机构,人民政协、民主党派,社会保障,群众团体、社会团体和其他成员组织,基层群众自治组织,国际组织
二	批发业,零售业,仓储业,邮政业,住宿业,餐饮业,电信、广播电视和卫星传输服务,互联网和相关服务,房地产业,租赁业,商务服务业,研究和试验发展,专业技术服务业,居民服务业,其他服务业,教育,卫生,新闻和出版业,文化艺术业
三	农副食品加工业,食品制造业,酒、饮料和精制茶制造业,烟草制品业,纺织业,木材加工和木、竹、藤、棕、草制品业,文教、工美、体育和娱乐用品制造业,计算机、通信和其他电子设备制造业,仪器仪表制造业,其他制造业,水的生产和供应业,机动车、电子产品和日用产品修理业,水利管理业,生态保护和环境治理业,公共设施管理业,娱乐业
四	农业,畜牧业,农、林、牧、渔服务业,纺织服装、服饰业,皮革、毛皮、羽毛及其制品和制鞋业,印刷和记录媒介复制业,医药制造业,化学纤维制造业,橡胶和塑料制品业,金属制品业,通用设备制造业,专用设备制造业,汽车制造业,铁路、船舶、航空航天和其他运输设备制造业,电气机械和器材制造业,废弃资源综合利用业,金属制品、机械和设备修理业,电力、热力生产和供应业,燃气生产和供应业,铁路运输业,航空运输业,管道运输业,体育

续 表

行业类别	行 业 名 称
五	林业、开采辅助活动、家具制造业、造纸和纸制品业、建筑安装业、建筑装饰和其他建筑业、道路运输业、水上运输业、装卸搬运和运输代理业
六	渔业、化学原料和化学制品制造业、非金属矿物制品业、黑色金属冶炼和压延加工业、有色金属冶炼和压延加工业、房屋建筑业、土木工程建筑业
七	石油和天然气开采业，其他采矿业，石油加工、炼焦和核燃料加工业
八	煤炭开采和洗选业、黑色金属矿采选业、有色金属矿采选业、非金属矿采选业

资料来源：《关于调整工伤保险费率政策的通知》，人力资源和社会保障部发〔2015〕71号。

5. 生育保险（maternity insurance）

生育保险是通过国家立法规定，在劳动者因生育子女而导致劳动力暂时中断时，由国家和社会及时给予物质帮助的一项社会保险制度。我国生育保险待遇主要包括两项：一是生育津贴，二是生育医疗待遇。其宗旨在于通过向职业妇女提供生育津贴、医疗服务和产假，帮助她们恢复劳动能力，重返工作岗位。1986年卫生部、劳动人事部、全国总工会、全国妇联联合印发了《女职工保健工作暂行规定》。这一规定是在全国范围内进行为期6年调查研究的基础上，经过科学论证，并参考各国法规制定的，为保障女职工的合法权益发挥了重大作用。1988年7月国务院发布了《女职工劳动保护规定》，此规定适用于中国境内一切国家机关、团体、企事业单位的女职工。军队系统的单位可参照执行。其主要内容是对女职工的就业、劳动工作时间、产假、待遇孕期保护及其他福利等做了详细规定。2016年5月1日起各地要继续贯彻落实国务院2015年关于降低工伤保险平均费率0.25个百分点和生育保险费率0.5个百分点的决定和有关政策规定，确保政策实施到位。生育保险和基本医疗保险合并实施工作，待国务院制定出台相关规定后统一组织实施。2017年2月24日，人力资源和社会保障部举行生育保险和基本医疗保险合并实施试点工作会议，计划于2017年6月底前在12个试点地区启动两险合并工作。人力资源和社会保障部强调，两险合并不是简单地将生育保险并入医保，而是要保留各自功能，实现一体化运行管理。如上文所述，2019年3月，国务院办公厅印发《关于全面推进生育保险和职工基本医疗保险合并实施的意见》，实现了生育保险和职工基本医疗保险的合并。

6. 住房公积金（housing fund）

住房公积金是指国家机关、国有企业、城镇集体企业、外商投资企业、城镇私营企业及其他城镇企业、事业单位、民办非企业单位、社会团体及其在职职工缴存的长期住房储金。2011年，住房和城乡建设部在联合各个部门研究修订《住房公积金管理条例》的工作中，放开了个人提取公积金用于支付住房租金的规定。2013年部分城市出台办法，允许患有重大疾病的职工或其直系亲属提取公积金救急。2014年，三部门发文，取消住房公积金个人住房贷款保险、公证、新房评估和强制性机构担保等收费项目，减轻贷款职工负担。

2015年,《住房公积金管理条例(修订送审稿)》拟规定,职工和单位住房公积金的缴存比例均不得低于5%,不得高于12%。2016年2月21日起,职工住房公积金账户存款利率调整为统一按一年期定期存款基准利率执行,上调后的利率为1.50%。从2017年7月1日起,全国所有住房公积金管理中心按照住建部发布的《全国住房公积金异地转移接续业务操作规程》要求,通过平台办理住房公积金异地转移接续业务。全国所有住房公积金管理中心将"联网",通过统一的平台办理住房公积金异地转移接续业务。据不完全统计,目前,北京、上海、福州、广州等20多个城市已经接入全国住房公积金异地转移接续平台。2018年5月15日,北京住房公积金管理中心发布《关于取消身份证明材料复印件作为住房公积金归集和贷款业务办理要件的通知》。

7. 法定假期(statutory holidays)

法定假期主要由公休假日、法定节假日、带薪年休假和其他假期组成。

(1) 公休假日是指劳动者工作满一个工作周之后的休息时间,《中华人民共和国劳动法(2018修正)》第三十六条规定,国家实行劳动者每日工作时间不超过8小时、平均每周工作时间不超过44小时的工时制度。同时,第三十八条规定,用人单位应当保证劳动者每周至少休息一日。而第四十一条指出,用人单位由于生产经营需要,经与工会和劳动者协商后可以延长工作时间,一般每日不得超过1小时;因特殊原因需要延长工作时间的,在保障劳动者身体健康的条件下延长工作时间每日不得超过3小时,但是每月不得超过36小时。

(2) 法定节假日是指根据各国、各民族的风俗习惯或纪念要求,由国家法律统一规定的用以进行庆祝及度假的休息时间。2019年8月2日,人力资源和社会保障部发布《我国法定年节假日等休假相关标准》,明确休息日、法定节假日、年休假、探亲假、婚丧假五类休假标准。其中,现行法定年节假日标准为11天。全体公民放假的节日是新年放假1天,春节放假3天,清明节放假1天,劳动节放假1天,端午节放假1天,中秋节放假1天,国庆节放假3天。探亲假未婚职工每年1次,假期20天;已婚职工每4年1次,假期20天。《中华人民共和国劳动法(2018修正)》第四十四条规定,法定休假日安排劳动者工作的,支付不低于工资的300%的工资报酬。第五十一条规定,劳动者在法定休假日和婚丧假期间以及依法参加社会活动期间,用人单位应当依法支付工资。

(3) 带薪年休假是为了维护职工休息休假权利,调动职工工作积极性而设定的假日。2008年9月,《企业职工带薪年休假实施办法》第三条指出,职工连续工作满12个月以上的,享受带薪年休假。第四条规定,年休假天数根据职工累计工作时间确定。职工在同一或者不同用人单位工作期间,以及依照法律、行政法规或者国务院规定视同工作期间,应当计为累计工作时间。而第十条规定,用人单位经职工同意不安排年休假或者安排职工年休假天数少于应休年休假天数,应当在本年度内对职工应休未休年休假天数,按照其日工资收入的300%支付未休年休假工资报酬,其中包含用人单位支付职工正常工作期间的工资收入。用人单位安排职工休年休假,但是职工因本人原因且书面提出不休年休假的,用人单位可以只支付其正常工作期间的工资收入。

(4)其他假期主要是指病假、探亲假、婚丧假、产假、配偶生育假等。根据1995年劳动部《关于贯彻执行〈中华人民共和国劳动法〉若干问题的意见》第五十九条的规定:职工患病或非因公负伤治疗期间,在规定的医疗期间内由企业按有关规定支付其病假工资或疾病救济费,病假工资或疾病救济费可以低于当地最低工资标准支付,但是不能低于最低工资标准的80%。而1994年《企业职工患病或非因工负伤医疗期规定》第三条规定,企业职工因患病或因工负伤需要停止工作医疗时,根据本人实际参加工作年限和在本单位工作年限给予3个月到24个月的医疗期。对于医疗期在180天以内的,发放70%的病假工资;医疗期超过180天的,发放60%的疾病救济费。

关于探亲假,早在1981年3月《国务院关于职工探亲待遇的规定》中就明确提出,探亲假期是指职工与配偶、父、母团聚的时间,另外,根据实际需要给予路程假。上述假期均包括公休假日和法定节日在内。职工探望配偶的,每年给予一方探亲假一次,假期为30天。未婚职工探望父母,原则上每年给假一次,假期为20天,如果因为工作需要,本单位当年不能给予假期,或者职工自愿两年探亲一次,可以两年给假一次,假期为45天。已婚职工探望父母的,每4年给假一次,假期为20天。

关于婚丧假,按照《国家劳动总局、财政部关于国营企业职工请婚丧假和路程假问题的通知》的规定,职工本人结婚或职工的直系亲属(父母、配偶和子女)死亡时,可以根据具体情况,由单位酌情给予1天至3天的婚丧假。《中华人民共和国劳动法(2018修正)》第五十一条规定,劳动者在法定休假日和婚丧假期间以及依法参加社会活动期间,用人单位应当依法支付工资。

关于产假,依据2012年4月18日国务院常务会议审议并原则通过的《女职工劳动保护特别规定》,女职工生育享受98天产假,其中产前可以休假15天;难产的,增加产假15天;生育多胞胎的,每多生育1个婴儿,增加产假15天。女职工怀孕未满4个月流产的,享受15天产假;怀孕满4个月流产的,享受42天产假。当然,各省根据实地情况,也制定了适宜本省的产假规定。如《广东省人口与计划生育条例》就规定,女职工生育享受产假。顺产的,98天;生育奖励假80天;难产的,增加30天;生育多胞胎的,每多生育1个婴儿,增加15天;怀孕未满4个月流产的,15天;怀孕满4个月流产的,42天。而在享受计划生育手术休假方面,取出宫内节育器的,1天;放置宫内节育器的,2天;施行输卵管结扎的,21天;施行输精管结扎的,7天;施行输卵管或者输精管复通手术的,14天。同时施行两种节育手术的,合并计算假期。

配偶生育假,也就是陪产假,即依法登记结婚的夫妻,女方在享受产假期间,男方享有一定时间看护、照料对方。劳动法等相关法律法规并未对陪产假做出明确的规定,具体要看各省、自治区、直辖市的实际规定,基本见于各地的计划生育条例中。当然,还存在有的地方有陪产假、有的地方没有陪产假的情况。截至2016年10月,除了西藏和新疆外,其余29个省均相继修改了本地计生条例,明确本地的陪产假(部分地区称为护理假)的期限。其中,最短的陪产假有 7 天,最长的则有 1 个月之久,多数地区的陪产假为 15 天。

(二) 非法定福利

非法定福利是指企业根据自身特点自主建立的,为满足职工的生活和工作需要,在工资收入之外有目的、有针对性地设计的一系列符合企业实际情况的福利项目提供给雇员本人及其家属,包括货币津贴、实物和服务等形式。企业非法定福利主要有如下五种形式。

1. 经济性福利

住房性福利、交通性福利、饮食性福利、教育培训性福利、医疗保健性福利、文化旅游性福利、金融性福利、其他生活性福利、津贴和补贴等,都属于经济性福利。

在住房性福利方面,京东为员工制定了人性化的"安居计划",设立了专项基金 4.5 亿元,向符合条件的员工提供"三无原则"最高 100 万元的购房借款("三无原则"指无抵押、无担保、无利息),而借来的款项可以用于支付可支持地区范围内的员工家庭首套房首付款。对于那些不符合购房贷款的员工,京东方面也有很温馨的举措,为一线员工节省了租房成本,提供了免费宿舍,并且发放年度住房补贴。

在交通性福利方面,我国的公司发放交通费福利,是根据《财政部关于企业加强职工福利费财务管理的通知》(财企〔2009〕242 号)的两条规定:企业为职工提供的交通、住房、通信待遇,已经实行货币化改革的,按月按标准发放或支付的住房补贴、交通补贴或者车改补贴、通信补贴,应当纳入职工工资总额,不再纳入职工福利费管理;尚未实行货币化改革的,企业发生的相关支出作为职工福利费管理。

在员工医疗保健性福利方面,美国联合健康保险给员工发 Fitbit,推行重金鼓励运动的"Motion"项目。2017 年初,参与该项目的员工都会获得一个 Fitbit 的"Charge 2"款运动手环,用于记录员工们是否达到了自己的每日运动目标。这里用到的手环还是 Fitbit 特地为"Motion"项目定制改造的。参与此项目,员工每天只要完成运动健康目标,就能获得最高 4 美元的奖励。这样一年下来,一个人最多能获得高达 1 500 美元的"健康存款"。该项目也是把物联网、智能硬件技术很好地用于员工健康管理的一个典型。美国 HMA (Healthcare Management Administrators)不同于大多数第三方健康管理公司的整体化服务,强调人与人之间的沟通和关爱对于健康的重要性,坚持做一对一员工健康管理。其中推出的"健康导航项目",就是针对高疾病风险人群的一种私人化健康服务。关于高风险人群的识别判定,HMA 用了两种方法:一是标记出保险赔付频率较高的人;二是通过预测分析法来对企业员工的详细健康数据进行监测,指标有异常情况的则是疑似的"高危对象"。对于有高疾病风险的员工,HMA 会派出专人直接与之对话,了解其近期的健康状况、需求,提供健康建议。此外,HMA 派专人沟通健康情况的方式,已经使员工的健康管理参与度达到了 77%,而行业内类似的一些项目通常只能达到 5% 的参与度。另一方面,参与该项目的企业每年的医保报销金额都在减少。

在文化旅游性福利方面,爱彼迎公司为员工提供各种各样的度假房屋租赁服务,以鼓励旅行者在世界上任何地方都能自在地生活。所有全职员工都能拿到约 2 000 美元的超高年度旅游津贴（每季度发放 500 美元）。华特迪士尼公司的员工不仅可以免费进入公司旗下的主题公园，还可以获得公司度假村、酒店、迪士尼邮轮的折扣，员工购买自家公司出产的度假用品和纪念品也能打折。

2. 非经济性福利

非经济性福利包括压力管理、非经济性家庭援助计划等。

1917 年，美国企业就开始为员工提供员工援助计划，用以提高员工的工作绩效。其中，梅西百货公司和北洲电力公司最早建立了员工援助计划服务体系。一直到 20 世纪 40 年代，大多数的员工援助计划服务开始推广，用于解决当时企业白领员工的酗酒问题。员工援助计划的服务主要有个人生活、工作问题和组织发展三个重要方面组成，其中，个人生活涉及健康问题、人际关系、家庭关系、情感困扰、法律问题等，工作问题涉及工作要求、工作公平感、工作关系、工作压力等，组织发展涉及具有企业发展战略的服务项目，如组织变革过程中对于裁员的适应等。

中国的员工援助计划主要表现为每年度的 EAP 年会。该年会自 2003 年 10 月 23 日在上海市举行首届年会开始，截至 2019 年，已成功举办 17 届。比如，南方电网公司从 2008 年开始，就已经在研究、试点、推行员工辅导计划。员工辅导计划是建立一套实施人文关怀、开展心理疏导的工作制度、流程机制和方法工具，将公司党群工作人员直至全体管理人员，培养成具备专业能力的员工辅导员，通过实施"助人自助"的辅导工作，帮助公司员工改善身心感受、提升工作水平、促进团队合作，将"南网"文化带入基层，自下而上地开展幸福"南网"建设。

3. 咨询性服务

咨询性服务包括免费提供法律咨询和员工心理健康咨询等。以员工心理健康咨询为例，伴随着社会的转型发展和经济的快速增长，员工的生活和工作压力也随之增加，近年来屡见报端的员工自杀案例已不再新鲜。由于长时间、高强度的工作状态，单纯提高物质生活已经难以满足员工的精神需求。一般而言，员工的心理问题包括精神需求带来的心理问题、工作局限性带来的心理问题、市场竞争带来的心理问题、职业压力带来的心理问题、人际关系带来的心理问题和个人因素带来的心理问题。心理学研究表明，员工的压力并非都是有害的，工作绩效与压力的对应关系呈现倒 U 形曲线，适度的压力能够带来积极的工作效率和生活满意度，而高负荷的压力则给个人带来极大的负面影响。员工心理健康管理的目的在于促进员工心理健康、降低管理成本、提升组织文化，进而提高企业绩效。

华为公司为了保障员工的心理健康，除了通过压力测试问卷，定期让员工对心理健康状况做评估以及提供健康指导，还通过搭建资源平台汇聚大批优质心理健康专家和机构，及时满足员工的需求。对海外艰苦地区员工，由于自然条件及工作条件的困难，华为给予了更高的关注，设立了心理咨询热线，建立起员工及家属的心理安全屏障。

而随着新型冠状病毒的持续蔓延,全球各地无论是在社会还是经济上都遭受了沉重的打击。IBM商业价值研究院发布的《科技和数据如何改善心理健康保健服务》报告中指出,工作环境是影响员工心理健康的最重要因素之一,雇主对工作环境有着重要的影响,而科技在24×7式全天候实时的心理健康保健中发挥着重要作用。企业若能制定相应的计划来解决员工的幸福指数及心理健康问题,便能降低消极社会心理因素对个人和团队带来的负面影响。IBM为员工提供了自护相关资源(如正念应用、与心理健康专业人员交流、在线课程、锻炼视频等),帮助员工平衡个人生活和工作,保持心理上的主动和参与。并为其员工及其家人提供了一些隐私性的支持计划。IBM员工可以访问在线门户网站CafeWell,这个网站围绕身心健康和财务状况提供指导建议和免费工具。

4. 保护性服务

保护性服务包括平等就业权利保护、隐私权保护等。实现宪法上的劳动权和平等权需要保障平等就业法治化。我国《宪法》第三十三条规定了平等原则,宪法上的基本权利应当普遍适用平等原则。《宪法》第四十二条规定了公民的劳动权,平等就业属于劳动权的重要内容。2018年,广东省人力资源和社会保障厅、省总工会、团省委、省妇联联合下发了《关于促进女性平等就业工作的意见》,就进一步消除就业性别歧视工作提出具体要求,指出各级人力资源和社会保障部门要将企业遵守各项男女平等就业和女职工特殊劳动保护规定的情况纳入企业劳动保障诚信征信系统;对严重侵害女性劳动权益的用人单位,必要时可联合工会、团委和妇联向社会公布用人单位违法情况;对女性投诉集中、反映强烈,被媒体曝光或者形成舆论热点,社会影响较大的个案,要以适当形式向社会公布。

5. 工作环境保护

工作环境保护包括实行弹性工作制等。弹性工作制是指在完成规定的工作任务或固定的工作时间长度的前提下,员工可以灵活、自主地选择工作的具体时间安排,以代替统一、固定的上下班时间的制度。我国人力资源和社会保障部下发的《关于企业实行不定时工作制和综合计算工时工作制的审批办法》规定:企业实行弹性工作制必须报劳动部门审批,要到所在区、市的劳动部门去备案,经审批同意后才可以执行。而《中华人民共和国劳动法》第三十九条也规定:"企业因生产特点不能实行'劳动者每日工作时间不超过八小时、平均每周工作时间不超过四十小时的工时制度'规定的,经劳动行政部门批准,可以实行其他工作和休息办法。"

在欧美,超过40%的大公司采用了弹性工作制,其中包括施乐公司、惠普公司等著名的大公司。在日本,日立制造所、富士重工业、三菱电机等大型企业也都在不同程度上进行了类似的改革。在中国,也涌现出越来越多试行该种制度的工厂和企业。2014年起,韩中央政府和地方政府开始实施5小时弹性工作制,让员工灵活安排工作时间。

金佰利中国共拥有575名女性雇员,占员工总数的39%,其中近七成女性雇员拥有小孩。在推出新的弹性工作制之前,金佰利中国秉承了金佰利全球关爱的公司文化,为妈妈职员提供全方位贴心福利,并试行弹性工作制,具体体现在弹性工作时间和弹性工作地点两个方面。弹性工作时间允许员工在核心工作时间段(10:00—16:00)在岗的前提下，合理地安排上下班时间，相对朝九晚五，妈妈们可以更灵活地选择"朝十晚六"或"朝八晚四"。职场妈妈还可以选择一周来上四天班，另外一天在弹性工作地点办公。自主灵活的工作安排既满足了业务需求，又为妈妈们赢得了更多与宝宝甜蜜相处的时间。

> **课后查阅：**
> 尝试搜集典型企业的非法定福利，并做对比分析。

非法定福利在改善人际关系、增加员工满意度和安全感、吸引和留住人力资源等方面，可以起到直接增加工资难以起到的作用。在开放的市场体系中，组织要赢得竞争优势，必须对其所需要的劳动力具有足够的吸引力。一般来说，劳动者选择组织除了考虑工资和奖金水平外，还要考虑工作条件的优劣、福利待遇的高低、能否发挥作用等因素。

第二节　员工福利规划

一、员工福利规划概述

员工福利规划是企业薪酬管理的重要一环，是企业为提升员工幸福感和企业凝聚力，在国家相关法律框架内，结合企业自身现状及发展战略提出的，对未来一定时间内员工福利的发展趋势和具体路径所做出的全面的、规范的、系统的规划。

明确员工福利规划的目的是进行福利规划的根本问题，既是员工福利规划的出发点，也是落脚点。

首先，员工福利规划有助于传递薪酬理念，提升企业形象。随着社会经济的不断发展，福利已经成为员工收入的重要组成部分，在不断增长的企业劳工成本面前，员工福利是企业的一项重要支出。但是员工对待福利的态度并不容乐观，员工认为福利是应得的，理所当然的。为此，提出一套详细、可行的员工福利规划有助于提升员工士气，传递企业薪酬理念。

其次，员工福利规划有助于提升员工获得感，提高福利的有效性。员工幸福感和满意度是企业发展追求的目标之一，也是企业能否长久发展的动力来源。福利的满意程度在很大程度上来源于对员工需求的满足，由于员工需求不一致，普惠式的福利难以提升员工获得感，系统的员工福利规划能够根据员工需求不断调整，使企业的福利资源发挥最大化效用。

最后,员工福利规划有助于控制福利成本,防止福利费用恶性膨胀。由于员工的薪酬由固定的基本工资、奖金和各种福利构成,相对于基本工资和奖金的固定性,员工的福利,特别是保险类福利对于企业而言,难以估算。同时,由于福利具有一定的刚性,因此,福利项目不能减少,福利水平不能下降,否则会对员工造成负面影响。基于此,做好员工福利规划显得尤为关键。

二、员工福利规划的依据

在设定了员工福利规划后,选准员工福利规划的依据是制定规划步骤的前提。影响员工福利规划的因素有很多,既有来自外部环境的因素,更多的是企业内部的多重因素。但主要应该从国家、企业、员工三个维度考量。

1. 国家政策法律

任何企业的发展都需要在法律框架内开展,依法治国是国家长治久安的重要保障,也是我国社会主义市场经济体制建立和发展的必然要求。党的十八届四中全会也将依法治国战略提升到了前所未有的高度。企业的发展、薪酬管理理应在国家相关政策法律框架内,才能够更好地保障员工合法权益。

2. 企业发展战略

在规划员工福利的未来发展时,也要从企业发展战略层面思考,既要考虑企业长期和短期的发展目标,又要分析企业所处的特定的发展阶段。员工福利规划应是企业整体发展竞争战略的一个有机组成部分,吸引人才、激励人才,为员工提供一个自我发展、自我实现的优良环境,是员工福利系统的发展目的,更是员工福利规划的目的。员工福利规划确定了员工福利的发展目标并指明了员工福利的发展方向,但它也是一个动态的开放体系。伴随着企业的成长和发展、企业外部生存和竞争环境的变迁以及内部组织的发展与各项资源储备情况的变化,企业的目标和战略都会不断加以调整,以企业整体的发展战略作为主要设定依据并与之相适应的员工福利规划应随着企业的发展进行动态的调整。

3. 员工福利需求

制定员工福利规划的最终目的是更好地保障员工权益,提升员工幸福感。因此,在规划制定前,需要摸清员工福利现状及个性化的需求。企业可以通过发放问卷、逐一访谈等形式对当前企业福利现状进行摸查,并对未来需求做出预判,进而制定更为科学的评价方法和评判标准。同时,员工个性化需求也要考虑在内。员工需求会因为性别、职务、年龄、家庭状况的差异而各不相同,了解员工个体的福利及需求可以更好地采取差异化的福利方案,以便员工更好地创造价值,提升员工幸福感。

三、员工福利规划的步骤

基于以上员工福利规划的目的和依据,员工福利规划有十个具体步骤。

1. 福利规划咨询导入

作为员工福利规划的第一步,首先要明确福利规划的原则和目标,要依据企业发展现状和未来战略要求,在国家相关法律法规允许的范围内,初步制定福利规划的方向,通过征集企业领导层的意见,进行规划咨询导入工作。

2. 现有福利调查分析

该环节要对企业历来福利制度及相关标准进行核实,通过梳理企业相关福利政策,结合福利规划初期制定的方针针对员工设计福利调查问卷或进行访谈,在综合分析相关内容及问卷的基础上,完善福利规划。

3. 福利与薪酬的关系

薪酬是员工因向用人单位提供劳务而获得的各种形式的报酬,薪酬的方式和范围要比福利更广,除了向员工支付的基本工资、奖金、津贴和补贴外,还包括向员工提供的各项福利。在制定员工福利规划时,要理顺相关福利与薪酬之间的关系,区别对待,以提高资金使用效率,真正提高员工满意度。

4. 福利与激励的关系

一般而言,激励对应未来,而福利则是面向过去。激励要以绩效为前提,是必须先完成组织任务才能带来的精神的或者物质的奖励。激励是管理的核心,其目的之一就是要有效地提高员工工作的积极性,并在此基础上提高效率,最终促进企业的发展。处理好福利和激励的关系,才能够更好地推进工作。

5. 员工福利项目规划

在上述几个环节结束后,就要开始制定员工福利规划,为以后的步骤定好基调,把握整体的方向。

6. 员工福利标准制定

员工福利要依据国家相关法律法规,在合法合规的前提下制定相应的标准。由于各省(市、自治区)的社会经济发展水平不同,员工福利标准也有差异。各企业要根据相关要求,结合企业发展战略,提出切实可行的福利标准。

7. 制定福利实施方法

标准制定后,就要根据企业薪酬管理制度,提出新的福利实施方案。方案中应该包括福利内容、发放标准、实施方式等,要详细,能够直接实行。

8. 编制福利管理制度

福利管理制度的制定为后续实施提供了可靠、明确的根据。制定的福利管理制度要包含福利管理的目的、适用范围、相关职责、具体内容及要求、福利范围、服务项目、补助标准等。

9. 福利体系讨论评估

一个完善且健全的公司员工福利制度,应该经得起相关机构的评估,以保证各项工作都能顺利开展。在制定完企业福利制度后,要经过多轮讨论,并咨询意见,经得起评估机构的验收。

10. 福利体系运用培训

员工福利规划的最后一步是福利体系运用培训,只有在不断实践中,才能够知晓该制度的适用性,才能够更加清晰员工福利制度是否符合企业发展需要,是否满足员工的内心需求。

四、员工福利规划的未来

由于受人口结构、家庭结构、经济因素和政策因素的影响,未来员工福利规划应该突出更强的适应性。员工福利规划的未来趋势更加关注人性化,更加凸显员工作为企业核心的理念,一切从员工利益出发。同时,大数据技术、互联网技术、区块链技术等新兴技术也应该应用到未来的员工福利规划中,以更加适应新时代的发展需求,适应未来的发展需要。

延伸阅读

互联网 SaaS 化技术

SaaS 全称是 software-as-a-service(软件即服务)。SaaS 提供商为企业搭建信息化所需要的所有网络基础设施及软件、硬件运作平台,负责所有前期的实施、后期的维护等一系列服务,企业无须购买软硬件、建设机房、招聘 IT 人员,即可通过互联网使用信息系统。就像打开自来水龙头就能用水一样,企业根据实际需要,向 SaaS 提供商租赁软件服务。

现阶段很多公司刚开始将员工福利的相关流程转为快速、高效、便捷的互联网 SaaS 化技术,互联网 SaaS 技术礼物福利越来越火爆。互联网 SaaS 化技术不但能让员工随意、便捷地挑选节日礼品,更关键的是它能大大减轻 HR 过去购置、派发礼物的负担,从这种繁杂的事务中全身而退,可以把精力放到更关键的怎样搞好福利沟通等事情上去。

第三节 福利的规划与管理

一、福利的规划

伴随着目前福利成本的增加和福利种类的增多,企业进行福利决策变得越来越困难。福利的规划主要是回答两个关键问题:提供何种福利?为谁提供福利?

(一) 提供何种福利

福利决策与基本工资、奖金的决策在一定程度上是类似的,其中最关键的都是成本问题。对企业而言,支付福利的成本和基本工资、奖金是一样的,但事实上,两者的决策存在很大差异。基本工资和奖金的决策往往是单一的,而福利却是由庞杂的福利项目组成的,企业有很多福利项目可以选择,不同的福利组合又会产生不同的影响。员工看待福利的观点会因他们自己的需要不同而有所不同,不同组织中的员工队伍构成不同,员工对于福利的需要和期望自然也不一样。企业在决定基本工资和奖金时,主要考虑的是岗位价值、员工的能力与绩效水平,而福利决策的依据却有所不同,在决定设立什么样的福利时,企业应着重考虑国家的政策法规、内外部福利调查信息、企业的财务状况以及工会的影响。在考虑到底设计什么样的福利规划前,企业应该从以下四个方面入手。

1. 了解国家立法

福利规划的各项事务都应该在法律规定范围之内展开,无论企业是否出于自愿提供这些福利,也不论员工是否迫切需要这些福利,只要是国家法律规定的企业必须提供的福利项目,企业就必须提供。我们知道,福利分为法定福利和非法定福利,在日常生活中,员工普遍认为法定福利并不是福利,而是与基本薪酬相关联的。因此,如果不能让员工意识到企业的福利支出是要付出很大的代价或员工认为企业并未提供有价值的福利,企业的福利支出就不会得到任何回报。

2. 开展福利调查

与薪酬调查类似,企业开展福利调查的目的就在于获取更多的、更精准的市场信息。但是现实调查中,企业往往将部分福利与基本薪酬放在一起讨论,这是因为福利本身也是一种变相的薪酬。这种调查可以知道员工的薪酬成本在哪个区间范围内是合理的,但是福利调查所能够提供的仅仅是其他企业所采取的福利实践的信息,至多能够了解到竞争者的总福利成本是多少。为此,企业在进行员工福利制度规划时,应该综合考虑薪酬和福利给企业带来的成本,并尽量符合员工偏好。

3. 做好企业福利规划

开展市场福利调查只是为企业的福利规划制定大致的参考框架,关于企业自身的福利规划,应该结合企业自身发展需要,做到实事求是、"因企制宜"。但是,目前企业福利决策往往建立在对企业福利的模糊认知基础上,认为只要为员工提供相关福利,就能够留得住员工;而不是通过建立长效机制来长久留住员工。为了更好地做好企业福利规划,应该尽可能地开展员工福利调查问卷,在充分了解员工需求的基础上,思考现存的福利模式与员工真实福利需求之间有何差距。

4. 分析企业财务状况

福利和薪酬是企业成本的重要组成部分,任何福利制度的设计都需要充分考虑企业自身的承受能力。对企业财务状况进行分析,关系到企业的支付能力问题。同其他收入一样,福利也具有刚性特征,一旦实施就不能简单收回,所以要由财务部门配合人力资源管理部门进行福利成本预算,目的就是要合理控制福利成本。一般来讲,福利项目的成本越高,接受福利成本的机会就越大。某些福利项目在目前看来可以接受,但还要注意其未来的增长状况。财务上可以根据销售额或利润估算出最高的、可能支出的总福利费用和年福利成本占工资总额的百分比,确定主要福利项目的成本和年度福利成本,进而制定出相应的福利项目成本计划。在实施中也要注意福利项目的掌管、福利基金的财务和使用状况等。我国福利资金主要来源于:国家为各单位提供的与职工基本生活有关的非生产性建设投资费用,企业单位的"职工福利基金"和国家机关、事业单位按规定获得的"职工福利费",工会经费中用于职工福利的费用,各单位举办的职工福利设施的收入等。

(二)为谁提供福利

从内部激励效力而言,组织应该明确:哪些员工是福利的主要受益对象?是全体员工还是部分员工?哪些员工的需要应该得到优先满足?员工是统一享受还是有差别地享受?如何满足员工的需求?现在普遍的做法是把中高层经理管理人员同其他普通员工的福利区别对待,或对核心技术人才同企业人员的福利分门类设计等。

从目前企业的福利状况来看,福利更多的是一种激励手段,因而能否达到内部激励作用应该是福利计划设计时着重要考虑的。提供什么样的福利和为谁提供何种福利都需要与组织战略、组织文化和人力资源特征相结合,选择有助于组织目标实现和与组织财务状况及管理能力相匹配的福利类型和福利水准。

二、福利的管理

员工福利管理是指为了保证员工福利按照预定的轨道发展、实现预期的效果,采用各种管理措施和手段对员工福利的发展过程和路径进行控制或调整的活动。广义的员工福利管理是对员工福利从产生到发展的整个过程进行全方位管理,包括:员工福利发展的各个阶段,即从低级阶段到高级阶段,从不成熟阶段到成熟阶段;员工福利管理所涉及的各种资源的配备和制度的建设;各种管理方式和手段的运用等。狭义的员工福利管理与狭义上的员工福利规划相对应,是为了完成一个既定的中长期发展目标而采取的各种措施和手段。员工福利管理包含处理福利申请、进行福利沟通、加强福利监控三个重要环节。

(一)处理福利申请

员工对自身的福利需求是明确的,当其向企业提出福利申请时,企业就需要根据福利制度、相关程序对员工福利申请做出审查,查看是否合理,然后进行发放。核对的信息既包含员工个人信息,也包括员工是否应当享受、享受等级、享受标准等诸多问题。虽然该项工作并非高技术含量工作,但是搜集相关信息、比对相关制度的过程较为烦琐,通常需要花费很多时间,并且对从事该项工作的员工具有一定的门槛,即对该员工的人际沟通能力要求较高,这主要是为了对福利受理过程中出现的问题能够给出及时、合理的回复,为企业节省很多不必要的支出。

(二)进行福利沟通

员工福利要对员工的行为和绩效产生影响,就必须使员工认识到福利是全面报酬的一部分,让员工认识到福利的价值。但是很多企业的经验显示,即使企业为员工提供福利做出了很多努力,员工仍没有意识到组织到底提供了什么福利,或者根本没有意识到组织为此付出了多么高的成本。我国目前的福利管理面临着困境,而困境的产生主要是因为福利背后缺乏有效的福利沟通。

第一,企业和员工在对福利的认识上存在混乱。一方面,企业不清楚什么样的福利能够满足员工的需求,在大多数情况下只是被动地制定福利方案,而对这些方案存在的合理性及其实施效果却不是很清楚。另一方面,员工对企业所提供的福利的种类、期限和适用范围是模棱两可的,且根本不知道企业为此付出的成本是多少。根据期望理论,员工对自己是否该努力以及如何努力不清楚的话,绩效是难以提高的。因此,企业和员工之间缺乏有效的福利沟通导致企业苦恼、员工迷茫。

第二,福利的低回报性。许多企业感到自己在福利方面投入了大量的成本和精力,却没有看到预想的结果,高福利并没有为企业带来高绩效和高忠诚度。因此员工福利在缺乏有效沟通的情况下变成了单纯的保健因素,怎么都不能让员工满意。

第三,福利缺乏灵活性与针对性。僵化的福利体制是缺乏有效的福利沟通的后果。根据马斯洛的需求层次理论。只有满足员工所看重的福利才是有意义的,而没有沟通的福利计划带来的只是成本的沉没和员工的不满意。

第四,福利成本居高不下。随着消费水平、医疗保健等费用的日益增高,现代企业的福利成本越来越高。受成本限制,企业不可能靠增加福利来提升其竞争性,博得员工的持续满意度。在福利预算的限制下,企业唯有不断提高福利沟通的有效性,让员工充分体会福利的价值。

基于福利沟通的必要性,就需要提供一些改善鼓励沟通的措施。

(1)编写福利手册,解释企业提供给员工的各项福利计划。这些手册可以包含一本总册子和一系列附件,在福利手册中尽量少用专业术语,力求让普通员工了解内容。

(2)定期向员工公布有关福利的信息,其中包括福利计划的适用范围和福利水平,对具体的员工而言这些福利计划的价值是什么,组织提供这些福利的成本。

(3)在小规模的员工群体中做福利报告。

(4)建立福利问题咨询办公室或咨询热线,搭建福利问题沟通微信群,方便员工了解具体的福利政策和相关流程。

(5)借助大数据技术,建立网格化的福利管理系统,在企业组建的内部局域网上发布福利信息,也可以开辟专门的福利板块,与员工进行有关福利问题的双向交流,从而减少因沟通不畅而导致的各种纠纷。

(三)加强福利监控

目前,随着社会经济的快速发展,以及企业组织内部和外部形势的变化,员工对于福利的需求也越来越多元化,越来越个性化。加强员工福利监控,实现福利的精准对接,不仅有助于提升企业形象,提高企业凝聚力,更有助于增强员工获得感。但是,我国法律正处于不断完善之中,有关福利的政策也经常发生变化,企业为了更好地落实法律规范,不得不对相关福利进行调整;同时,员工的偏好也会伴随着社会的变化而发生变化,员工福利需求的变化也会导致企业福利制度的调整。因此,为了更好地贯彻落实国家相关法律规范,更好地对接员工需求和企业战略规划,企业一定要做好福利监控,并将相关问题进行整合,加以整理,提出更具针对性的有效的政策建议。

本章小结

"福利"主要包括个人福利和社会福利两种形式。个人福利不仅有从物质生活得到的快乐和幸福,也有从精神活动得到的快乐和幸福。而社会福利则是个人福利的总和。

福利对企业而言,有助于留住和激励员工,增强企业员工凝聚力。对于员工而言,有助于激发员工积极性,提升企业归属感。

员工福利是社会生产力发展到一定阶段的产物,也是伴随着社会生产关系的不断变化而发生改变。回顾国内外有关员工福利的发展历程,可以大致将员工福利的发展历程划分为三个阶段,即初创阶段、快速发展阶段和改革创新阶段。

目前我国企业针对员工的福利类型多种多样,福利的主要类型也依据划分标准不同而存在差异。按照是否具有法律强制性,可以划分为法定福利和非法定福利。

员工福利规划是企业薪酬管理的重要一环,是企业为提升员工幸福感和企业凝聚力,在国家相关法律框架内,结合企业自身现状及发展战略提出的,对未来一定时间内员工福利的发展趋势和具体路径所做出的全面的、规范的、系统的规划。

福利规划和管理工作非常重要,其中主要是合理确定福利项目以及可以享受的福利范围,同时要做好福利申请受理、福利沟通以及福利监控三个环节。

复习思考题

1. 员工薪酬与员工福利有什么区别?
2. 福利具有哪些作用?
3. 法定福利包括哪几个方面?
4. 如何进行员工福利规划?
5. 员工福利沟通的必要性是什么?
6. 请搜集国内主要城市的住房公积金政策。

案例分析

玛莎百货的员工福利

玛莎百货(Marks & Spencer)是英国最大且盈利能力最高的百货零售集团,而它的出名更在于它已成为西方管理学界公认的卓越管理典范。玛莎百货认为,经理人员必须了解员工的困难并做出反应。高层应该知道员工的工作环境和各项福利措施的优劣程度。

玛莎百货以福利高而著称,为推行种种福利措施所花费的代价往往使试图模仿它的其他企业望而生畏。除了良好的员工分红制度、医疗保险、退休金制度等一般性的福利措施外,还有许多显然是为员工考虑的福利措施。其福利并不单单是福利,它表现出企业对于员工的关心。正如各门市部门管理人员都得到的指示:如果你在处理员工问题有可能犯错,那么宁可过于慷慨而不是相反。这就是玛莎百货管理的准则,尊重所有员工,关心员工的一切问题,全面和坦诚地作双向沟通,对努力和贡献做出赞赏和鼓励,不断训练和发展。

在如此管理下,每个员工都感觉到自己受到公司的尊重;他们得到不断的训练和自我发展的机会;最重要的是管理层是与员工站在一起的,而不是处于敌对地位,他们看到管理高层所宣扬的目标与所付诸实行的差异极少。

思考题:

玛莎百货为什么能够获得成功?在员工福利方面有哪些可借鉴之处?

第八章 典型的员工福利计划

本章学习目标
- 了解企业年金及其运作模式
- 知道企业健康保险计划的典型形式
- 知道我国企业健康保险计划的类别
- 熟悉我国住房计划的类型
- 了解我国住房政策的发展历程

【导入案例】

中国石油企业年金计划

截至 2019 年末,中国石油企业年金规模突破 1 200 亿元,全年实现投资收益 95 亿元,百万石油员工人均账户较上年末增加投资收益 5 500 元,投资收益率达到 9.14%,远超业绩基准和全国年金行业平均水平,在 100 亿元以上规模年金基金中名列前茅。

自 2008 年运营以来,中国石油企业年金累计实现投资收益 369 亿元,累计收益率 84.7%,年化平均收益率 5.32%,是全国规模最大、受益人数最多的单一企业年金计划。2019 年是中国石油企业年金公司化运营的第一年。作为集团公司党组践行"以人民为中心"发展思想的重要载体,公司确立了"努力建设国内一流的养老受托机构,为提高石油员工退休生活的幸福指数贡献力量"的使命担当,坚持"安全至上,稳健增值"的投资原则,以"管理科学、运营规范、充满活力、业绩一流"为目标,深化落实投资监督,完善健全风控体系,全面提升专业化管理水平,企业年金投资运营实现了开门红。

据悉,养老资产管理公司将继续秉承"忠诚、合规、专业、协作"的核心文化,积极推动"管理提升年"工作再上新台阶,努力建设治理规范、运营高效、值得员工信赖的国内一流养老金受托机构,确保企业年金持续稳健增值,为提高百万石油员工退休生活的幸福指数再做新贡献。

第一节 企业年金计划

一、企业年金概述

企业年金(国外称超级年金、职业年金、私人养老金计划等)是指在政府强制实施的基本养老保险制度之外,企业在国家政策指导下,以进一步提高员工退休后生活水平为目的,按照自愿、量力的原则所建立的养老金计划,其不仅是企业人力资本管理战略的重要组成部分,而且是现代养老保险制度体系中不可或缺的支柱之一。

(一)发达国家企业年金计划

企业年金发端于西方发达国家,与德国、美国、瑞典等西方国家企业年金相比,我国企业年金起步较晚,但越来越受关注。据人力资源和社会保障部数据显示,截至2020年,我国企业年金基金规模为2.25万亿元人民币,参加人群不足3 000万。但是,澳大利亚已经累积企业年金超过一万亿澳元,而澳大利亚的总人口仅有2 500万。西方国家建立企业年金计划的初衷是为了解决养老金较低的问题,用企业年金作为退休金的一个有效补充。其实质是以延期支付方式存在的职工劳动报酬的一部分或者职工分享企业利润的一部分,是职工权益的一部分。

企业年金最早可以追溯至19世纪初期的英国,而美国企业年金计划则出现在19世纪末。1875年,美国快递公司成为第一个企业年金计划实施的企业,随后的1880年,巴尔的摩和俄亥俄铁路公司也推出了企业年金计划。西方国家大规模发展企业年金起源于20世纪40年代,其形式具有多样性,如团体延期支付账户、担保投资账户、个人年金账户等10余种养老金产品。在管理主体上,也产生了包括保险合同、信托管理等形式在内的多元化主体。而西方国家企业年金的重要的特点之一就在于其企业年金账户具有很好的管理规范化。在法律方面,不论是1974年美国提出的《员工退休收入保障法》(ERISA),还是1993年英国提出的《养老金法》,都对企业年金的形式、内容、账户管理等做出了强制性规定,以保障职工的福利。在监管部门方面,西方各国都建立了专门的负责企业年金监管的部门来加强对资金的管理,如美国劳工部的员工福利局(PWBA)、英国的OPRA(Occupational Pensions Regulatory Authority)、澳大利亚的APRA(Australian Prudential Regulation Authority)等机构。

(二)中国企业年金计划

在我国,企业年金是对国家基本保险的有效补充,是我国城镇职工养老保险体系中的重要组成部分。我国目前的养老金体系主要包括三大支柱,即第一支柱基本养老保险基金,第二支柱企业年金,第三支柱个人储蓄性养老保险。在现代社会保险制度的国家中,企业年金已经成为较为普遍实行的企业补充养老金计划,又被称为"企业退休金计划"或

"职业养老金计划",是我国养老保险制度中不可或缺的重要环节。职工参与企业年金方案的主要条件有两个:首先是要与本单位签订劳动合同并且已经结束试用期;其次是要依法参加企业职工基本养老保险,并且履行缴纳义务。

那么,中国企业年金出现的大背景是什么呢?由于企业年金作为我国养老保险制度中不可或缺的一部分,因此就需要回归到我国养老保险制度上来。首先需要明确我国的人口结构和老年人口的比重。中华人民共和国自成立以来,人口经历了较大幅度的调整,从初期的客观鼓励生育逐步过渡到提倡节制生育即计划生育政策,再到2015年人口政策进一步调整,实行普遍二孩政策,到2021年实行三孩政策。这一切政策的演变都是基于对我国人口总量和人口结构的客观认识和逐步深化。国家统计局数据显示,2019年,我国年末总人口达到了14亿,相比1949年的5.4亿,增加了1.6倍。而从年龄结构上来看,2019年,我国0~14岁的人口为2.348 3亿,约占总人口的16.77%,15~64岁人口为9.891 4亿,约占总人口的70.65%,而65岁及以上人口为1.759 9亿人,约占总人口的12.57%。这里需要关注的是65岁及以上人口的比重问题,通常情况下,国际上会把60岁以上的人口占总人口的比例达到10%,或者65岁以上人口占总人口的比重达到7%作为国家或地区进入"老龄化社会"的标准,而一旦该指标超过14%,则意味着进入"老龄化社会"。从图8-1可以很明显地看到,早在2001年,我国65岁及以上的人数就已经突破了7%的国际标准,进入老龄化社会。而这一比例在2019年高达12.57%,上升了5.47个百分点,我国老龄化进程不断加快。

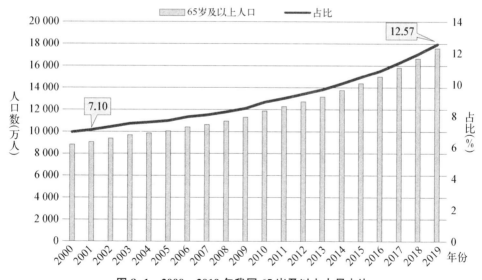

图8-1　2000—2019年我国65岁及以上人员占比

数据来源:国家统计局。

老龄化问题也是党中央、国务院一直高度关注的焦点问题之一,特别是2017年10月18日,习近平同志在党的十九大报告中指出,实施健康中国战略,积极应对人口老龄化,构建养老、孝老、敬老政策体系和社会环境,推进医养结合,加快老龄事业和产业发展。为应对人口老龄化问题,政府已出台三大政策,分别是延迟退休、企事业单位养老金并轨和养老金全国统筹发放。2017年2月,三部委联合发布了《智慧健康养老产业发展行动计划(2017—2020年)》,全面促进我国智慧健康养老产业的发展。这一系列政策的推出,都是在积极应对老龄化问题提出的卓有成效的解决办法。而落实到企业中,就是需要开展企业年金计划,这也就是企业年金会出现的大背景。

企业年金的缴费基数与基本养老保险一致,而且企业年金的缴费基数与事业单位工作人员基本养老保险缴费基数是相同的。也就是说,个人工资超过当地上年度在岗职工平均工资300%以上的部分,则不会计入个人缴费工资基数,而低于当地上半年在岗职工平均工资60%的,按当地在岗职工平均工资的60%计算个人缴费工资基数,即"300%封顶、60%托底"。相比企业年金缴费基数,公务员或事业单位员工的缴费基数则有所不同。具体而言,公务员的缴费基数为上一年度的基本工资、津补贴和奖金合计数;而事业单位的缴费基数则是基本工资、绩效工资和津补贴总数。

企业年金可以分为缴费确定型计划(DC计划)和待遇确定型计划(DB计划)两种类型。

DC计划是通过建立个人账户的方式,由企业和职工定期按一定比例缴纳保险费(职工个人可以选择缴纳比例或者申请放弃加入企业年金方案),职工退休时的企业年金水平取决于资金积累规模及其投资收益。其基本特征是:(1)简便易行,透明度较高;(2)缴费水平可以根据企业经济状况做适当调整;(3)企业与职工缴纳的保险费免予征税,其投资收入予以减免税优惠;(4)职工个人承担有关投资风险,企业原则上不负担超过定期缴费以外的保险金给付义务。缴纳年金的优点在于:(1)简便灵活,雇主不承担将来提供确定数额的养老金义务,只需按预先测算的养老金数额规定一定的缴费率,也不承担精算的责任,这项工作可以由人寿保险公司承担;(2)养老金记入个人账户,对雇员有很强的吸引力,一旦参加者在退休前终止养老金计划时,可以对其账户余额处置具有广泛的选择权;(3)本计划的企业年金不必参加养老金计划终止的再保险,雇员遇到重大经济困难时可以随时终止养老金计划,并不承担任何责任。缴纳年金也有其自身的缺陷:(1)雇员退休时的养老金取决于其个人账户中的养老金数额,参加养老金计划的不同年龄的雇员退休后得到的养老金水平相差比较大;(2)个人账户中的养老金受投资环境和通货膨胀的影响比较大,在持续通货膨胀、投资收益不佳的情况下,养老金难以保值增值;(3)缴纳年金鼓励雇员在退休时一次性领取养老金,终止养老保险关系,但因为一次领取数额比较大,退休者往往不得不忍受较高的所得税率;(4)此外,缴纳年金的养老金与社会保障计划的养老金完全脱钩,容易出现不同人员的养老金替代率偏高或偏低。

在DB计划中,缴费并不确定,无论缴费多少,雇员退休时的待遇是确定的;雇员退休时,按照在该企业工作年限的长短,从经办机构领取相当于其在业期间工资收入一定比例的养老金。参加DB计划的雇员退休时,领取的养老金待遇与雇员的工资收入高低和雇员工作年限有关。具体计算公式是:雇员养老金=若干年的平均工资×系数×工作年限。若干年的平均工资是计发养老金的基数,可以是退休前1年的工资,也可以是退休前2~5年的平均工资;系数是根据工作年限的长短来确定的。待遇年金的基本特征是:(1)通过确定一定的收入替代率,保障职工获得稳定的企业年金;(2)基金的积累规模和水平随工资增长幅度进行调整;(3)企业承担因无法预测的社会经济变化引起的企业年金收入波动风险;(4)一般规定了享有资格和条件,大部分规定工作必须满10年,达不到则不能享受,达到条件的,每年享受到的养老金额还有最低限额和最高限额的规定;(5)该计划中的养老金,雇员退休前不能支取,流动后也不能转移,退休前或退休后死亡的,不再向家属提供,但给付家属一定数额的一次性抚恤金。

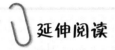延伸阅读

人 口 红 利

人口红利是指一个国家的劳动年龄人口占总人口比重较大,抚养率比较低,为经济发展创造了有利的人口条件,整个国家的经济呈高储蓄、高投资和高增长的局面。2013年1月,国家统计局公布的数据显示,2012年我国15~59岁劳动年龄人口在相当长的时间里第一次出现了绝对下降,比上年减少345万人,这意味着人口红利趋于消失,导致未来中国经济要过一个"减速关"。

全国人大常委会委员、中国社科院学部委员蔡昉表示,这意味着中国人口红利消失的拐点已在2012年出现,将对经济增长产生显著影响,我们应当在心理和政策上做好足够准备。如果劳动年龄人口增长、人口抚养比下降,就会带来人口红利,反之就没有人口红利。在过去相当长的时间里,我国劳动年龄人口、人口抚养比一升一降,生之者众,食之者寡,我们得到了人口红利。不言而喻,人口红利趋于消失,会使劳动力减少。除此之外,还会使资本投入增长率放慢。蔡昉解释说,过去我国抚养比低,人口负担轻,可以维持高储蓄率,从而带来高投资,今后的情况正好相反。另外,如果劳动力短缺,就会出现资本投入报酬递减现象。"打个比方,如果劳动力充裕,1台机器对应10个劳动力,那么有多少资本就可以买多少机器;一旦劳动力不足,1台机器对应1个劳动力,甚至10台机器才能对应1个劳动力,这个劳动力的体力、智力能照顾得过来吗?买相同数量的机器,其产出自然会减少。"蔡昉说,"报酬递减,资本投入就会减少。"面对人口红利趋于消失,应该做的,就是科学地提高潜在增长率。劳动力投入方面还能挖潜,比如,今后劳动力数量虽然减少了,但劳动参与率可以提高。1.6亿进城农民工没有城市户口,从而没有均等地享受基本公共服务,他们通常40岁左右就退休回乡了。如果能加快改革户籍制度,推进农业转移人口市民化,农民工就能干到60岁。这样一来,劳动参与率增加了,潜在增长率也能因此提高。

二、中国企业年金的市场管理

我国人口老龄化问题已成为焦点问题,由此衍生的养老保险问题也备受瞩目。由于目前我国社会保险养老金的体系仍有待完善之处,因此,购买企业年金便成为对我国养老保险的有效补充,这既能够增强企业员工的向心力和凝聚力,更重要的是对员工未来的养老提供了充足的保障。与国外发达国家相比,我国企业年金的发展总体来看仍然处于初步阶段和探索阶段,企业动力不足和年金制度不规范等问题也成为阻碍我国企业年金健康有序发展需要面临的问题。

回顾我国企业年金制度的发展历程,自2004年建立到现在已经有十余年的时间,企业年金在经历了管理机构资格牌照发放到实际运营阶段,从无到有,从不完善到逐渐完善,并且我国也出台了一系列的配套政策法规和实施办法,确立了企业年金国家政策支持、企业自主建立、市场运营管理、政府行政监督的制度框架和运行规则。可以说,我国企业年金制度已经逐渐走上正轨。《全国企业年金业务数据摘要2019年度》提供的数据显示,2019年,全国企业年金建立企业已经达到95 963个,参加职工为2 547.94万人,积累基金17 985.33亿元。实际运作资金总额达到17 689.96亿元,建立4 327个组合数,实现当年投资收益1 258.23亿元,当年加权平均收益率为8.30%(见图8-2)。

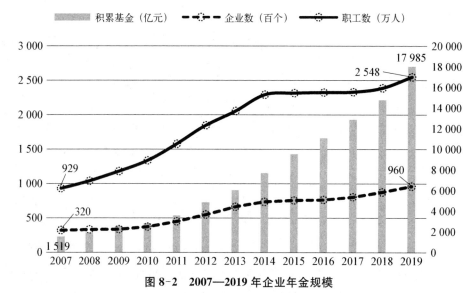

图8-2 2007—2019年企业年金规模

注:左侧纵坐标轴为企业数、职工数,右侧纵坐标轴为积累基金。企业年金从2006年下半年开始市场化投资运作,故历年情况从2007年起始。

数据来源:《2019年度全国企业年金基金业务数据摘要》。

在企业年金投资组合数和当年加权平均收益率方面,我国企业年金也表现出逐渐完善的态势。2019年,我国企业年金投资组合数达到了4 327个,该数据相比2007年翻了20多倍。虽然2007年以来,我国企业年金的当年加权平均收益率并不稳定,有起有落,并在5%左右上下浮动,但是总体而言相对平缓,2019年,我国企业年金加权平均收益率为8.3%(见图8-3)。

图8-3　2007—2019年企业年金投资组合数

数据来源:《2019年度全国企业年金基金业务数据摘要》。

三、企业年金的设计

在我国,企业年金实行的是缴费确定型,按照完全积累,采用个人账户的方式进行管理,职工达到退休年龄后,才能够一次性或按月领取年金。依据相关法律和企业实际,企业年金计划主要包括参加人员范围、资金筹集方式、职工企业年金个人账户管理方式、基金管理方式、计发办法和支付方式、支付企业年金待遇的条件、组织管理和监督方式、中止缴费的条件和双方约定的其他事项九部分内容。

在管理方式上,我国主要采取的是信托模式管理。管理的治理结构主要是确定两种法律关系:一是委托人与受托人之间建立的信托关系。企业及其职工作为委托人将基金财产委托给受托人管理。企业和职工拥有基金管理的决策权和知情权,受托人拥有基金财产的实际管理职责。二是受托人与账户管理人、托管人和投资管理人等专业机构之间建立的委托合同关系。各管理机构按照合同和受托人的要求提供账户管理、基金托管或投资管理服务。

在运作方式上,我国企业年金主要采取的是市场化运作方式,并采取四项管理制度严格控制运作风险。

第一,建立不同管理服务机构实现相互平衡。受托人可以依据《中华人民共和国合同法》的有关规定,委托相关金融机构管理基金个人账户、托管基金财产或负责基金投资管理。账户管理人、托管人和投资管理人之间存在着一种制衡关系。账户管理人主要负责核对缴纳汇总数据,接触不到基金财产。托管人主要负责保管基金财产,监督投资管理人的投资行为,没有基金财产支配权。投资管理人主要负责基金投资,确保基金保值增值,但没有基金使用权,也接触不到基金财产。

第二,建立报告和信息披露制度。受托人、账户管理人、托管人和投资管理人等管理运营机构,应当按照规定向有关监管部门报告企业年金基金管理情况,并对所披露信息的真实性和完整性负责。受托人应定期向委托人、受益人和有关监管部门提供企业年金基金管理报告。账户管理人、托管人、投资管理人应定期向受托人提交基金管理报告和审计报告。托管人一旦发现投资管理人的投资指令违反法律、行政法规、其他有关规定或合同约定,就应当拒绝执行,并立即通知投资管理人,且及时向受托人和有关监管部门报告。

第三,建立投资管理安全保障制度。这主要体现在企业年金基金投资工具和投资比例的规定方面。从理论上讲,企业年金是一项企业和职工自愿建立的福利保障计划,计划汇集的基金归职工所有,职工应享有充分的投资自主权。考虑到我国金融市场的现状和职工控制投资风险的能力,我们鼓励委托专业机构投资者管理运作,同时对基金投资的金融工具及比例做了比较审慎和适当的规定,并可根据金融市场和投资运作的变化情况进行适时调整。

第四,建立主动监管制度。政府在企业年金监管中的主要职责是指定运作规则,对从基金筹集、投资管理到待遇支付实行全程监管和主动监管,及时纠正存在的问题,实现基金保值增值,维护国家利益和企业、职工权益。要逐步建立完善的企业年金监管信息技术系统,实现基金缴纳、投资管理、账户清算、收益分配和年金给付信息运行畅通,以及信息资源共享;逐步构建覆盖全国的企业年金监管网络,保障现场检查和非现场监督的及时性、经常性和有效性。通过实时监控系统,实现现场检查与非现场监督方式的结合,以及事前监督、日常监督和事后监督办法的统一。[①]

第二节 企业健康保险计划

一、企业健康保险计划的形式

(一) 原因

员工的健康问题一直是企业关心的问题,不仅影响企业的发展,也是企业对员工负责任的重要体现。伴随着员工健康意识的增强,企业应将健康保险纳入福利保障体系。

1. 员工医疗费用开支呈现出增长态势,员工对健康的关注程度逐年提高

健康是个永恒的话题,人们都希望自己能够健康长寿,并且高质量地生存。健康是人生幸福的源泉,更是生命之基。2017年10月18日,习近平总书记在党的十九大报告中

---

① 参见《积极发展企业年金 完善养老保险体系》,劳动和社会保障部网站。

提出了"健康中国"发展战略,指出人民健康是民族昌盛和国家富强的重要标志,要完善国民健康政策,为人民群众提供全方位全周期健康服务。《2019年全国医疗保障事业发展统计公报》的数据显示,2019年参加全国基本医疗保险人数已经达到13.54亿人,参保率在95%以上。其中,参加职工医保3.29亿人,在职职工2.42亿人,退休职工0.87亿人。2012年以来,职工医保次均住院费用从9 313元上升到2019年的11 888元,涨幅27.65%,职工医疗费用开支呈现逐年递增态势。

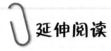

《"健康中国2030"规划纲要》

《"健康中国2030"规划纲要》是为推进健康中国建设,提高人民健康水平,根据党的十八届五中全会战略部署制定,由中共中央、国务院于2016年10月25日印发并实施。

会议认为,健康是促进人的全面发展的必然要求,是经济社会发展的基础条件,是民族昌盛和国家富强的重要标志,也是广大人民群众的共同追求。党的十八届五中全会明确提出推进健康中国建设,从"五位一体"总体布局和"四个全面"战略布局出发,对当前和今后一个时期更好地保障人民健康做出了制度性安排。编制和实施《"健康中国2030"规划纲要》是贯彻落实党的十八届五中全会精神、保障人民健康的重大举措,对全面建成小康社会、加快推进社会主义现代化具有重大意义。同时,这也是我国积极参与全球健康治理、履行我国对联合国"2030可持续发展议程"承诺的重要举措。

会议指出,新中国成立特别是改革开放以来,我国健康领域改革发展成就显著,人民健康水平不断提高。同时,我国也面临着工业化、城镇化、人口老龄化以及疾病谱、生态环境、生活方式不断变化等带来的新挑战,需要统筹解决关系人民健康的重大问题和长远问题。会议强调,《"健康中国2030"规划纲要》是今后15年推进健康中国建设的行动纲领。要坚持以人民为中心的发展思想,牢固树立和贯彻落实创新、协调、绿色、开放、共享的发展理念,坚持正确的卫生与健康工作方针,坚持健康优先、改革创新、科学发展、公平公正的原则,以提高人民健康水平为核心,以体制机制改革创新为动力,从广泛的健康影响因素入手,以普及健康生活、优化健康服务、完善健康保障、建设健康环境、发展健康产业为重点,把健康融入所有政策,全方位、全周期保障人民健康,大幅提高健康水平,显著改善健康公平。

会议指出,推进健康中国建设,要坚持预防为主,推行健康文明的生活方式,营造绿色安全的健康环境,减少疾病发生。要调整优化健康服务体系,强化早诊断、早治疗、早康复,坚持保基本、强基层、建机制,更好地满足人民群众健康需求。要坚持共建共享、全民健康,坚持政府主导,动员全社会参与,突出解决好妇女儿童、老年人、残疾人、流动人口、低收入人群等重点人群的健康问题。要强化组织实施,加大政府投入,深化体制机制改革,加快健康人力资源建设,推动健康科技创新,建设健康信息化服务体系,加强健康法治建设,扩大健康国际交流合作。

会议强调,各级党委和政府要增强责任感和紧迫感,把人民健康放在优先发展的战略地位,抓紧研究制定配套政策,坚持问题导向,抓紧补齐短板,不断为实现"两个一百年"奋斗目标、实现中华民族伟大复兴的中国梦打下坚实健康基础。

2. 当前社会保险保障具有有限性,个人要承受一定的医疗费用负担

社会保险保障体系是推动经济发展的助推器,更是稳定社会安定团结的稳定器。随着我国社会主义市场经济的逐渐深入,我国社会保险保障体系也在不断完善。如今我国从总体上已经形成一套比较完整的以基本养老、基本医疗为主干,以最低保障、失业保险、工伤保险、生育保险、社会救济、社会福利等为辅助,以商业保险、慈善失业为补充的社会保险体系。但不可否认的是,我国当前的社会保险保障体系仍面临着诸多困境,不能满足人民群众日益增长的对美好生活的向往。我国社会保险保障体系仍不完善,保险费的统筹层次较低,且由于我国各地社会经济发展水平不同、自然环境不同,管理水平和人才条件存在天然差异,因此,各地区的资金筹措能力也天差地别。我国社会保险保障制度仍未形成有效的制度模式,各地的发展也极不平衡,难以满足职工医疗费用的承担。

3. 员工福利多样化的发展趋势,使得企业更加关注员工福利的保障

除了享受正常的福利保障之外,2014 年 7 月全国总工会下发的《关于加强基层工会经费收支管理的通知》明确规定,基层工会逢年过节可以向全体员工发放少量节日慰问品,可以用会费组织会员观看电影、开展春游和秋游等集体活动,也可以向会员送生日蛋糕等慰问品,或者向会员发放指定蛋糕店的蛋糕券。对职工教育活动中的优秀学员(包括自学),基层工会可以给予奖励。目前,我国各层级的员工福利形式逐渐多样化,也在不同方面、不同程度上对员工福利进行了更加完善的保障。作为与职工身体健康最为直接的方式,职工健康保险应运而生。

(二)典型形式

1. 商业团体健康保险

团体健康保险是指以团体作为投保人,同保险人签订保险合同,当被保险人因疾病或分娩住院时,由保险人负责给付其住院期间的治疗费用、住院费用、看护费用等的一种商业团体保险。这种方式投保方式更加灵活,前景被看好。目前来看,团体健康保险共分为团体医疗费用保险、团体补充医疗保险、团体特种医疗费用保险和团体丧失工作能力收入保险四个主要险种。其中,团体医疗费用保险是指当被保人在保险责任期开始后,因疾病而住院治疗时,保险人将负担住院费用、治疗费用、医生出诊费用以及化验费用等基本医

疗费用。团体补充医疗保险也称团体高额医疗保险，是由于大部分基本医疗保险对药品、器材、诊断服务、护理等很多费用均不予承保，并且对各种医疗费用也有许多限制（包括时间和金额的限制），从而产生了以排除基本医疗保险中的诸多限制为主要目的的团体补充医疗保险。团体特种医疗费用保险是指团体长期护理保险，长期护理是帮助因残障或老年痴呆等慢性病而生活不能自理的人完成日常活动。一般的医疗保险不对长期护理相关的费用进行保障，而团体长期护理保险则是以团体为投保人，承担被保人的长期护理服务费用。团体丧失工作能力收入保险又称团体残疾收入保险，是由保险人承担补偿被保险人因遭遇意外伤害或疾病而丧失工作能力的一种团体保险。从事特殊岗位如高空、水下作业的职工，因意外或疾病而丧失工作能力的风险较大，所以在团体（基本）医疗费用保险之外，可以选择该保险。

为了提高团体商业医疗保险的承保质量，保险公司会对团体商业医疗保险设置一定的条件，主要包括以下三点：（1）投保人必须是正式的法人组织，有特定的业务活动，独立核算；（2）为了保障承保对象的总体平均健康水平，被保险人必须是能够正常参加工作的在职员工；（3）在参保人数方面，投保团体的员工比例不得低于75%，而且绝对人数不能少于8人。

团体健康险与个险相比，有很多优点：（1）由于团体健康险承保的是一个企业的全部或者部分员工，人数多，风险分散，费率相比个险更为便宜；对于续保或者长期合作的企业，保险公司还可根据理赔数据制定准确的经验费率，从而导致保费更加优惠。（2）团体健康保险保障范围更广，团体健康险中的某些保障是个险不具备的，如门急诊费用。由于赔付率过高等原因，个险涵盖门急诊保障的很少；而大多团体健康险都提供门急诊保障，保险公司还可以根据企业需要延伸一些个性化的保障。（3）团体健康保险投保比较灵活。团体健康险投保不如个险严格，投保通常不需要体检，对投保年龄限制也较为宽松，承保期间可随时增减被保险人，非常便于企业的人事和财务运作。

2. 健康储蓄账户

健康储蓄账户（Health Savings Account，HSA）是美国现行的由政府主办的医疗保险制度的一个补充，是为了弥补医保的不足而设立的。HSA 可用于节省医疗费用支出的开销，还可以减少需要纳税的薪水，不过不是每个人都可以或者应该购买 HSA。如果投保人选择了高自付额的医疗保险计划（High-deductible Health Insurance Plan，HDHP[①]），同时是经过政府认证的，那就符合开设 HSA 的条件。

HSA 的特点是在加入一种自付额（deductible）很高的医疗保险计划后，可以利用健康储蓄账户内的资金支付医疗费用，并享受免税待遇。如果存入健康储蓄账户的资金在当年没有用完，账户内的剩余资金就可以累积到新的保险年度。退休后可以提取所有累积的资金用作其他用途。需要注意的是，高自付额保险计划的保险费（premium）通常较

---

① 更多阅读，参见 https：//www.healthcare.gov/glossary/high-deductible-health-plan。

低,但这种计划比较适用于大病保险,平常因普通疾病就诊时个人须分担较多的费用。

HSA的具体操作流程为:一些提供雇员高自付额医疗保险计划的雇主也会提供HSA,如果没有的话,医疗保险计划符合条件的雇员也可以自己单独开设HSA账户。每年投保人可以自行决定多少钱存入HSA,前提是不超过政府强制要求的上限额。如果投保人所在的单位直接提供了HSA,那么可以选择自动将个人的部分工资直接存入HSA。在开通HSA之后,投保人将拿到与HSA账户余额绑定的储蓄卡或者支票,之后可以用账户里的余额去支付符合条件的医疗费用,包括自付额(deductibles)、看病、拿药时投保人需支付的定额费用(copays),以及投保人按比例承担的部分医疗费用(coinsurance)。需要注意的是,如果投保人所选择的医疗保险计划是premiums档,那就不能使用HSA的资金支付医疗费用。HSA账户每年的余额都会自动累积,所以不需要担心余额损失,在65岁之后,投保人将加入Medicare计划,到时就不需要再往HSA里面存钱,不过账户里的余额仍然可以用于医疗费用中需要自付的部分。但是,如果投保人用HSA的余额支付不符合条件的费用,那么该支出的部分将额外支付一笔所得税;同时投保人如果未满65岁,还要遭到罚款。

HSA的主要优势在于去用自便、税收优惠、投资不限和长期保留。具体而言,留存在HSA的余额将逐年累积,而累积的余额属于个人,个人对余额的提取也是自由的,不受其他限制,本人可以根据需要选择合适的医院和医生,而无须批准。同时,存入HSA的钱可以税前抵扣,收益免税,支付免税。存入账户的钱可以在税前抵扣,这就意味着可以将这部分金额从应税总额中扣除。根据美国相关法律规定,拥有该账户的个人也可以将账户里的钱用来投资,投资收益在支取前均是免税的,本金在支取的时候也是免税的。当然,免税的资金只能支付合理的医疗费用,包括健康保险的免赔部分、处方药和非处方药、牙科和视力治疗费等。此外,HSA里的钱也可以用来投资固定收益账户、共同基金和股票、债券等。最重要的是,该账户无论是更换工作还是退休都不会受影响,其将一直伴随着指定的账户受益人。如果受益人去世,该账户的余额将转移给配偶,且完全免税。但是也应该注意到,HSA也有自身的限制,比如,其只为受益人支付合理的医疗费用,拥有该账户的受益者必须参加过高免赔额健康保险计划。个人申请HSA也会受到一些法律上的限制,如表8-1所示。

表8-1 HSA的有关规定

合格的健康计划:最小免赔额	个人:2019年为1 350美元 家庭:2019年为2 700美元
合格的健康计划:最大支付金额	个人:2019年为6 750美元 家庭:2019年为13 500美元
HSA的最高税前抵扣额	个人:全额抵扣,2019年最高为3 500美元 家庭:全额抵扣,2019年最高为7 000美元 55岁之后可增加1 000美元

续 表

未包含在健康保险免赔范围内的服务	预防、意外事故、残疾、牙科、视力治疗
免税支出范围	医疗费用、健康保险免赔部分、处方药和非处方药、牙科、视力治疗、脊椎治疗、针灸和其他传统的住院或非住院费用、失业期间的健康支出、长期健康险保费
对账户资金用在非医疗费用上的惩罚	65岁以下：征收所得税并处20%的罚金 65岁以上：补缴税款

二、企业健康保险计划的发展——心理健康服务

按世界卫生组织(WHO)的定义，心理健康的人内心充满积极的情绪，如快乐、宁静；能认识到自己的潜能；能应对正常的压力；能够有成效地从事工作；能对社会做出贡献。他们在工作中创造力更强、业绩更好、抗压力特别强、对组织感情更深。《哈佛商业评论》2012年2月刊上发表的《越幸福，越高效》一文中指出，心理健康的员工整体业绩比同事高出16%，这比我国2013年7.7%的GDP增加率还高一倍多。凡是身在组织中的人，尤其是管理者能体会到，在当前工作、生活压力大，收入增长缓慢，职业发展空间有限的背景下，很难保持员工的满意度不下降。但是心理健康的员工对单位的忠诚度比同事高出32%，对工作的满意度高出46%。所以，员工积极的心理健康状态能够给组织带来巨大的收益。

心理健康服务(employee assistance programs，EAP)的概念最早于1982年由沃尔什(Walsh)提出，但是对于EAP概念的准确界定至今未达到统一。古丁(Gooding)认为，心理健康服务是企业通过合理的干预办法了解、评估、诊断和解决影响员工工作表现及业绩问题的过程。也有心理学者认为，心理健康服务是由管理者，或工会团体、员工协会、咨询顾问公司、社会团体、心理健康服务机构与个人签约，为企业员工提供帮助服务的总称。目前，对于EAP达成的基本共识是，它是组织给予员工的一种福利，是运用心理学、组织行为学、管理学等理论和技术，通过整合个人、家庭、组织和社会等多方面的资源，专注于帮助组织和员工解决与工作场所有关的问题，从而有效提高组织绩效的人力资源管理工具。

案例8-1

心理健康管理

安迪是一位年轻的MBA、自由撰稿人，看起来温文尔雅，做起事来却雷厉风行。谈起上一份工作的时候，她显得很自然坦诚。她以前是一家企业的总经理秘书，由

于对管理理论知识较有研究,所以经常有机会参加企业的高层管理会议。对于一个20岁出头,刚走出校门的女孩子来讲,这已经是一个很不错的工作了,但不到两年时间,她还是选择了离开。理由是厌倦,甚至觉得自己有心理疾病,"害怕面对重复的工作,害怕面对职场中那永无休止的压力",这让她怀疑自己的能力,而且怀疑自己的存在。同时,她总不能理解其他人在职场中的行为。所以她选择了离开,并远离了职场。

2019年7月23日,在健康中国行动推进委员会办公室召开的新闻发布会上,国家卫生健康委疾控局副局长雷正龙介绍了健康中国行动之"心理健康促进行动",并指出健康中国行动的目标是到2022年和2030年,居民心理健康素养水平提升20%和30%,焦虑障碍、抑郁症、失眠障碍患病率上升趋势减缓。各行各业要开展心理健康服务,各机关、企事业单位和学校等要组建心理健康服务团队,或通过购买服务形式,为员工和学生提供心理健康服务。鼓励基层社会组织、社会工作者和志愿者为老年人、妇女、儿童、残疾人等重点人群提供心理健康服务。由此可见,员工心理健康服务已经越来越受到关注。

> 课后查阅:
> 心理健康的标准是什么?

目前来看,心理健康服务的内容可以涵盖心理咨询、心理培训、心理测评、危机干预、心理科普和心理类活动六部分。

(一)心理咨询

这是基础服务,使用的频度最高。员工经常会遇到婚恋情感、家庭关系、亲子教育等各种生活困扰,在工作中也会因工作压力、同事关系、岗位调整等带来不适。这些因素都会影响员工的工作表现,但是很少有人愿意对同事主动讲这些,因为怕影响对自己的看法,这个时候心理咨询师就可以很好地帮助他们。

(二)心理培训

如果说心理咨询是出问题后的补救,那么心理培训就是未雨绸缪,帮助员工掌握一些处理问题的技能,如压力情绪管理、人际关系处理、亲子教育、精神疾病识别等。通过培训也可以让一些有困扰的员工找到新的求助渠道,转化为心理咨询。

(三)心理测评

员工的心理健康状况如何?有哪些是需要干预的?这时候,心理测评的作用就显现了。提供服务者需要准备足够丰富的心理量表,这些量表既能帮助员工自我筛查,又能帮助心理咨询师获取更多的信息,提升咨询效率。但是心理测评有个难点,主观性强,员工往往不愿按照真实的情况填写信息。如果做大面积的筛查,则效果往往无法尽如人意,目前行业中也没有更好的解决方法。最好提供工具给员工让他们有需要的时候自我筛查,或者当进行某些心理培训的时候设置对应的环节,让参与者做完题后能获得及时的反馈和解读。此外,心理测评还应起到危机响应系统的作用。

(四)危机干预

这是企业最不愿意用到的服务,但又必须做好准备。企业规模越大,发生人员自杀的概率越高。出现这种情况时,必须及时安抚员工家人和身边的同事,这时需要专业团队来处理。一位资深心理医生告诉我说:"至少30%的人曾经在某些时刻想过自杀。"这也直接说明了企业运营过程中不仅仅有财务风险、法务风险,还有人员的生命风险,万一处理不好可能会对公司造成致命打击。

(五)心理科普

这项服务的内容和前面的培训有一定的重合,为什么单独拿出来说呢?因为科普的形式有很多,文章、内部广告、各种会议、小册子等,如果做好了是有助于前面每个项目开展的。

(六)心理类活动

结合公司大事件、各种节假日筹备一些心理类的活动也是其中一个模块,比如,情人节、儿童节可以开展亲密关系、亲子关系主题的活动,这样有助于拉近EAP团队和员工之间的距离,在需要的时候愿意寻求帮助。

三、中国的企业健康保险计划

从严格意义上来讲,我国目前的企业健康保险计划并非健全。现在的企业补充医疗保险主要是企业为员工建立的用于提供医疗服务和补偿医疗费用开支的福利计划,包括社会保险机构经办的职工补充医疗保险、商业保险公司经办的职工补充医疗保险和工会经营的职工补充医疗保险三类。但是它们并非由企业自主建立,也不是作为员工福利计划建立的,而是更多的由其他机构建立且作为基本医疗保险的补充。

(一)社会保险机构经办的职工补充医疗保险

2002年,无锡市劳动和社会保障局、无锡市财政局和无锡市卫生局联合下发《无锡市城镇职工补充医疗保险管理暂行办法》,规定凡参加职工基本医疗保险的单位和人员,均要参加职工补充医疗保险。离休干部、老红军和二等乙级以上革命伤残军人以及享受国家公务员医疗补助的单位和人员不参加职工补充医疗保险。职工补充医疗保险费由职工所在单位缴纳,参加基本医疗保险的单位按单位在职职工上月缴费工资总额的1.2%缴纳。而职工补充医疗保险费由所在单位每月与基本医疗保险费同时向市社会保险经办机构申报,地税部门负责征收。

参加基本医疗保险的参保人员,患糖尿病、高血压(Ⅱ、Ⅲ期)、慢性肝炎(除甲肝以外)、恶性肿瘤、冠心病、帕金森病、脑卒中后遗症(含脑梗死、脑出血、蛛网膜下腔出血)、慢性支气管炎(含支气管哮喘)、慢性肾炎(含慢性肾功能不全)、类风湿性关节炎、系统性红斑狼疮、慢性再生障碍性贫血这12种慢性病,门诊医疗费用在个人账户资金用完后,个人自付满800元,职工补充医疗保险基金支付70%,年最高支付限额为2 500元。70岁以上退休人员,个人自付满600元,职工补充医疗保险基金支付80%,年最高支付限额为3 000元,第一次报销凭本人身份证登记。省级以上劳动模范和享受政府特殊津贴的人员参照70岁以上退休人员待遇执行。第一次报销时凭市总工会和市人事局确认盖章后的证明及荣誉证书办理登记手续。

参加基本医疗保险的参保人员,年统筹基金最高支付限额以上的医疗费用,补充医疗保险基金支付90%,年最高支付限额为16万元。医疗费用超统筹基金最高支付限额以上的参保人员,携医疗保险卡、住院或报销电脑结算单、有效票据、医疗费用明细清单、出院小结等资料,到市社会保险经办机构按规定比例报销。

(二)商业保险公司经办的职工补充医疗保险

《国务院关于建立城镇职工基本医疗保险制度的决定》(国发〔1998〕44号)明确提出:"为了不降低一些特定行业职工现有的医疗消费水平,在参加基本医疗保险的基础上,作为过渡措施,允许建立企业补充医疗保险。"补充医疗保险采取"政府主导,市场化运作"的模式。商业保险是企业职工补充医疗保险的有效方法之一。选择商业保险时,企业补充医疗保险工作人员可以利用统计法对我国城镇职工在就医中存在的问题进行统计分析,收集相关的数据与信息,了解城镇职工关心的重大疾病,将此作为商业保险选择的依据。在实际工作中,商业保险纳入企业职工补充医疗保险,可以通过以下两种方式实现:第一,加强对自身经营情况的分析,选择适合的保险机构进行合作,制定不同的合作计划,以保证补充保险的有效性。第二,将企业补充医疗保险工作委托给第三方,由第三方与保险公司合作;或者是直接委托给商业保险公司,由其负责企业的医疗补充工作。通过补充医疗保险可以降低员工工作压力,发挥商业保险的作用,提高企业员工的满意度。

(三)工会经营的职工补充医疗保险

上海市职工保障互助会是上海市总工会贯彻党中央、国务院关于"建立多层次社会保障体系"的有关精神,遵照全国总工会的要求而成立的本市群众性、公益性的、具备社团法人资格的职工互助合作的组织。在上海市委、市政府高度重视和支持下,上海市总工会通过上海市职工保障互助会先后于1998年7月、2000年12月和2001年4月分别推出了《在职职工特种重病团体互助医疗保障计划》《上海市在职职工住院补充医疗互助保障计划》。这些计划均以团体投保的形式参加,即参保人数不低于单位职工总数的80%。在职职工"特种重病团体互助医疗保障计划"每期保障期限为三年,参加的职工每人三年内只需交纳60元,其间发生尿毒症、重型肝炎、恶性肿瘤、置换心脏瓣膜等九大类重病的其中任何一种,均可按规定得到人均每份一万元的重病医疗保障金;在职和退休职工的"住院补充医疗互助保障计划"每期保障期限为一年,在职职工"一年期计划"每年每人交纳

35元,"三年期计划"每人三年100元,退休职工每人每年交纳50元,当职工和退休职工发生住院、按住院标准结算的急诊观察室留院观察、门诊大病或家庭病床时,个人自负部分的医药费可以按规定得到50%~70%的补充医疗保障金。

2021年,为减轻住院职工的医疗负担,烟台市总工会探索推出一种工会"零出资"、职工"零投入"、服务"零跑腿"的职工补充住院医疗保险机制,以"工会会员优惠服务卡"为载体,由烟台市总工会牵头组织,烟台银行、平安银行、量典网参与,整合社会资源向职工免费赠送补充住院医疗保险。凡是按规定缴纳基本养老保险的持卡在职工会会员,开卡后卡内日均资产达到固定额度(烟台银行卡内日均资产达到2 000元,平安银行卡内日均资产达到1 000元),保险期内符合城镇职工基本医疗保险统筹支付范围内的住院医疗费用,扣除医保起付线后,达到8 000元即予理赔,最高可享受5万元(一个保险期内)的赔偿,努力打造全省乃至全国独具特色的职工医疗补充保险"新样板"。

自这一机制推出以来,全市共办理工会会员优惠服务卡31万余张,参保补充保险57万余人次,补充医保发生理赔案件1万3千余件,理赔金额2 285万余元,对于减轻职工的医疗负担发挥了积极的作用,有效缓解部分职工家庭"因病致贫、因病返贫"问题,使职工群众感受到实实在在的获得感。烟台市总工会将继续整合社会各方资源,持续拓展和丰富职工补充医保服务内容,加大工作宣传力度,扩大职工医保覆盖面,建立起多方合作的长效机制,确保各方互惠共赢,实现职工补充医保持续健康发展。

第三节　住房福利计划

一、住房福利计划概述

(一) 住房福利计划

住房福利计划是企业为了更好地激励和留住员工,解决员工特别是年轻和新进员工住房问题的重要手段。许多企业都制定和实施了住房计划,最常见的就是企业为员工缴纳的住房公积金。企业解决员工住房的途径主要有四种形式:企业把住房货币化,企业自建或购买商品房;按成本价将住房出售给员工,员工享有部分产权;企业按期发放一定数额的住房补贴,不解决住房;企业自建或购买商品房、无偿或低租分配给员工。

这里需要注意的是福利分房与保障性住房的区别。福利分房是计划经济时代特有的一种房屋分配形式。在市场经济中,房屋是具有价值的,人们需要用货币去购买、交换。在计划经济中,人们所有的剩余价值都被国家收归国有,国家利用这些剩余价值中的一部分由各企事业单位盖住房,然后按级别、工龄、年龄、居住人口辈数、人数、有无住房等一系列条件分给一部分人居住。居住人实际支付的房租远远低于建筑和维修成本,房屋的分配实际上是一种福利待遇。而保障性住房一般包括经济适用住房、安居型商品房、公共租赁房、廉租房、人才公寓等,申请这些房子都要求本市户籍、名下无房。其中,经济适用住房是比较常见的,主要是针对本地户籍、低收入的住房困难家庭而设的,除了要求本地户籍和无房外,还有其他要求,如以家庭为单位提出申请,有资产和收入的限制,结婚年数应符合规定,全家名下没有房地产且规定年限内没转让过房地产,未违反计划生育规定,以及符合市政府要求的其他条件。目前,经济适用住房是保障性住房中十分重要的组成部分,它由政府以划拨方式提供土地,免收城市基础设施配套费等各种行政事业性收费和政府性基金,实行税收优惠政策,以政府指导价出售给有一定支付能力的低收入住房困难家庭。这类低收入家庭有一定的支付能力或者有预期的支付能力,购房人拥有有限产权。经济适用房是具有社会保障性质的商品住宅,具有经济性和适用性的双重特点。

(二) 发达国家住房福利政策

英国的住房福利政策开始于20世纪40年代,主要是由于20世纪30年代的经济危机和第二次世界大战之后,英国政府面临着最为严重的住房短缺状况。当时,英国政府为了稳定社会秩序、促进经济恢复,开始建设共有住房,并且出租给普通市民。1945年至1975年,英国政府直接新建了将近390万幢房屋用于供应和改善住房条件。在租金方面,20世纪60年代,年租金只相当于当时房价的1.1%,而当时西方国家市场年租金通常为房价的5%,由此可见,英国住房租金远低于同时期的西方国家。但是,这种住房福利制度与家庭的收入水平挂钩不够紧密,这就造成了不同收入家庭可以享受同样福利的不合理局面。为此,20世纪70年代,英国提出了"公平房租"的概念,即将公房租金与市场租金水平保持一致,并制定了"标准住房福利标准"。对刚好处于这一标准的家庭,政府会给予一定的住房福利,减免房租;而对低于这一标准的家庭,政府会适当增加住房福利;对高于这一标准的家庭,政府则会相应减少住房福利。20世纪80年代,英国政府颁布《有权购买法》,从法律上保障了居民购买住房的权利。凡是在共有住房中租住超过3年的租户,如果同时是该公房唯一或主要的租住者,就可以向当地政府提出购买该公房的申请。为了鼓励租房者购买当时租住的公房,英国政府根据租房者租住时间的长短,给予33%~50%的价格折扣,有时甚至超过70%。政府同时提供可以部分购买剩余部分继续租住、优惠贷款等其他配套的鼓励政策。到了1997年,以布莱尔为首的工党成为执政党,他们认为,高福利体制对英国的竞争力、可持续发展及传统伦理均可能带来负面影响,因此,应适当削减政府的作用,重新划定国家、社会和个人之间的权利与义务。其致力于建立公私混合的多元社会福利机构,特别是对公共医疗保障体系的大幅投资使得病人有更多选择,医院有更多的自由。与公共医疗相比,福利住房依然处于紧缩状态。自1997年至2007年10年间,英国的住房价格增长了2倍,使得低收入阶层的住房短缺问题再次显露。

新加坡"居者有其屋"计划树立了全球福利房的标杆。超过80%的居民居住在政府购买的组屋(public housing,指政府为解决居民住房问题而提供的廉价房屋)内。20世纪50年代,新加坡的住房问题十分突出,常常是50多人挤在一个二三层楼的商铺房里,或是住在临时搭建在肮脏下水道旁的棚屋里,居住环境十分恶劣。失业还使成千上万的人无家可归。为了解决人民的住房问题,新加坡政府于1960年成立了建屋局。建屋局的任务是,为新加坡老百姓提供他们能买得起的住房。为了实现这一目标,政府规定建屋局不以营利为目的,对其实行综合平衡预算,经营亏损部分由政府补足。为了降低组屋的建设成本,政府为组屋建设制定了一系列优惠政策,如组屋建设用地的取得无须经过拍卖程序、建屋局的商业性房产收入可用于弥补开发亏损等,同时要求建屋局通过大规模生产、改进设计和技术等手段,千方百计降低建设成本。而为了让更多的家庭能买得起组屋,1968年,政府允许居民动用公积金购买组屋及支付每月的房屋贷款。20世纪70年代后,为更好地满足居民对组屋的需求,建屋局开始建设居民新镇。新镇的选址离中心城区稍远,整个镇统一规划、同步建设。除大片的组屋区外,新镇还建有公园、体育场、游泳池、商业区和工业区等。一般一个新镇的住宅用地占50%左右,学校占10%左右,公路用地在10%以上,体育与休闲用地占2%左右,同时留有几个百分点的空地。从20世纪90年代起,为满足居民提升住房质量的要求,建屋局开始对老式组屋进行翻新,扩大室内面积,改善组屋外观,增加公共空间。翻新组屋的费用大部分由政府承担,住户只承担其中的一小部分。21世纪后,新加坡的主要问题已经不是"居者有其屋"的问题,而是如何让居者住得更宽、更好的问题。建屋局的主要任务也由满足居民基本的住房需求转到满足人们对住房多样化的需求上。

德国是欧洲老牌的大国强国,其完善的社会保障与福利制度均在世界第一梯队,也被人们定义为世界最强的经济体之一。德国的福利住房是指由国家资助建造、租金较低、专门租给低收入者的住宅。第二次世界大战后,德国联邦、各州和地方政府都把解决百姓的居住问题作为施政的重中之重。1950年和1956年出台的两部住宅建设法为德国西部住房建设插上了翅膀。两部住宅建设法的区别在于,第二个法律出台之后,"广大居民购置自用的产权房成为可能"。其共性在于,它们都为住宅建设打上了"公益"或"福利"的色彩。两部法律都明确宣布,"创建面积、布局、租金或负担适合广大居民需要的住房"为其宗旨。在法律的推动下,德国各级政府,尤其是联邦政府,都把推动福利住房建设作为必须履行的"职责"。联邦政府自1949年以来每年都向各州"提供数额不等的财政支持"用于住房建设或补贴。2006年9月1日生效的联邦改革法将住房职责划归各州政府。联邦政府虽然不再需要提供财政支持,但作为补偿,从2007年至2019年仍必须向地方转移财政资金。到2013年之前,每年转移的财政资金为5.18亿欧元。在这之后,转移资金的数额需要重新审定。据德国联邦统计局统计,截至2016年底,德国有存量住房4 170万套、人口8 230万,相当于每2人拥有1套住房。人均居住面积达43.8平方米,其中自有住房及租房者人均拥有住房面积分别为49.9平米和37.4平米,高于世界主要发达国家水平。德国联邦建筑、城市和空间研究所(BBSR)预测,到2035年德国人口将减至7 820万,较目前下降3%。但鉴于单身家庭不断增加、原有住房结构不甚合理等原因,住房建设还在继续。

二、住房福利计划的实施

就世界范围来看,住房福利并非主流福利,发达国家针对企业的住房福利计划更不多见。企业住房计划是我国特殊国情下的产物,是补充性住房计划的重要组成部分。它的起源和发展是以中国旧有的住房体制改革为背景,以中国住房保障现状、整体的社会和经济状况为依托[①]。

住房福利计划的实施过程主要分为三个部分:一是调查准备阶段;二是调查阶段,即分析福利调查结果并对福利现状进行分析和评估的阶段;三是实施阶段。具体而言,首先应该根据需要审查数据调查的必要性和实施方向,根据企业实际发展情况和员工需求明确调查目标的对象和数量,然后选择需要收集的相关福利信息内容;然后根据设计对涉及的相关部门和相关群体展开调查,收集调查结果;进而从频度、趋中趋势和离散程度等方面分析福利调查结果;最后根据福利成本分析和福利预算对福利现状进行合理的分析和评估,开展福利实施。

三、中国的住房福利计划

(一) 我国住房政策的发展历程

中华人民共和国自成立以来,其住房政策经历了大致三个阶段,即计划化阶段、商品化阶段和全面市场化阶段。主要分割点是改革开放。改革开放之前,由于我国是计划经济时代,所以实行的是高度计划的福利房分配政策,单位内的成员由单位解决住房问题。而改革开放以后,随着我国市场化程度的提高,住房供给从逐步的商品化向全面、快速的市场化方向发展,使得我国的房地产市场出现了一定程度的过热现象。自 21 世纪以来,中央开始对原有政策进行调整,对房地产市场实施宏观调控。

1. 计划化阶段(1949—1978)

1949 年后,我国实行的是实物分配和低租金住房政策,城镇住房建设由政府部门、事业机关、国企等单位负责,然后以实物形式分配给城镇居民,收取低廉的租金。在这种体制下,住房成为单位制下的重大福利。当时由于住房属性的福利性、住房供给的计划性,房屋供给缺乏激励,住房成为稀缺资源。据统计,中华人民共和国成立后至改革开放前的29 年,我国人均住房面积停留在 4.5 平方米的水平上,缺房户占城镇总户数的 47.5%。可见,"住房难"成为改革开放前的一种普遍现象。与此同时,住房由行政单位分配的方式也十分容易滋生不正之风。随着我国城市化进程的加快、城镇人口的不断增长,改革以实物分配和低租金为主要特征的福利分房住房政策迫在眉睫。

总体来看,社会主义国家住房分配崇尚平均主义原则,即政府按需分配住房,保证每个城市居民都有平等的住房,但在实际操作中并非如此,住房不平等虽然没有转型时期及

---

① 仇雨临:《员工福利管理》,复旦大学出版社 2004 年版,第 283 页。

市场化国家那么严重,但是仍在较大程度上存在,其表现可从单位间的住房建设资金分配和单位内职工住房分配来分析。

2. 商品化探索阶段(1978—1998)

1978年,针对城镇居民住房问题的严峻形势,邓小平同志提出住房供给商品化探索的建议,认为"允许私人建房或者私建公助,分期付款,把个人手中的钱动员起来,国家解决材料,这方面潜力不小"。从改革试点到实物福利分房制度结束,历经近二十年,其间住房制度改革的政策变迁,大致可分为三个阶段。

(1) 由相关部委主导的试点阶段。1979年,国家城市建设总局、国务院侨务办公室制定了《关于用侨汇购买和建设住宅的暂行办法》,鼓励华侨、归侨和侨眷用侨汇购买和建设住宅;并且规定所有权和使用权归自己,国家依法给予保护。这个暂行规定是住房商品化的萌芽。1980年6月,中共中央、国务院在批转《全国基本建设工作会议汇报提纲》中正式提出实行住房商品化政策。国家准许私人建房、私人买房,准许私人拥有自己的住宅。到1981年,公房出售试点扩展到23个省、自治区的60多个城市和一部分县镇。1982年,在总结前两年公房出售试点经验的基础上,鉴于城镇居民工资水平低、购买能力有限,国家建委和国家城市建设总局决定在郑州、常州、四平和沙市四个城市试行公有住房的补贴出售。之后,补贴出售工作在全国27个省市自治区120多个城市、240多个县开展。1984年,党的十二届三中全会提出要推行以城市为重点的经济体制改革,从而大大推动了住房制度改革的进程。

(2) 由国务院统一领导的整体方案设计和全面试点阶段。1986年1月成立了国务院住房制度改革领导小组,由国务院主要领导同志亲自抓此项工作。至此,城镇房改工作直接由国务院领导进行。1987年国务院住房制度改革领导小组在总结前一段售房试点经验的基础上,把提租补贴作为住房制度改革的基本环节,并于同年8月起在烟台、沈阳、蚌埠、唐山和常州等城市开始试点。基本思路是"提高租金、增加工资",变暗补为明贴,变实物分配为货币分配,通过租金的提高促进售房。1988年1月,在总结试点城市经验的基础上,国务院召开了全国住房制度改革第一次工作会议。同年2月,国务院印发了国务院住房制度改革领导小组《关于在全国分期分批推行住房制度改革实施方案》(国发〔1998〕11号),提出"从改革公房低租金着手,将现在的实物分配逐步改变为货币分配,由住户通过商品交换,取得住房的所有权或使用权,使住房这个大商品进入消费市场,实现住房资金投入产出的良性循环,从而走出一条既有利于解决城镇住房问题,又能够促进房地产业、建筑业和建材工业发展的新路子"。这一实施方案标志着我国住房制度改革已进入整体方案设计和全面试点阶段。1991年6月,国务院发出了《关于积极稳妥地推进城镇住房制度改革的通知》,提出通过分步提租、缴纳租赁保证金、新房新制度、集资合作建房、出售公房等多种形式推进房改的思路。同年10月召开了全国第二次房改工作会议,确定了租、售、建并举,以提租为重点,"多提少补"或"小步提租不补贴"的租金改革原则,基本思路是通过提高租金促进售房,回收资金,促进建房,形成住宅建设、流通的良性循环。1993

年11月，国务院房改领导小组在北京召开了第三次房改工作会议，改变了第二次房改会议确定的思路，代之以"以出售公房为重点，售、租、建并举"的新方案。

（3）住房制度改革深化阶段。1994年7月国务院颁布了《国务院关于深化城镇住房制度改革的决定》（国发〔1994〕43号），提出城镇住房制度改革的根本目的是：建立与社会主义市场经济体制相适应的新的城镇住房制度，实现住房商品化、社会化；加快住房建设，改善居住条件，满足城镇居民不断增长的住房需求。在该决定的推动下，城镇住房制度改革在全国范围内稳步进行。7月，国务院颁布《关于中外合营建设用地的暂行规定》，之后经济特区和沿海开放城市制定和颁布了相应的地方性法规，对外资企业用地征收土地使用费，深圳特区首先于1982年开始征收土地使用费。

3. 全面市场化阶段（1998—　）

国务院《关于进一步深化城镇住房制度改革加快住房建设的通知》明确提出，从1998年下半年开始，停止住房实物分配，逐步实行住房分配货币化。以此为标志，住房制度改革全面展开。1998年6月国务院在北京召开了全国城镇住房制度改革和住房建设工作会议，会后在7月3日颁布了《国务院关于进一步深化城镇住房制度改革、加快住房建设的通知》（国发〔1998〕23号）。该通知进一步确定了深化城镇住房制度改革的目标：停止住房实物分配，逐步实行住房分配货币化；建立和完善以经济适用住房为主的多层次城镇住房供应体系；发展住房金融，培育和规范住房交易市场，促进住宅业成为新的经济增长点。同时决定，1998年下半年开始停止住房实物分配，逐步实行住房分配货币化，自此，我国住房政策转变为房地产产业政策，市场成为国民住房的主导供给机制，住房供给资源剧增，房地产业成为拉动我国经济增长的重要力量。至此，我国已实行了近四十年的住房实物分配制度从政策上退出历史舞台。因而，国发〔1998〕23号文成为我国住房制度改革的里程碑，它宣告了福利分房制度的终结和新的住房制度的开始。但同时，过分的市场化催生了房地产业"泡沫化"的危险，住房价格大大超越国民收入的承受能力，使中低收入群体望"房"兴叹。

四、住房计划的类型

在住房商品化和市场化改革的过程中，由于当前住房价格偏高、职工承受能力弱，住房计划仍然是企业目前需要考虑的重要福利之一。企业通常提供住房公积金计划和补充性住房计划。

（一）住房公积金计划

住房公积金是指国家机关和事业单位、国有企业、城镇集体企业、外商投资企业、城镇私营企业及其他城镇企业和事业单位、民办非企业单位、社会团体及其在职职工，对等缴存的长期住房储蓄。

1999年国务院颁布了《住房公积金管理条例》，对公积金的建立、运作、管理、使用与实施均做出了详细的规定。2011年，住房和城乡建设部联合各个部门研究修订《住房公积金管理条例》，放开个人提取公积金用于支付住房租金的规定。2013年部分城市出台办法,允许患有重大疾病的职工或其直系亲属提取公积金救急。2014年,三部门发文,取消住房公积金个人住房贷款保险、公证、新房评估和强制性机构担保等收费项目,减轻贷款职工负担。2015年,《住房公积金管理条例(修订送审稿)》拟规定,职工和单位住房公积金的缴存比例均不得低于5%,不得高于12%。2016年2月21日起,职工住房公积金账户存款利率调整为统一按一年期定期存款基准利率执行,上调后的利率为1.50%。从2017年7月1日起,全国所有住房公积金管理中心将按照住建部发布的《全国住房公积金异地转移接续业务操作规程》要求,通过平台办理住房公积金异地转移接续业务。全国所有住房公积金管理中心将"联网",通过统一的平台办理住房公积金异地转移接续业务。据不完全统计,目前,北京、上海、福州、广州等20多个城市已经接入全国住房公积金异地转移接续平台。2018年5月15日,北京住房公积金管理中心发布《关于取消身份证明材料复印件作为住房公积金归集和贷款业务办理要件的通知》。

(二)补充性住房计划

补充性住房计划是指企业在国家法定的住房公积金计划外,根据自身的经营状况和实力,自愿建立的用于解决员工住房困难或改善职工住房条件计划的总称,通常包括补充性住房公积金、现金住房补贴、单位提供的公寓计划和低价格的集体购房计划等。

补充住房公积金制度是住房公积金制度的一种补充,两者的基本特征是相同的,都是一种长期的住房储金,用于职工的住房消费,属于职工个人所有。补充住房公积金属于非强制性缴纳的社会保障项目,企业根据自身的业绩和管理需要可以自主决定是否替员工缴纳补充住房公积金。职工缴存的补充住房公积金由单位在职工每月工资收入中代为扣除,单位为职工缴存的补充住房公积金由单位承担。单位为职工缴存的和代扣的补充住房公积金,由单位自发放月工资之日起五日内存入公积金管理中心设立的补充住房公积金专户内,并且记入职工个人补充住房公积金账户。

住房货币补贴是国家为职工解决住房问题而给予的补贴资助,即将单位原有用于建房、购房的资金转化为住房补贴,分次(如按月)或一次性地发给职工,再由职工到住房市场上通过购买或租赁等方式解决自己的住房问题。国家行政机关、事业单位对无住房职工或住房面积未达到规定标准的职工发放现金补贴,原则是:坚持效率优先,兼顾公平,由各地政府根据当地经济适用住房平均价格、平均工资,以及职工应享有的住房面积等因素具体确定。

单位提供的公寓计划通常为刚参加工作的职工或单身职工提供,入职的职工或者不缴纳房租,或者缴纳比市场水平低的房租,住房位置通常便于职工上下班。

低价格的集体购房计划是指单位直接与房地产开发商谈判,以较低的价格帮助职工购房或单位承担部分购房款。

本章小结

企业年金是指在政府强制实施的基本养老保险制度之外,企业在国家政策指导下,以进一步提高员工退休后生活水平为目的,按照自愿、量力的原则所建立的养老金计划,其不仅是企业人力资本管理战略的重要组成部分,而且是现代养老保险制度体系中不可或缺的支柱之一。

团体健康保险是指以团体作为投保人同保险人签订保险合同,当被保险人因疾病或分娩住院时,由保险人负责给付其住院期间的治疗费用、住院费用、看护费用等的一种商业团体保险。

心理健康服务是组织给予员工的一种福利,是运用心理学、组织行为学、管理学等理论和技术,通过整合个人、家庭、组织和社会等多方面的资源,专注于帮助组织和员工解决与工作场所有关的问题,从而有效提高组织绩效的人力资源管理工具。

住房公积金是指国家机关和事业单位、国有企业、城镇集体企业、外商投资企业、城镇私营企业及其他城镇企业和事业单位、民办非企业单位、社会团体及其在职职工,对等缴存的长期住房储蓄。

补充性住房计划是指企业在国家法定的住房公积金计划外,根据自身的经营状况和实力,自愿建立的用于解决员工住房困难或改善职工住房条件计划的总称,通常包括补充性住房公积金、现金住房补贴、单位提供的公寓计划和低价格的集体购房计划等。

复习思考题

1. 补充住房公积金制度与住房公积金的区别是什么?
2. 简述我国住房政策的发展历程。
3. 简述企业年金计划出现的原因。
4. 企业年金的运作方式是什么?
5. 企业健康保险的典型形式是什么?
6. 心理健康服务的内容有哪几部分?
7. 我国企业健康保险计划的类别有哪些?
8. 福利分房和保障性住房的区别是什么?

案例分析

华为设立"首席员工健康与安全官"

华为员工的工作状态问题一度引起社会上的极大关注。2006年,华为员工胡新宇猝死,让华为的"床垫文化"(有些员工为了方便加班,在办公桌下放置一张床垫)备受质疑,之后每当有华为员工发生交通事故以及各种意外,都会引起社会对华为员工的工作环境和工作压力的关注和拷问。为此,华为公司在《2008华为社会责任报告》中指出,

2008年首次设立首席员工健康与安全官,目的是进一步完善员工保障与职业健康计划,改良狼性文化。华为公司第一任首席员工健康与安全官由副总裁纪平担任。该职位的作用是提醒大家注意安全(哪怕是交通安全),要注意劳逸结合、注意身体健康,培养优秀的企业文化。

设立首席员工健康与安全官在大企业中尚属首例。这方面比较超前的公司是IBM,但其目前仅有资深健康保健顾问一职,并有专门的团队负责员工健康问题,但在级别和权限上,华为显然略胜一筹。

思考题:
华为设立"首席员工健康与安全官"的初衷是什么?

附件:《企业年金办法》

第一章 总 则

第一条 为建立多层次的养老保险制度,推动企业年金发展,更好地保障职工退休后的生活,根据《中华人民共和国劳动法》《中华人民共和国劳动合同法》《中华人民共和国社会保险法》《中华人民共和国信托法》和国务院有关规定,制定本办法。

第二条 本办法所称企业年金,是指企业及其职工在依法参加基本养老保险的基础上,自主建立的补充养老保险制度。国家鼓励企业建立企业年金。建立企业年金,应当按照本办法执行。

第三条 企业年金所需费用由企业和职工个人共同缴纳。企业年金基金实行完全积累,为每个参加企业年金的职工建立个人账户,按照国家有关规定投资运营。企业年金基金投资运营收益并入企业年金基金。

第四条 企业年金有关税收和财务管理,按照国家有关规定执行。

第五条 企业和职工建立企业年金,应当确定企业年金受托人,由企业代表委托人与受托人签订受托管理合同。受托人可以是符合国家规定的法人受托机构,也可以是企业按照国家有关规定成立的企业年金理事会。

第二章 企业年金方案的订立、变更和终止

第六条 企业和职工建立企业年金,应当依法参加基本养老保险并履行缴费义务,企业具有相应的经济负担能力。

第七条 建立企业年金,企业应当与职工一方通过集体协商确定,并制定企业年金方案。企业年金方案应当提交职工代表大会或者全体职工讨论通过。

第八条 企业年金方案应当包括以下内容:

(一)参加人员;

(二)资金筹集与分配的比例和办法;

(三)账户管理;

(四)权益归属;

(五)基金管理;

(六)待遇计发和支付方式;

(七)方案的变更和终止;

(八)组织管理和监督方式;

(九)双方约定的其他事项。

企业年金方案适用于企业试用期满的职工。

第九条 企业应当将企业年金方案报送所在地县级以上人民政府人力资源社会保障行政部门。

中央所属企业的企业年金方案报送人力资源社会保障部。

跨省企业的企业年金方案报送其总部所在地省级人民政府人力资源社会保障行政部门。

省内跨地区企业的企业年金方案报送其总部所在地设区的市级以上人民政府人力资源社会保障行政部门。

第十条 人力资源社会保障行政部门自收到企业年金方案文本之日起15日内未提出异议的,企业年金方案即行生效。

第十一条 企业与职工一方可以根据本企业情况,按照国家政策规定,经协商一致,变更企业年金方案。变更后的企业年金方案应当经职工代表大会或者全体职工讨论通过,并重新报送人力资源社会保障行政部门。

第十二条 有下列情形之一的,企业年金方案终止:

(一)企业因依法解散、被依法撤销或者被依法宣告破产等原因,致使企业年金方案无法履行的;

(二)因不可抗力等原因致使企业年金方案无法履行的;

(三)企业年金方案约定的其他终止条件出现的。

第十三条 企业应当在企业年金方案变更或者终止后10日内报告人力资源社会保障行政部门,并通知受托人。企业应当在企业年金方案终止后,按国家有关规定对企业年金基金进行清算,并按照本办法第四章相关规定处理。

第三章 企业年金基金筹集

第十四条 企业年金基金由下列各项组成:

(一)企业缴费;

(二)职工个人缴费;

（三）企业年金基金投资运营收益。

第十五条 企业缴费每年不超过本企业职工工资总额的8%。企业和职工个人缴费合计不超过本企业职工工资总额的12%。具体所需费用，由企业和职工一方协商确定。

职工个人缴费由企业从职工个人工资中代扣代缴。

第十六条 实行企业年金后，企业如遇到经营亏损、重组并购等当期不能继续缴费的情况，经与职工一方协商，可以中止缴费。不能继续缴费的情况消失后，企业和职工恢复缴费，并可以根据本企业实际情况，按照中止缴费时的企业年金方案予以补缴。补缴的年限和金额不得超过实际中止缴费的年限和金额。

第四章 账户管理

第十七条 企业缴费应当按照企业年金方案确定的比例和办法记入职工企业年金个人账户，职工个人缴费记入本人企业年金个人账户。

第十八条 企业应当合理确定本单位当期缴费记入职工企业年金个人账户的最高额与平均额的差距。企业当期缴费记入职工企业年金个人账户的最高额与平均额不得超过5倍。

第十九条 职工企业年金个人账户中个人缴费及其投资收益自始归属于职工个人。

职工企业年金个人账户中企业缴费及其投资收益，企业可以与职工一方约定其自始归属于职工个人，也可以约定随着职工在本企业工作年限的增加逐步归属于职工个人，完全归属于职工个人的期限最长不超过8年。

第二十条 有下列情形之一的，职工企业年金个人账户中企业缴费及其投资收益完全归属于职工个人：

（一）职工达到法定退休年龄、完全丧失劳动能力或者死亡的；

（二）有本办法第十二条规定的企业年金方案终止情形之一的；

（三）非因职工过错企业解除劳动合同的，或者因企业违反法律规定职工解除劳动合同的；

（四）劳动合同期满，由于企业原因不再续订劳动合同的；

（五）企业年金方案约定的其他情形。

第二十一条 企业年金暂时未分配至职工企业年金个人账户的企业缴费及其投资收益，以及职工企业年金个人账户中未归属于职工个人的企业缴费及其投资收益，记入企业年金企业账户。

企业年金企业账户中的企业缴费及其投资收益应当按照企业年金方案确定的比例和办法记入职工企业年金个人账户。

第二十二条 职工变动工作单位时，新就业单位已经建立企业年金或者职业年金的，原企业年金个人账户权益应当随同转入新就业单位企业年金或者职业年金。

职工新就业单位没有建立企业年金或者职业年金的，或者职工升学、参军、失业期间，原企业年金个人账户可以暂时由原管理机构继续管理，也可以由法人受托机构发起的集合计划设置的保留账户暂时管理;原受托人是企业年金理事会的,由企业与职工协商选择法人受托机构管理。

第二十三条　企业年金方案终止后,职工原企业年金个人账户由法人受托机构发起的集合计划设置的保留账户暂时管理;原受托人是企业年金理事会的,由企业与职工一方协商选择法人受托机构管理。

第五章　企业年金待遇

第二十四条　符合下列条件之一的,可以领取企业年金:

(一)职工在达到国家规定的退休年龄或者完全丧失劳动能力时,可以从本人企业年金个人账户中按月、分次或者一次性领取企业年金,也可以将本人企业年金个人账户资金全部或者部分购买商业养老保险产品,依据保险合同领取待遇并享受相应的继承权;

(二)出国(境)定居人员的企业年金个人账户资金,可以根据本人要求一次性支付给本人;

(三)职工或者退休人员死亡后,其企业年金个人账户余额可以继承。

第二十五条　未达到上述企业年金领取条件之一的,不得从企业年金个人账户中提前提取资金。

第六章　管理监督

第二十六条　企业成立企业年金理事会作为受托人的,企业年金理事会应当由企业和职工代表组成,也可以聘请企业以外的专业人员参加,其中职工代表应不少于三分之一。

企业年金理事会除管理本企业的企业年金事务之外,不得从事其他任何形式的营业性活动。

第二十七条　受托人应当委托具有企业年金管理资格的账户管理人、投资管理人和托管人,负责企业年金基金的账户管理、投资运营和托管。

第二十八条　企业年金基金应当与委托人、受托人、账户管理人、投资管理人、托管人和其他为企业年金基金管理提供服务的自然人、法人或者其他组织的自有资产或者其他资产分开管理,不得挪作其他用途。

企业年金基金管理应当执行国家有关规定。

第二十九条　县级以上人民政府人力资源社会保障行政部门负责对本办法的执行情况进行监督检查。对违反本办法的,由人力资源社会保障行政部门予以警告,责令改正。

第三十条　因订立或者履行企业年金方案发生争议的,按照国家有关集体合同的规定执行。

因履行企业年金基金管理合同发生争议的,当事人可以依法申请仲裁或者提起诉讼。

第七章 附 则

第三十一条 参加企业职工基本养老保险的其他用人单位及其职工建立补充养老保险的,参照本办法执行。

第三十二条 本办法自2018年2月1日起施行。原劳动和社会保障部2004年1月6日发布的《企业年金试行办法》同时废止。

本办法施行之日已经生效的企业年金方案,与本办法规定不一致的,应当在本办法施行之日起1年内变更。

第九章 国际化薪酬管理

本章学习目标
- 了解发达国家的薪酬管理体系
- 理解薪酬理念的变化趋势
- 熟悉外派员工的薪酬福利组成
- 知道外派员工的薪酬模式
- 了解东道国员工的薪酬策略

【导入案例】

联想收购 IBM PC 业务后的薪酬如何对接

2004年12月8日,联想集团宣布以12.5亿美元收购IBM全球PC业务。关于新联想的发展人们做出了种种猜测,也提出了许多质疑。

其中就有这样一个质疑:"新联想无法规避这样的问题,如何平衡拿着高薪却从事一般工作的原IBM雇员与拿着低薪却从事高层管理工作的联想雇员?如果维持高工资,IBM PC 的亏损局面没法扭转;如果实事求是地降薪,又面临着人员大规模出走的被动局面。创造盈利的中国雇员拿着低薪,运作亏损的美国雇员却拿着高薪。在同一个公司中,不能一以贯之地执行统一规则,管理体制会受到严峻的挑战。"

IBM对销售等人员执行的是一种高奖金政策,其人均薪酬支出几乎相当于联想的2~2.5倍。虽然IBM表示员工薪酬将保持不变,但很多人仍怀疑这种政策在以降低成本为第一目标的联想,能否真正得到贯彻。新联想面临着并购中的重要问题——薪酬文化的冲突。合并后的IBM与联想面对的是同一个人才市场(不论国内还是国际),薪酬制度与薪酬水平的差距是存在的。解决这一问题的思路包括四个环节:整合后首先必然带来业务和流程的重组,继而是对部门和职位的重新设定与梳理,再下一步是平衡员工的职责和绩效,最后才是薪酬的平衡与整合的具体工作。

对于新联想来说,整合后采取的薪酬策略应该是一样的,同一个地域、同一职位级别的员工应该是同工同酬,但是考虑到员工个体能力的差别,同一职位级别的薪酬水平设计应该是宽带的,便于公司操作。

第一节 国际化背景下工作环境的变化

一、经济环境

国际化最主要的特征是经济发展的全球化和一体化,人们面对的经济环境已经不再是一个国家或是一个地区,而是整个世界。人们的工作环境发生了巨大的变化,人们直接或间接地在全球范围内工作。这就要求我们必须用国际化的思维、标准来进行国际化运作。随着经济全球化发展,出现了全球化薪酬哲学。许多国际薪酬专家在试图研究出一套能够适应复杂环境并具有永久性价值的全球化薪酬哲学,这种哲学应能够适应所有的经济环境。目前这种薪酬哲学已经在公司外派的中高级经理人员中应用。

许多分析家相信一个统一的薪酬市场已经开始出现,当交易的障碍已经开始减小,员工可以在不同国家之间流动时,就有希望建立一种由供给和需求决定的单一的薪酬市场。如欧洲实行的一体化发展模式就使得欧洲各国的薪酬市场向着一致性方向发展。目前,发展亚洲地区的统一薪酬政策已经成为一个热门话题,但亚洲不同国家的薪酬差异要比欧洲大得多。有两个因素影响地区一致性薪酬市场的发展:一是不同国家和地区的税收政策影响支付水平和薪酬的支付方式;二是现在流行使用的现金使得薪酬比较很困难。但这种趋势却是在不断地向前发展。

二、政治环境

随着人力资源及薪酬管理的政策法令逐步健全、劳动者合法权益的保障更加严密科学、劳动者的自我维权意识日益高涨,企业的人力资源管理必须体现依法治国(企)的精神,否则企业的人力资源管理及薪酬管理便会遭遇法律的困境。如《中华人民共和国劳动法》第四十八条设立了关于国家实行"最低工资保障制度"的规定,要求任何单位支付劳动者的工资不得低于当地最低工资标准,并为最低工资率的测算制定了严格的方法。

三、文化环境

企业文化是企业全体成员共有的信念、期望值和价值观体系,它确定了企业行为的标准和方式,规范了员工的行为。其中价值观是它的核心和基础。优秀的企业文化是企战略制定获得成功的重要条件,它能够突出企业的特色,形成企业成员共同的价值观念,而且企业文化具有鲜明的个性,有利于企业制定出与众不同的、克敌制胜的战略。企业文化是战略实施的重要手段,企业战略制定以后,需要全体成员积极有效地贯彻实施。正是企业文化具有的导向、约束、凝聚、激励及辐射等作用,激发了员工的热情,统一了企业成员的意志及欲望,为实现企业的目标去努力奋斗。薪酬战略作为企业战略中的一个重要部分,当然也会受到企业文化的影响。

随着社会的不断发展、知识经济的日益兴起,人们的需求也在发生变化。马斯洛需求层次理论把人的需求分为五个层次:生理需求、安全需求、社交需求、尊重需求、自我实现的需求。所以人的需求在不同的时期会有变化,在制定薪酬战略的时候就不能只是满足员工的一个或几个方面的需求,要根据员工的实际情况改变薪酬战略。当员工的需求层次到了尊重需求和自我实现需求的时候,金钱已经不能够满足员工,这就要求企业通过自己的企业文化来满足员工更高一层次的需求。

文化因素与薪酬管理具有共生性,即薪酬管理要随着一定社会文化的发展而变化,文化的变化方向、水平和模式都影响薪酬战略的管理,薪酬管理制度也反过来影响着文化。制定出好的薪酬战略可以成为一个公司(组织)文化和价值观的信号,对企业文化形成起着强烈的作用,有助于将公司内部的多元文化整合为新的组织文化。

四、跨国公司的跨国经营对薪酬管理的影响

跨国公司的经营超出了一个国家或一个地区,在世界范围内运营和发展,参与竞争,支配资源。跨国公司在经营过程中不仅带来了母国的资本、技术、商品,也带来了母国的管理理念与方法。这一过程自然包括薪酬管理制度的国际影响、传播和应用。

比如,美国通用电气公司在中国的分公司除了要雇用中国(所在国)的员工,还从美国(母国)派大量的工作人员,并且雇用了韩国或是日本(其他国家)的员工。美国通用电气对人力资源的管理采用的是美国模式,在人员甄选、激励等方面都按照美国的政策。尤其在薪酬管理上,它把以前没有的管理理念源源不断地传入中国,如中高层的长期激励计划(利润分享、股票期权等)。同样,美国更多的跨国公司在其他国家的经营过程中也会把这种体现竞争和效率的薪酬管理模式带到相应的国家。如日本的年功序列工资制度瓦解,取而代之的是职务职能薪酬制度,在某种程度上也是跨国公司给所在国带来的薪酬变革①。

五、国际人才流动和学术交流对薪酬管理的影响

国际化加速了人才的流动。人是知识和财富的载体,人才的流动带来观念、知识、技术和财富的流动。我国改革开放以来大量的青年学生和高校教师跨越国界到西方学习,他们大多学成归来后带来西方国家的先进经验。这些学术的先行者回国后,要么著书立

---

① 曾湘泉:《薪酬:宏观、微观与趋势(第2版)》,中国人民大学出版社2016年版,第71页。

说,要么把国外的经典教材引入中国,要么直接把自己学到的管理知识应用于企业实践之中。一些高校直接使用西方发达国家的薪酬管理教材,国内出版的薪酬方面的教材大多也借鉴了西方发达国家的经典教材。目前,国内比较流行的《薪酬管理》(米尔科维奇著)、《薪酬手册》(兰斯·A.伯格、多萝西·R.伯杰著)系统地介绍了美国企业的薪酬管理情况,对我国的薪酬管理理论和实践影响很大。学术的国际化交流也大大促进了各国管理思想和管理技术的相互传播和影响。各大学研究院与国外顶级管理学院开展的学术交流对我国薪酬管理起到了很好的推动作用。如我国最有影响力和最具实力的人力资源管理院校中国人民大学劳动人事学院和美国最著名的劳动经济和人力资源管理学院康奈尔大学产业与劳动关系学院就有良好的合作历史和合作项目。世界各国的著名高校同样有相互交流和研究项目。这些高校和研究院在很短的时间内把自己最新的研究成果相互传播,时刻保持着薪酬管理理论的动态变化和世界范围内的广泛交流,在交流与合作中推动薪酬管理理论和实践的发展[①]。

第二节 发达国家的薪酬理念

一、发达国家薪酬管理体系

(一) 美国的薪酬管理体系

美国的薪酬管理体系呈现以下特点:以劳动力市场供求关系为基础,具体制度、形式多样化,管理分散化,间接调控,市场机制作用强。

1. 工资决定机制

美国企业工资决定机制是一种市场机制。具体来说,分为以下三种方式:第一,根据劳动力再生产费用和劳动力市场供求关系形成劳动力价格,如技工、普通工人、司机、企业工程技术人员、管理人员等,均受同类劳动力市场供求关系影响而形成该类劳动力的价格,这是企业决定该类雇员工资水平的依据和基础。第二,企业本着"吸引人才""内外部平衡""奖优罚劣"三个原则,依据社会上各类劳动力价格,相应自主决定本企业同类雇员的工资水平。工资不能定得过高,以免人工成本过高。第三,劳资双方进行工资谈判,最终确定双方都能接受并以契约或合同形式体现的工资水平。美国的工资谈判主要以微观层次的企业为单位,部分以中观层次的行业集体谈判为单位,这是因为美国加入工会的雇员人数仅占雇员总数的16%,未加入工会的占84%(少数行业如冶金、汽车等工会的力量比较强)。但是,行业集体谈判的结果往往对企业劳资谈判的影响很大,不少企业参照行业集体谈判的结果确定本企业同类雇员的工资水平。

---

① 曾湘泉:《薪酬:宏观、微观与趋势(第2版)》,中国人民大学出版社2016年版,第72页。

2. 工资调控机制

美国企业的工资由企业自主决定，政府不直接进行干预，但仍进行间接调控。

(1) 管理机构。美国联邦政府机构中设置了两个系统来处理工资调控和管理问题。一是劳工部，具体来说是该部的就业标准署工资与工时处和该部的工资申诉委员会。就业标准署有工作人员450多人，其中工资与工时处有150多人，具体负责有关最低工资、超时工作工资、特殊劳动条件下津贴等政策法规的研究、制定与贯彻实施；负责对联邦建筑承包商和联邦资助建筑项目以及其他公共建筑项目预先确定其工资率；负责对负债和破产企业雇员收入权利的保护事宜；还负责涉及工时的各种政策法规的研究制定与实施等。全国各州劳工部门负责工资与工时工作的人员有5 000～6 000人。美联邦政府劳工部工资申诉委员会有工作人员5人，设主席1名，委员2名，秘书2名，负责联邦建筑承包工程项目中有关工资争议问题的仲裁处理事宜。二是国家劳动关系委员会，负责劳动关系争议仲裁处理事宜，其中包括工资争议仲裁处理，这也是劳动关系中的一个热点、重点。该委员会总部设在华盛顿，全国共分33个区，共有工作人员2 000多人，每个区都设有区劳动关系委员会。该系统内设有劳动法庭，其层次由下而上为州劳动法庭、区劳动法庭、联邦劳动法庭。上述两个系统，劳工部为行政机关，劳动关系委员会为仲裁机构，双方工作性质、工作内容不尽相同，但都在对企业工资间接调控中发挥着作用。

(2) 调控手段。主要有三类，一是立法、执法，二是调查、统计、提供有关工资和物价的数据以进行间接影响，三是税收。在立法和执法方面，美国涉及工资的法律、法规主要有《公平劳动标准法》《国家劳动关系法》《最低工资法》《联邦工资与工时法》《联邦工资扣减法》。在调查、统计和提供数据方面，美国劳工部设有劳工统计局，该局有500多人，负责分期分批对各产业工资水平及其劳动情况进行调查统计，并通过有关渠道予以公布；同时根据7大类321种商品价格变动情况，计算全国的消费物价指数，每月公布一次。这些数据对于企业工资水平的确定和调整发挥着重要的作用。在征收个人所得税方面，美国就业者工资是由其工作单位直接存入其本人开户银行的，就业者的银行账号又与本人的社会保险号码相联系。因此，就业者个人所得都会被税务部门和社会保险部门通过社会保险号码所掌握。美国征收个人所得税的法律规定很详细，其操作程序大体如下：第一，算出一个毛收入；第二，调整毛收入，如缴纳养老保险费的钱不缴纳所得税等；第三，从调整后的毛收入中扣除一部分免税额度，包括"免税额"和"扣除额"。"免税额"现为每人（含赡养者）每年2 000多美元，65岁以上老人的"免税额"还要高一些；"扣除额"大约每人每年为2 880～5 700美元，买房贷款利息、搬家费用、捐款、医疗费等都可扣除；第四，调整后的年毛收入超过"免税额"与"扣除额"的合计标准的部分，即缴纳个人所得税，税率为15%、28%、31%三个档次，实际计算时还要按婚姻状况分类。具体征税办法是分项预扣，年终清缴。通过税收可以调节各类人员的收入关系。

3. 企业内部工资制度及管理

美国企业一般实行岗位等级工资制，岗位等级基本上是按岗位评价的结果来划分的。

岗位评价的具体方法很多,如百事可乐公司采取海氏评价系统进行测评。这一系统是把静态的岗位测评与动态的工作评估结合起来,具体包括三个方面,即岗位所需技能所要求付出的劳动强度、工作环境等,雇员本人所具备的解决问题的能力,雇员的工作成果,并以此作为划分和确定工资制度及雇员工资等级的依据。各企业的工资等级多少不一样,多的30多级,少的7~8级。如洛杉矶公共交通公司工人的工资标准分为8个等级,按小时计算最低为9美元/小时,最高22美元/小时;铁路司机为17美元/小时。管理人员分为28个等级,每个等级又设30个工资额,一般称"等级系列制",最低一级工资为2 142美元/月,最高一级为8 044美元/月,相差3.77倍。工资形式主要是计时工资,蓝领工人一般实行小时工资制,白领一般实行年薪制。按小时计资的占全体雇员的60%以上。

企业的工资构成主要有三部分:基本工资,占绝大部分;刺激性工资,包括超额计件工资和奖金,奖金一般所占比重不大,如百事可乐公司奖金采取一次性支付的办法,仅相当于平均工资的6%左右;福利性津贴,按《公平劳动标准法》的规定,包括加班工资、非工作时间报酬、雇主为职工缴纳的社会保险金及部分医疗费、保健费、抚恤金等。除此以外,不少企业雇员还享有低价购买本单位股票的权利,可据此相应得到股息和股金分红;管理人员及企业的其他有特殊贡献人员还可享有免费使用车、参加单位俱乐部等特殊待遇。

企业雇员工资的调整一般每年一次,为此企业对雇员实行工作表现管理。如百事可乐公司,由各部门经理每年一次给雇员做工作表现评价,然后交人事部门审核。在正式形成书面鉴定前要与雇员本人见面,表扬其成绩,指出其不足,同时雇员也可提出自己的看法和对今后工作、发展的要求。最后形成书面鉴定,并将其作为雇员是否晋升和晋升多少工资的依据。

4. 工资关系

按产业划分,美国工资高低排序大致如下:能源、矿山、铁路、飞机制造、军工、汽车、服务行业、服装制作、农业、饮食等。按地区划分,纽约地区和西北海岸工资高,南部和东部地区工资低。从企业内部看,管理人员明显高于工人,生产工人高于后勤人员。如洛杉矶市公共交通公司雇员的年薪收入分别为:管理人员5.2万美元,司机3.5万美元,修理技工4万美元,后勤人员2.5万美元。

5. 工会的作用

美国参加工会的人员不多,但工会在工资谈判中发挥的作用是很大的:一是工会可组织会员与雇主进行集体谈判;二是工会人员有谈判技术,有利于维护工人利益;三是集体谈判结果在签订书面合同后受法律保护,雇主不得更改或违反。集体谈判一般涉及三个问题:首先是工资水平,大多准备上、中、下三档,以便与雇主讨价还价;其次是福利,包括雇员福利及社会保险等方面;最后是休假,如年休假的天数等。未参加工会的工人大多参照工会工人集体谈判合同与雇主进行协商。一般而言,雇主为防止本单位也成立工会组织,避免带来多种麻烦,往往会答应工人的要求,但其协商结果不受法律保护(最低工资标准除外)。实际执行中,雇主担心激起工人成立工会,一般也会按协商结果办。因此,工会在工资谈判及其执行中都发挥着重要作用。

(二) 日本的薪酬管理体系

第二次世界大战后日本的经济经历了复苏、高速发展、低迷的不同阶段,企业薪酬制度也呈现截然不同的格局。

1. 20 世纪 50 年代:年功主义下的生活费工资制度

年功序列制是指日本企业在录用职工时,以被录取员工的学历、年龄、经历等资历条件为基础来确定其基本工资标准的工资制度。特点是将年龄、工龄、学历作为决定基本工资的主要参考依据,25~45 岁的员工虽然对企业的贡献很大,但是所得工资并不与付出相匹配;而 45~50 岁的员工所能为企业付出的已经十分有限且处于平台期,但是往往被给予更高的工资,并且在 50 岁时达到峰值。随着日本电器产业异军突起,1946 年日本电产协提出了《电产协工资体系》,随后年功序列制被全部产业普及。进入"岩户景气"时代,日本整体经济高速发展,不断地扩大业务领域,新的企业不断涌现,大量的岗位空缺为年功序列制创造了广阔的运行空间,其工资体系也很好地与那个时期的经济高速增长相得益彰。由于日本企业推行"以人为中心"的管理模式,终身雇佣制使企业成为员工的终身劳动场所。员工有了"归属感"和"安全感",将自己的命运与企业联系起来,"忠诚度"的提高更有利于企业的快速成长和发展。从薪酬结构的比重来看,保障员工及家属基本生活需要的部分约占 67%,激励员工发挥积极性能力的工资约占 25%,其余不到 10% 为地方补贴。而生活保障费是按照年龄高低发放的。20 世纪 50 年代,日本处于第二次世界大战后的恢复期,在人们急需生活稳定的情形下,以生活费为主要基准的工资制度应运而生。年功序列制是主流,但是也可以看出能力工资已经开始介入工资体系,占有一定比重。该部分比重不断增加,到 1952 年已经占整个工资体系的 40.4%,是最初设定的 2 倍之多。然而基于能力构建工资体系的企业也越来越普及。与此同时,职级、职务也逐渐导入工资体系,1962 年三大钢铁公司(八幡制铁、富士制铁、日本钢管)也引入了职务工资制并轰动一时。

2. 20 世纪 70 年代:能力主义下的职能工资制

在日本经过第二次石油危机的冲击后,企业增长速度明显下降,再加上老龄化社会的到来,企业不得不采取"减量经营"的方式,与高速增长期所相适应的年功序列制已经不再适用,并且逐步被职能工资制取代。尤其是进入 20 世纪 80 年代日本企业开始逐步废除年功序列工资制,多数采用职能工资制,旨在调动员工的工作热情,激发员工的内在潜力。

1969 年日经联提出"职能工资体系"的主张,对正式员工能力的开发做了相关报告,职能工资便从此被引入企业的工资体系。职能工资所强调的能力是指业务执行、达成的能力。而这种能力既包括看到的能力,也包括潜在的能力,是所发挥出来的能力和值得期待的能力的总和。日经联认为,能力一般包括体力、适应性、知识、经验、性格、积极性等项目。能力形成的要素有:适应性及性格(气质、个性),一般的能力(是指基本能力,如理解力、判断力、记忆力、分析能力和先天的能力),特殊能力(是指职能,如基础的专业知识、技能),热情(是指态度,如执行力、责任感、活力),以及身体特质(是指身体机能,如体力和运动神经)。然而,职能工资运行的前提是需要形成职能等级资格制度,由于普及的速度过快而导致职务不明确,再加上能力又很难客观评价等诸多原因,因此,职能工资体系中存在一些问题,包括如何跟职务相结合,以及能力评价的一些基础准备。这些问题在后续的十年内一直在逐步解决和完善,直至1971年职能工资制才开始流行。而在这期间,陆续有中大型企业开始构建资格制度,而中小企业并未做好足够的准备。

3. 20世纪90年代:成果主义薪酬制度

自20世纪90年代以来,市场竞争日益激烈,日本经济逐渐萧条,企业员工中高龄化严重,日本企业大规模实施了减员计划,甚至将老员工派遣到子公司以减轻负担,而终身雇佣制也从根本上开始崩溃。因此,日本对传统的工资制度和管理模式进行了一系列变革,成果主义薪酬制度应运而生。1992年,富士通最先引入成果主义薪酬制度。成果主义薪酬制度是以工作成果为基准来决定工资的一种制度。不问学历、不论工作年限,一律按照工作成果进行评定。而"成果"是指经营决策层的理念和经营战略的具体形式化,是在企业经营中产生的新的价值,并不是仅仅指业绩而是对企业有多大的贡献。最早的成果主义薪酬制度构成主要包括以下几个部分:基本工资(职能工资、年龄工资、综合决定工资、职务工资、业绩工资),各种补贴,奖金,人事评价,职能资格制度,定期加薪,工资表以及其他。可以看到,基本工资中的业绩工资、奖金等,都是要以个人或者部门的业绩为参考依据的。

日本企业中实施的成果主义主要分为:基本工资成果主义化,但是废除或缩小了基本工资中的年功部分;奖金成果主义化;实行年薪制;退休金成果主义化。目前日本企业的薪酬体系主要存在以下几种形式:职能重视型(重视员工的业务执行能力),职务重视型(重视工作的职务及工作内容),个人属性重视型(重视年龄、工龄、学历等个人属性),短期成果重视型(重视工作1年以内的个人的短期工作成果、业绩),职责、作用重视型(重视某一职位在职务群中的表现情况),长期贡献重视型(重视工作超过1年的个人长期对企业的贡献积累)。根据日本的劳动政策研究和研修机构(JILPT)2010年的调查可以看出,职能重视型薪酬体系的企业在逐渐增多,而且在所有类型中比重最大,占主要地位;个人属性重视型薪酬体系的企业在大幅度减少,而且在未来的薪酬体系中有逐步淡出的趋势;另外,职责、作用重视型薪酬体系的企业也在增加。由于经济长期低迷,20世纪90年代以后,企业越来越看重长期业绩,尤其是对经营者和管理岗位的员工,但是对一般岗位的员工则更看重短期业绩,因此MBH(Merit Based HRM,成果导向型人力资源管理)呼之欲出。从各企业薪酬制度中对能力、业绩等的重视程度可以看出,日本企业对员工个人的业务执行能力、工作成果、工作态度都十分重视,也表现出在今后的薪酬管理发展中对团队成果会越来越重视[1]。

---

[1] 王欣:《日本企业薪酬制度的发展及启示》,《企业管理》2016年第3期,第112—115页。

(三) 德国的薪酬管理体系

与欧洲其他国家相比,德国的薪酬管理模式有其自身的独特性。

1. 在薪酬确定上,奉行工资自治原则

所谓工资自治,就是将工资政策交给雇员和雇主的组织自行掌握,通过谈判就劳动工资问题达成具有法律约束力的契约。其劳资契约分三个层次:第一个层次,是工会与雇主协会或者单个雇主(一般是大型企业)达成的工资合同;第二个层次由企业职工委员会和企业雇主在企业内部达成的企业协议;第三个层次是由企业雇主和单个雇员缔结的劳动合同。三种契约中,工资合同占主导地位,是调整劳动和工资关系的主要法规,对其他两种契约具有决定性作用;其次是企业协议;雇员和雇主之间的劳动合同是在前两个劳资集体契约和国家劳动法规的基础上达成的雇佣合同,其条件只能更加有利于雇员。

在内容上,工资合同主要规定实质上的劳动条件,而企业协议则包含实质上的和形式上的劳动条件。实质上的劳动条件是指其具体内容,如报酬的高低或者工时的长短;形式上的劳动条件则指实现这些内容的方式方法。例如,工资是根据概括式劳动评价还是分析式劳动评价确定,或者是自由商定?工时如何计算,何时开始,何时结束以及作息时间如何安排?劳动合同中与之不同的条款,只有经过集体协议的许可或者该条款更加有利于雇员时(符合所谓有利原则)才有效。

2. 工资构成

德国职工的劳动收入包括在职期间直接获得的"基本工资"和"其他收入"以及将来(退休、生病或工伤后)才能获得的"预期收入"。

(1) 基本工资是雇员劳动收入中最主要的部分,也是计算其他收入的基础。基本工资按周、半月或月以转账方式支付,由企业内部劳资协商确定。其基本工资制度采用三种形式:计时工资制、计件工资制和奖励工资制。

① 计时工资制。这种工资制度一般适用于劳动种类不同、事先无法确定劳动所需时间的情况。实施计时工资制,雇员的基本工资计算公式为:

$$基本工资 = 所在工资级别的小时工资额 \times 单位内(周、半月或月)劳动小时$$

② 计件工资制。计件工资制适用于劳动过程是重复性的和事先知道劳动所需的工时,而且劳动者通过提高干劲可使产量增加的情况。计件工资制包括货币计件和时间计件两种。

货币计件是指劳动者完成一个单位劳动量,就领取一定金额的货币工资。其计算公式为:

$$基本工资 = 劳动量 \times 单位产量工资金额$$

时间计件是计时工资制和计件工资制相结合,但仍以计件工资制为主的一种计酬方法。其基本工资的计算公式为:

小时基本工资＝小时劳动量×规定时间(分钟)×计件标准工资的1/60

③ 奖励工资制。这种工资制度的前提是：劳动成果可以衡量，且雇员通过苦干和巧干可进一步扩大劳动成果。实行奖励工资制，雇员的基本工资结构为：奖励基本工资＋奖励(＋企业自定的其他补贴)。奖励基本工资应是雇员正常发挥劳动功效所能得到的本级别工资，金额相当于同级的计时工资额。奖励的额度(一般确定不超过基本工资的最高比例)和等级以及其他补贴则由企业自定。

(2) 其他直接收入。包括以下几种：

① 有害工种津贴。凡从事有害身体，特别是污秽、危险或高温工作，而且其基本工资又未考虑这种情况时，应给予有害工种津贴，金额视企业具体而定。

② 加班费。

③ 夜班费。夜间加班，夜班费和加班费一起支付。

④ 假期工资和休假补贴。休假期间，基本工资照付，另外还支付月基本工资一定比例的休假补贴。

⑤ 财产积累补贴。对雇员每年用于储蓄或购买股票的一定金额的资金予以利息补贴或免税待遇，由雇主直接存入雇员的"财产积累账户"。

⑥ 年终奖。俗称"第十三个月工资"或"圣诞节补贴"，多少视企业年终利润状况和雇员企业工龄而定，高的可达两个月基本工资。

⑦ 庆典奖。雇员在本企业工作逢5和10周年，企业创建25、50、75或100周年，一般要向有关员工或全体发放庆典奖，以培养企业的归属感和雇员的主人翁感。少则半月基本工资，多可达两个月基本工资及其他纪念和礼品奖励。

⑧ 发明奖和建议奖。雇员发明一旦获得专利后转让，可获得专利转让费10％～25％的奖励。合理化建议奖由企业自行决定。

3. 企业管理人员的薪酬

德国企业管理人员一般划分为三个层次：经理人员、中级管理人员和低级管理人员。

同大多数西方国家一样，德国的企业管理人员也实行年薪制，并且同级管理人员在不同企业的薪酬标准差距很大，产生差距的主要原因是企业规模的大小。大企业管理人员的领导工作不像在中小企业里那么单一，而是较为复杂、较为全面，对其工作能力和领导艺术会提出更高的要求，因此年薪也定得较高。

造成德国管理人员薪金差距的另一个重要原因是经理人员的薪金与企业经营的成败兴衰密切相关。中低层管理者的薪金与企业经营状况挂钩的程度不那么紧密。近年来，对中、低级管理者的工作强调每年制定具体工作目标，并根据各种经营技术指标进行评价和考核，以此作为晋升和提薪的依据。

企业管理人员的薪金等级在各层次上又有差别，同一级别的管理人员虽然分工有所不同，但年薪收入大体平均。这是近几年来的趋势，但有两个例外：一是经理人员中，一把手薪金要比同级经理人员的薪金高出30％左右；二是中级管理人员中，负责销售部门的领导人员要比同级高出20％左右。由于薪金中的浮动部分与工作业绩挂钩，所以销售人员的薪金水平虽说定得较高，但风险也较大。

管理人员得不到晋升，薪金也会随着在本企业工作年限的增加而有所提高。增薪速度和幅度因人和企业而异，这要看企业盈亏状况。

德国企业管理人员的福利待遇也是比较独特的。企业福利中最重要的一项是企业养老基金。退休的企业管理人员享受企业养老金的比重不断上升，如果加上社会保险机构支付的退休金，企业管理人员在晚年领取到的丰厚的养老金，平均超过在职最后期间的毛工资的2/3。而且在企业管理人员去世以后，企业对其遗属照顾也相当优厚。另外企业管理人员长期病休，薪金100％照付的时间也大大长于6周（这一般适用于普通员工）；对经理人员一般为一年，对中、低级管理人员是半年。此外，企业管理人员在享受工伤事故保险、医疗保健检查、疗养所需的特别假期等方面都比一般雇员优惠得多。为经理人员配备专车已成为一种社会地位的象征，专车不仅在工作期间使用，就是在下班后也可无偿用于私事，这也是管理人员特殊福利待遇的表现。

 延伸阅读

德国大众公司的动态薪酬体系

德国大众是世界排名靠前的跨国大型汽车工业公司，在美国《财富》（Fortune）杂志按营业额评选的世界500强中排名前30位，总部设在德国沃尔夫斯堡。大众人力资源管理的核心有两个成功。第一个成功是使每个员工获得成功，人尽其才，个人才能充分发挥；让员工提合理化建议，增强主人翁意识，参与企业管理。第二个成功是企业的成功，使企业创造出一流的业绩，像雪球一样越滚越大。

大众构建了动态薪酬体系，一是根据公司生产经营和发展情况，以及其他有关因素变动情况，对薪酬制度及时进行更新、调整和完善。二是根据调动各方面员工如管理人员、科研开发人员和关键岗位员工积极性的需要，随时调整各种报酬在报酬总额中的比重，适时调整激励对象和激励重点，以增强激励的针对性和效果，其中包括基本报酬、参与性退休金、奖金、时间有价证券、员工持股计划、企业补充养老保险六项。三是根据员工业绩和企业效益建立奖金制度。按照劳资协定，蓝领工人绩效奖金约占工资总额（基本报酬＋奖金）的10％，白领占30％～40％，高级管理人员约占40％～50％。四是提高工资水平，理顺报酬关系。2000年大众公司总部全体员工年工资平均水平为4.72万马克，最高工资是最低工资的6.25倍。

二、薪酬理念的变化趋势

近几十年来,随着经济全球化速度的加快和程度的加深,发达国家的薪酬理念出现了重大变化,薪酬制度也相应地呈现出一系列新特点。[①]

(一) 从货币性薪酬向总报酬理念转变

近年来,企业薪酬管理发生了一系列变化,可变薪酬、恰当底薪、自助式福利、发展机遇和心理报酬等字眼随处可见。这些薪酬模式更加关注员工的心理需求,薪酬的内涵已经从直接货币报酬扩展到间接货币报酬、非货币报酬方面。实际上,这些不同的薪酬形式已经构成一种新的薪酬理念和管理框架,即全面报酬体系,把薪酬的概念扩展到所有的奖励机会。

一些薪酬专家对没有起激励作用的占薪酬收入30%多的福利项目进行了发展,衍生出非货币报酬形式,比如,优越的工作条件、良好的工作氛围、培训机会、晋升机会等,并将这些方面也融入薪酬体系。基于员工需求的多样性和动态性,单位为员工提供更多的选择机会,来满足他们多方面的需要。为此,一些企业开发出了社会性奖励、学习与发展、实物奖励、旅行奖励、象征性奖励、休假时间、弹性工作制等,以满足员工社交、荣誉、发展、生活便利等方面的需要。

全面报酬体系模型包括薪酬、福利和工作体验三个组成部分。薪酬满足员工在收入方面最基本的财务需求,是吸引员工的初始要素;福利是为满足员工保护方面的需求而设计的,如保险和养老,是薪酬之外的另一个有吸引力的条件,并且是留住员工的重要手段;工作体验满足员工内在的需求,诸如个人发展及成就感、企业文化和环境等,工作体验计划能够推进对人才的保留,并从根本上、从员工心理上全面激发他们的工作热情和创造力。薪酬、福利和工作体验三部分共同组成全面的企业报酬体系,通过全方位满足员工的外在需求和内在需求来吸引和留住员工,从而激发员工的价值创造潜能,推动企业发展目标和战略的实现。

(二) 从刚性薪酬向弹性的"意外性收入"薪酬转化

由于全球化竞争的压力,无论美国还是日本,都在积极倡导以能力和绩效为基础的薪酬激励政策,也在探讨员工薪酬满意度问题。其中,"意外性收入"是一个被积极倡导的办法。"意外性收入"的基本操作思路有四点:一是在原工资中加大绩效工资的比例,使考核经常化,从而以经常性的绩效工资使员工个人收入产生较大的浮动;二是化整为零,把年终奖、分红分解,作为绩效工作的部分资金来源;三是将原来福利性的硬性补贴变为现金支付,花小钱办大事;四是提供一些特别的支付项目。

(三) 从以等价交易为核心的薪酬管理理念向以人为本的薪酬理念转化

传统的以等价交易为核心的员工薪酬管理理念,正在被以人为本的人性化的、以员工

---

① 曾湘泉:《薪酬:宏观、微观与趋势(第2版)》,中国人民大学出版社2016年版,第78—81页。

的参与和潜能开发为目标的管理理念所替代。这种薪酬管理方案的实质是将薪酬管理作为企业管理和人力资源开发的一个有机组成部分，作为一种激励的机制和手段，其基本思路是：将企业的工资计划建立在四个原则的基础上，即薪酬、信任、减少工资分类和业绩，目的是通过加大工资中的激励成分，换取员工对企业的认同感和敬业精神。

（四）从单纯激励性薪酬向战略性薪酬管理转化

所谓战略性薪酬，就是要在薪酬体系和组织战略目标之间建立起一种密切的联系。只有基于战略的薪酬管理体系才能帮助组织吸引和留住取得核心竞争性优势所必需的人才，提高企业的外部竞争力，实现内部管理的最优。

（五）从密薪制向明薪制转化

薪酬保密和公开孰优孰劣，至今仍有争议。但目前国际上占主导的意见和做法是实行透明的薪酬制度。薪酬透明化实际上是向员工传达了这样一个信息：公司的薪酬制度没有必要隐瞒，薪酬高的人有其高的道理，低的人也自有其不足之处；欢迎所有员工监督其公正性，如果对自己的薪酬有不满意之处，可以提出意见或者申诉。透明化实际是建立在公平、公正和公开的基础上的，具体包括以下五个做法：(1) 让员工参与薪酬的制定，在制定薪酬制度时，除各部门领导外，也应该有一定数量的员工代表。(2) 职务评价时，尽量采用简单方法，使之容易理解。(3) 发布文件详细向员工说明工资的制定过程。(4) 评定后制定的工资制度，描述务必详细，尽可能不让员工产生误解。(5) 设立一个员工信箱，随时解答员工在薪酬方面的疑问，处理员工投诉。

（六）从基于职位职级的薪酬向基于绩效及能力的薪酬转化

在要求团队合作的技术性工作中，需要的是知识共享、相互启发，很难划清团队成员的具体职责，以职位为主的管理模式已经不太适合了，以职位为主的薪酬模式也不再适用。随着环境的变化，美国公司逐步意识到要提高工作效率，达到企业的经营目标，就不能继续把员工的工作拘泥于特定的职位描述，而必须鼓励他们尝试更多的工作，钻研更新的工作方法。这就要求员工不断学习，才能保持由此获得的竞争优势。为了与新的要求相适应，许多企业改变了原来根据职位决定员工薪酬的做法，引入了一种以个人为基础的薪酬方式，把个人拥有的技术、技能和实现的业绩、贡献作为薪酬决定的基础。

（七）从窄幅薪酬结构向宽带薪酬结构转化

一些组织对原来以职位为基础的薪酬体系进行了渐进式改革，形成了宽波段薪酬体系，减少薪等，增加薪距的交叉范围，让每个员工都有广泛的提薪空间，实际上是加大了工资中知识技能的含量。宽幅薪酬实际上比较适合职位职级较少而技术含量又较高的医院和高校，更有利于单位留住核心员工。

宽带工资结构也有一种从发达国家向发展中国家推进的趋势。宽带薪酬制度打破了等级森严的官僚层次型组织结构以及束缚员工发挥主动性和潜能的管理体制，适应了企业组织机构扁平化、团队合作、薪酬分配技能导向和绩效导向的新型管理战略，形成了一种新的薪酬管理系统及操作流程。

延伸阅读

宽带薪酬制度

宽带薪酬是企业整体人力资源管理体系中一种新型的薪酬结构设计方式,是对传统的带有大量等级层次的垂直型薪酬结构的改进或替代。很多企业认为,只要采用宽带薪酬,就可以提升薪酬管理、人力资源管理水平。但是每一种薪酬管理模式都有其优点和不足,宽带薪酬也不例外。我国企业的现实情况也制约了宽带薪酬的实施。只有明确了这些制约因素,才能采取有力的措施尽量避免其局限性,让宽带薪酬真正成为激励员工的利器。由此可见,总结分析宽带薪酬在企业中的制约因素是必不可少的。

宽带薪酬始于20世纪90年代,是作为一种与企业组织扁平化、流程再造等新的管理战略与理念相配套的新型薪酬结构而出现的。其应用原则主要有以下三个方面:

1. 内部公平原则

企业薪酬管理的公平性是影响员工工作态度和工作行为的重要因素,是社会分配公平性的重要组成部分。澳大利亚学者乔·E.伊沙克(Joe E. Isaac)指出,管理人员在员工薪酬管理工作中坚持公平性原则,员工才会自愿与管理人员合作,努力提高工作效率。宽带薪酬的实施是以绩效评估为基础,其公平性主要体现在两个方面:一是结果的公平性,指员工对薪酬水平、增薪幅度是否公平的评价。根据美国学者J.斯泰西·亚当斯(J.Stacy Adams)1965年提出的公平理论,员工会对自己与他人的得失进行比较,判断分配结果的公平性。二是程序的公平性,员工主要根据薪酬制度公开性、管理人员与员工的双向沟通、员工参与薪酬制度设计和管理工作、员工投诉和上诉程序,评估企业薪酬管理程序公平性。

2. 战略匹配原则

薪酬体系的最终目标是推动人力资源管理效能的提高,从而服务于企业战略目标。要推动宽带薪酬的企业首先应该系统梳理企业战略,在此基础上建立人力资源战略。这样建立起来的薪酬体系才有存在的意义,那就是根据企业战略,借助薪酬激励,强化员工行为,推动企业战略实施。

3. 全面激励原则

薪酬并不是万能的,必须对员工实行全面的激励。企业应该遵循激励手段与企业目标相结合、物质激励与精神激励相结合、外部激励与内在激励相结合、正激励与负激励相结合和民主公正的原则,还可以考虑考核激励、培训激励和荣誉激励与薪酬激励相结合。

宽带薪酬体系的优点在于：

首先，有利于员工个人技能的增长和能力的提高。宽带薪酬强调绩效，而淡化职位观念。员工可以凭借在本职岗位取得的业绩成绩，获得较大的薪资上升空间。这种重视员工能力的氛围，可以有效激励员工不断提高自身工作能力和业务水平。

其次，有利于职位轮换。宽带薪酬结构下工资结构级别数据较少，提高了员工换岗的弹性，使员工的岗位调动更为简便。同时，员工在跨职能岗位调动时，有较大的薪酬调节灵活性，客观上促进员工在企业内部合理流动并鼓励员工能力多方面发展。

最后，可以有效适应扁平化组织。现代企业组织形式向扁平化转变，由原有的垂直组织架构转变为横向的以流程为基础的组织架构，而传统的薪酬体系已不能适应此种变化。宽带薪酬不强调资历和等级，提倡职业发展和成长。员工凭借个人绩效在较低的薪酬等级中仍能获得较高的薪资，避免了组织扁平化对员工工作积极性的打击，更适应扁平化的组织结构。

（八）从一统化薪酬设计向个性化薪酬设计转化

薪酬设计的差异化首先是薪酬构成的差异化，过去那种单一的、僵死的薪酬构成已经不再适应现代企业的需要，取而代之的是多元化、多层次、灵活的薪酬构成。组织内部不同的员工会有不同的偏好、目标价值和相应的行为，为了提高激励的效率，组织就需要针对员工不同的偏好和目标价值实施不同的薪酬策略，制定不同的薪酬制度，即薪酬制度应具有个性化的特征。

薪酬制度的个性化体现在两个方面：针对组织内不同类型的员工，设计不同的薪酬方案。划分员工类型的标准是多样化的，例如，按员工在组织内的分工不同进行划分，为销售人员、研发人员、经营管理者分别设计符合其特点、满足其价值目标的不同薪酬方案（如在固定工资以外给予销售提成、科技分红、期权激励等）。针对员工不同的需求偏好，设计自助餐式组合薪酬方案。组织在严格控制人工成本总额的前提下，在充分把握员工类型、员工需求、薪酬预算、国家有关法律法规的基础上，设计出现金形式与非现金形式的比例和内容均不相同的薪酬组合，每个员工可在其薪酬预算范围内自主选择最大限度地满足其需求偏好的组合薪酬。

（九）薪酬激励的长期化

传统的薪酬制度主要采用工资、奖金的薪酬形式，其激励机制的特点是：工资奖金与员工即期的工作绩效挂钩，而与组织的远期发展目标相脱节；员工的经济利益与组织经济利益变动状况之间的相关性和敏感度较低，且工资又具有能上不能下的刚性或黏性特征。因而，这种薪酬形式的短期激励力度较大、短期行为的导向明显，不利于组织核心竞争力的提高和长远发展。

根据委托-代理理论，当代理人（经营管理者）与委托人的目标函数不一致时，在委托人与代理人信息不对称的条件下,代理人有可能置自身利益于委托人利益之上,出现规避行为和机会主义行为,导致道德风险(代理风险)产生。为了规避代理人的短期行为和道德风险,必须调整代理人的目标函数,使之与委托人的目标函数相一致。而薪酬激励的长期化,正是促使代理人的目标函数和行为选择与委托人的目标函数和行为要求相一致的"催化剂"。有鉴于此,自20世纪80年代以来,股票期权等长期股权激励的薪酬形式得到普遍采用。

第三节 跨国公司的薪酬管理

一、外派员工的薪酬管理

当特定的企业开始进行跨国经营时,一般会选择向目标市场外派员工,由他们负责产品的销售、服务的提供、新市场的开拓以及与他国企业之间的合作。外派员工通常是指那些因为短期使命而被派至国外工作的员工,他们的任期可能会持续1~5年,一般是2~3年。外派员工根据来源不同,可以分为母国外派员工和第三国外派员工两种形式。

跨国公司会随着其规模的不同而表现出差异化的薪酬策略。跨国企业在初始发展阶段时,仅在全球设立一个或一些海外机构,人力资源政策是从总公司选择数量有限的员工外派,招聘高技能的当地员工,在外派人员的薪酬上主要考虑接受不符合市场价值的高的薪酬成本的能力。随着跨国公司在海外拓展的能力越来越强,进入全球性企业阶段的时候,其人力资源政策是:来自总部的外派人员减少,公司的大多数职位由本土化人才担任,此时外派人员薪酬主要考虑的因素是越来越多地采用属地化的管理策略(具体见表9-1)。

表9-1 跨国企业全球化进程与外派人员薪酬策略

	初始发展阶段	跨国公司构建及发展阶段	全球性企业阶段
全球化进程	一个或一些海外机构	越来越多的跨国机构	全球范围内统一资源配置
人力资源政策	从总公司选派数量有限的员工外派,招聘高技能的当地员工	从总公司选派部分员工赴海外,为在总部以外的员工建立一个独立的部门	来自总部的外派人员减少,公司的大多数职位由本土化人才担任
外派人员的薪酬主要考虑因素	接受不符合市场价值的高的薪酬成本的能力,受谈判双方谈判技巧的影响	开始考虑建立一个公司全球统一标准基础上的薪酬体系,协调薪酬和职业发展之间的平衡	越来越多地采用属地化管理的策略
外派人员的薪酬策略	总部薪酬加上双方补充谈判确定的补充薪酬	总部制定所有国家的总体薪酬平衡计分卡,制定总薪酬支出预算,建立全职的外派人员薪酬管理团队处理复杂的薪酬问题	针对高层次的外派人员单独制定薪酬方案,控制薪酬成本,将外派人员薪酬计划、职业发展计划以及接班人计划完美结合起来

资料来源:黄勋敬、孙海法,《我国跨国企业外派人员薪酬问题研究》,《中国人力资源开发》2007年第6期,第54—58页。

(一) 外派员工的薪酬福利组成

通常情况下,跨国公司外派员工薪酬福利的主要组成部分包括基本工资、出国服务奖励、生活成本津贴和其他部分。其中,基本工资是外派员工薪酬的主要组成部分,是确定奖金和福利等其他薪酬要素的基准。对外派员工来说,基本工资是整个薪酬计划、各种报酬和津贴的基本组成部分,许多津贴直接与基本工资挂钩,如出国服务奖励、生活成本津贴、住房津贴等,以及在职期间的福利和退休金。而出国服务奖励是跨国公司支付给外派员工的奖金,作为其接受外派任务的奖励或者作为对在外派过程中所遇到的艰苦条件的补偿。出国服务奖励一般以基本工资的百分比形式支付,通常为基本工资的5%~40%,并且随着所任职位、实际艰苦程度、税收情况和外派期限而变动。此外,还会考虑一些差异情形。例如,如果所在国工作的时间比在母国工作的时间长,就会采用差别支付的办法来替代加班费。至于艰苦补贴,大多数跨国公司只为特别艰苦的地点提供,并且是支付给外派管理人员的。跨国公司一般会提供多种形式的津贴以支持员工在国外的生活。其中最受关注的是生活成本津贴(CLA),它涉及对母国和东道国之间支付生活开支差额的补偿费用,如用于解决物价差异、通货膨胀等因素造成的差别。生活成本津贴的设计主要是为了保证外派员工享有与母国"相对"一样的生活水平。而其他部分薪酬福利是跨国公司提供其他各种形式的财务补偿,包括住房津贴、回迁津贴、子女教育津贴、搬家费(包括运输费、储存费、家电、汽车等)和配偶支持等。除此之外,跨国公司还经常提供菜单式的福利计划供外派员工选择,包括退休金计划、医疗补助、社会保险等。当然,这部分福利虽然形式多样,但在具体实行时通常会依据外派员工的个人情况而有选择地差异化执行。

(二) 各国生活标准的比较方法

由于涉及汇率,在各国之间进行工资对比相对困难。即便员工在不同的国家获得的工资水平看上去相等,但是不同国家的国情不同,员工用在医疗、生活成本上的花费也大不相同,对于薪酬设计人员来说,必须获得当前数据并了解当地的文化和习俗。生活标准的比较目前主要有两种方式。

一是"一篮子商品法"。瑞士银行使用基于欧洲消费习惯的一篮子商品标准,包括从服装到交通再到个人护理等137种商品的价格。一位妇女在购买了夏季服装、夹克、裙子、鞋袜后发现,东京是最昂贵的购买地(约2 300美元),而内罗毕(50美元)和孟买(120美元)则是理想的购物去处。

二是"巨无霸汉堡包测量法"。这是用不同地方的巨无霸汉堡包价格作为依据,例如,巨无霸汉堡包在美国的平均价格为2.36美元,在中国为1.15美元,而在加拿大是2.1美元,在俄罗斯是1.93美元。

(三) 外派员工的薪酬模式

1. 谈判法

这种定价方式经常使用于新近开始区域业务扩张的企业,由于使用的外派人员较少,因此大多会与外派员工进行单独谈判,操作相对简单易行。但薪酬谈判通常耗时较多,随着外派人员的增多，操作的难度明显加大。

2. 当地定价法

当地定价法是指向处于类似职位的外派人员支付与当地员工相同数量薪酬的方法。这种以当地劳动力薪酬水平作为付薪基准的定价方式，有利于保证员工在企业内部的公平认同感，保证企业员工的稳定性，同时可以节约企业的成本。这一方法存在的问题是，同一外派人员在不同分子公司工作，薪酬水平会出现较大波动，不利于企业对外派人员的自由调配。

3. 平衡定价法

这是企业外派中高层管理人员时经常采用的薪酬管理模式。平衡定价法通过给外派人员支付一定数量的薪酬，确保外派人员在子公司享受到与母公司相同或相近的生活水平，并使其薪酬结构与母公司同事始终具有一定的可比性。这种薪酬模式有利于企业用相对低的成本对员工进行有效激励，保持外派员工与本部员工之间的平衡，也便于外派员工在企业内部的流动和重新返回。但这种模式增加了企业的管理难度，会形成一种外派人员的既得享受资格，而且会侵蚀外派人员的部分经济收入。

4. 一次性支付法

对于执行短期外派任务的外派人员可使用此种薪酬模式。通过一次性支付，外派员工可以随心所欲进行自由支配，不会对其既有的薪酬造成任何影响，不会侵蚀外派员工的经济收入，有利于形成公司和外派员工的高度信任。这种定价方式适用于企业支付成本较高的情况，不能适用于所有外派员工，只能适用于执行短期任务的外派员工。

5. 自助餐法

顾名思义，自助餐法就是企业向员工提供各种不同的薪酬组合来供员工选择，即在薪酬总量一定的情况下，外派员工可以选择自己认为最理想的薪酬构成及相应的薪酬水平。这种薪酬管理模式比其他模式带来的成本有效性更高，更适用于总体薪酬水平很高的外派人员，很难适应那些需求各异的传统外派员工。

（四）外派人员薪酬的新兴模式

随着商业环境的变化，跨国公司在审视外派人员的传统薪酬模式是否仍然有效并且能够随着时间和具体情境的变化进行调整的同时，也开始研究并实施新兴薪酬模式。

1. 当地化模式

有研究者提出，如果将外派薪酬与当地工资结构相联系，会比单纯采取平衡表模式更为有效。在此种模式下，外派人员能够得到与东道国国民平等的待遇，既节约了成本，也避免了传统模式所引发的皮革马利翁效应。

2. 当地化附加模式

这种模式除了向外派人员支付与东道国员工同样的薪资水平外，还支付补贴和奖励作为对外派人员额外生活开支的补偿以及对其知识和经验给公司创造价值的认可。

二、东道国员工的薪酬管理

东道国员工是那些由跨国企业在当地的分支机构所雇佣的员工,他们既可以是东道国的国民,也可以是跨国企业所在国的国民,还可以是第三国的国民。换句话说,跨国企业中除外派人员外的所有员工都是东道国员工。对东道国员工进行薪酬管理的目的是让各个东道国员工认为自己的薪酬是合理的,其合理的比较不仅在于同国内人员相比,而且在于同跨国企业在其他国家的员工相比。由于各个国家在很多方面存在差异,因此,从全球的角度来对东道国员工进行薪酬管理就变得极其复杂。

(一)东道国员工的薪酬策略

企业的薪酬设计必须遵循公平性、竞争性、经济性、激励性、合法性等原则,此外还有其他诸如战略导向原则、适应需求原则、市场原则等。但事实上,企业薪酬设计过程中其他所有原则的贯彻也是以公平性为前提的。因此,在跨国公司海外薪酬管理的过程中,也必须首先处理好有关员工薪酬的公平性问题。

与仅在本土范围内经营的企业有所不同,跨国公司的海外机构是由外派员工、第三国员工和本地员工组成的。投资方为了降低风险和资本增值的需要,会向其海外机构派出董事、监事以及财务负责人、分公司高层领导人、重要职能部门经理、技术专家等作为外派员工。跨国公司的第三国员工也被称为第三国公民,是由跨国公司派往其海外机构的管理人才或技术人才,可以说是来自母国之外的外派人员。同时,跨国公司越来越多地聘用本地员工是与其当地化战略相适应的。在当前全球经济一体化的浪潮中,跨国公司正处于国际化扩张的成熟阶段,其海外机构的管理和技术人员的本地化倾向愈加明显,将有更多的本地员工在跨国公司的海外机构中起到核心作用。

跨国公司在制定其海外员工的薪酬策略时必须考虑当地劳工力市场的工资行为、有关的劳动报酬方面的法规和当地文化倾向,同时还需要考虑不同来源员工对薪酬公平性的不同判断。为了平衡国际任职获得的报酬与母国国内的报酬,跨国公司通常会给予外派员工各种福利补偿,其总体薪酬水平往往高于第三国员工和本地员工。薪酬间存在的明显差距,会造成本地员工和第三国员工巨大的不公平感,进而挫伤感情,以致员工绩效降低,甚至离职或者主动反对这种不公平的薪酬政策。给予不同来源员工不同的薪酬虽然有效地控制了人工成本,却损害了薪酬的激励功能。

较高的薪酬水平是跨国公司能够吸引到大批本地优秀人才的一个重要原因,但本地员工与外派员工、第三国员工之间仍存在较大的收入差距。在设计兼顾公平与效率的本地员工薪酬策略时,跨国公司可以为本地员工设计符合其需求的福利项目,以消除因无法享受外籍员工特有待遇而产生的不满情绪。以中国地区为例,随着住房、医疗、养老等社会福利改革力度的加大,越来越多的外资企业把这些员工福利看作吸引人才、留住人才的普遍手段。同时,在跨国公司本地人才的引入和保留过程中,大多数本地员工更看重的是外资企业所能提供的良好的人才培训机制、个人发展机遇、职业声望以及办公环境和工作氛围等。企业内部的薪酬差异受到员工受教育程度、工作经验、个人素质、所在岗位等诸多因素的影响,并且由于不同员工对薪酬公平性的理解也有所不同,想要制定令不同来源的员工都感到满意的薪酬制度是不可能的。但在与跨国公司整体薪酬战略保持充分一致的前提下,针对外派员工、第三国员工和本地员工各自的特点采取相应的激励性薪酬策略则能在一定程度上缓解跨国公司在薪酬公平性方面存在的矛盾。

(二) 薪酬管理的本地化操作

在对东道国员工进行薪酬管理时,虽然每个国家的具体操作不同,但是仍然有许多隐形因素影响着成败。

1. 劳动法规

不同国家在人员管理和薪酬激励方面的法律环境非常不同,主要体现在与公平就业机会相关的法律规定、与最低工资制相关的法律条款、与员工福利保障相关的法律条款上。法律具有天然的强制性和普遍性,必须以遵守当地法律为基本前提。从人力资源管理的角度来看,全面了解当地的法律环境是进行企业正常业务运营的基本前提。

2. 工会的角色

在不同的国家,工会的定位和影响力差别很大。一些企业在面对这种情况时,突出和强化了人力资源管理中的员工关系以及员工沟通的职能和工作,目的在于加强企业与工会间的协调和交流,使劳资双方的关系有序发展,为企业服务。跨国公司在制定海外员工薪酬制度之前,通常要全面、系统地了解所在国的工会组织对员工薪酬和其他方面的影响。在此基础上,再进行相应职能的完善和制度的设定。

3. 税收的影响

在合法的前提下,利用税收政策最大限度地为员工增加实际所得,是企业和员工的共同期望。不同国家个人所得税的征收范围和征收水平是完全不同的,不同企业在为员工进行税收处理方面的做法也表现出很大的差异。跨国公司在管理和操作东道国员工的薪酬制度时,应在公司整体战略的指引下,深入了解和分析不同国家的税收制度对员工收入的影响,尽可能作出适当的税收安排,以最大限度地增加员工实际所得。

本章小结

随着经济全球化速度的加快和程度的加深,发达国家的薪酬理念出现了重大变化,薪酬制度也相应地呈现出一系列新特点,主要表现为从货币性薪酬向总报酬理念转变、从刚性薪酬向弹性的"意外性收入"薪酬转化、从以等价交易为核心的薪酬管理理念向以人为本的薪酬理念转化、从单纯激励性薪酬向战略性薪酬管理转化、从密薪制向明薪制转化、从基于职位职级的薪酬向基于绩效及能力的薪酬转化、从窄幅薪酬结构向宽带薪酬结构转化、从一统化薪酬设计向个性化薪酬设计转化、薪酬激励的长期化。

通常情况下,跨国公司外派员工薪酬福利的主要组成部分包括基本工资、出国服务奖励、生活成本津贴和其他部分。

平衡定价法是企业外派中高层管理人员时经常采用的薪酬管理模式。平衡定价法通过给外派人员支付一定数量的薪酬,确保外派人员在子公司享受到与母公司相同或相近的生活水平,并使其薪酬结构与母公司同事始终具有一定的可比性。这种薪酬模式有利于企业用相对低的成本对员工进行有效激励,保持外派员工与本部员工之间的平衡,也便于外派员工在企业内部的流动和重新返回。但这种模式增加了企业的管理难度,会形成一种外派人员的既得享受资格,而且会侵蚀外派人员的部分经济收入。

复习思考题

1. 发达国家薪酬管理体系对我国薪酬管理体系的借鉴意义是什么?
2. 阐述薪酬理念变化的九大趋势。
3. 外派员工的薪酬福利组成是什么?
4. 外派员工的传统薪酬模式是什么?
5. 外派人员的新兴薪酬模式有哪些?

案例分析

索尼的 5P 绩效管理体系

自从索尼确定把中国作为全球发展引擎的战略后,索尼(中国)又进一步加强了绩效考核的力度。在索尼内部,采用 5P 绩效管理体系来全面评估员工的业绩。5P 是指个人(Person)、职位(Position)、过去(Past)、现在(Present)、潜力(Potential)。索尼对所有的指标进行量化,对于很难量化的指标则采取了回答问题的方式,然后转化为量化结果。索尼(中国)的绩效考核采用的是年度考核制。每年年末,索尼人力资源部门都会将评价的标准向员工公布,每个员工先根据标准进行自我评估,再由上司与下属谈话。首先,对下属的工作内容进行分析;其次,对工作的方式、方法进行评价。完成个人评价后,人力资源部门还要对团队进行评估。整个评估系统周而复始,今年的评估完成后,实际上明年的目标也就设定好了。

具体操作上,人事部门会经常和员工谈心、了解他们的想法,哪些人是期盼换一个岗位、部门发展的,哪些人还想在现有岗位多学习一段时间。一旦有合适的机会,员工就会被调动到另一个岗位、另一个地区去接触新领域。这一工作每时每刻都在进行着。所以,很多索尼人都是四海为家的全才,他们充分而自信地开拓着自己的视野和事业。

思考题:
索尼采取 5P 绩效管理体系的动机和预期效果如何?

图书在版编目(CIP)数据

薪酬管理：基本原理与实务／张艳华主编. —上海：复旦大学出版社，2022.1
(复旦卓越.21世纪管理学系列)
ISBN 978-7-309-16000-0

Ⅰ.①薪… Ⅱ.①张… Ⅲ.①企业管理-工资管理-高等学校-教材 Ⅳ.①F272.92

中国版本图书馆 CIP 数据核字(2021)第 280015 号

薪酬管理：基本原理与实务
XINCHOU GUANLI: JIBEN YUANLI YU SHIWU
张艳华　主编
责任编辑／张美芳

复旦大学出版社有限公司出版发行
上海市国权路 579 号　邮编：200433
网址：fupnet@fudanpress.com　http://www.fudanpress.com
门市零售：86-21-65102580　团体订购：86-21-65104505
出版部电话：86-21-65642845
杭州日报报业集团盛元印务有限公司

开本 787×1092　1/16　印张 16　字数 340 千
2022 年 1 月第 1 版第 1 次印刷

ISBN 978-7-309-16000-0/F·2864
定价：49.00 元

如有印装质量问题，请向复旦大学出版社有限公司出版部调换。
版权所有　侵权必究